Manfred Bacher

Lebendig – in allen Dimensionen des Seins

Philosophische Orientierungen

Band 7

LIT

Manfred Bacher

Lebendig –
in allen Dimensionen des Seins

Wie transzendente Erfahrungen
das Leben erneuern

Geleitwort von Sabine Bobert
(Universität Kiel)

Umschlagbild: *Sonnenscheibe*, Simone Krug, 83229 Aschau/Chiemgau
Foto: Susanne Paasch; Design-Fotographie, 24223 Schwentinental

Gedruckt auf alterungsbeständigem Werkdruckpapier entsprechend
ANSI Z3948   DIN ISO 9706

Bibliografische Information der Deutschen Nationalbibliothek
Die Deutsche Nationalbibliothek verzeichnet diese Publikation in der
Deutschen Nationalbibliografie; detaillierte bibliografische Daten sind
im Internet über http://dnb.d-nb.de abrufbar.

ISBN 978-3-643-14134-7 (br.)
ISBN 978-3-643-34134-1 (PDF)

© L<small>IT</small> V<small>ERLAG</small> Dr. W. Hopf Berlin 2019
    Verlagskontakt:
    Fresnostr. 2   D-48159 Münster
    Tel. +49 (0) 2 51-62 03 20
    E-Mail: lit@lit-verlag.de   http://www.lit-verlag.de
  Auslieferung:
  Deutschland: L<small>IT</small> Verlag, Fresnostr. 2, D-48159 Münster
  Tel. +49 (0) 2 51-620 32 22, E-Mail: vertrieb@lit-verlag.de
  E-Books sind erhältlich unter www.litwebshop.de

Inhaltsverzeichnis

Danksagung 1

Geleitwort 3

Persönliche Vorbemerkungen 7

Der innere Weg 15
    Unsere größte Angst 16
    Große Hoffnung oder erlösende Gewissheit? 19
    Kosmisches Bewusstsein heißt … die Leichtigkeit des Seins erfahren . 25

Ökonomie – wie Mystik und Spiritualität neue Orientierung geben können 31
    Konsum, Konsum, Konsum – der ganz alltägliche Wahnsinn 32
    Noch spielen die Menschen mit 40
    Mystik und Spiritualität als neue Wegweiser 42

Kräfte aus der Stille 49
    Was machen die Gedanken mit uns? 50
    Was nährt persönliche Unsicherheit? 52
    Einer Situation gewachsen sein – was heißt das? 55
    Wie wirken die Kräfte aus der Stille? 59

Wenn das innere Gebet zur Tat wird … 63
    Die Suche nach dem wahren Selbst als Voraussetzung für ein gelingendes Leben 65

(Selbst-) Beobachtbare Auswirkungen im aktiven Leben! 68

Das Alltagsleben als Übungsfeld für den Wandlungsprozess 70

Stress lass nach – den inneren Ankerplatz finden 73

Typische Stressoren in der Leistungsgesellschaft 75

Die Ursachen für Stressempfinden liegen tiefer 78

Die Bedeutung der regelmäßigen Meditation für die Stressresistenz . . . 80

Selbstverwirklichung – Egotrip oder spirituelle Orientierung? . . 87

Was steht der Selbstverwirklichung eigentlich im Wege? 88

Welchen Wert hat die Selbstverwirklichung? 90

Wieso ist Selbstverwirklichung für einige Menschen eigentlich leicht und für andere eher schwer zu erreichen? 92

Wie aber können wir in Sachen Selbstverwirklichung Schritt für Schritt weiterkommen? 93

Entscheidungen treffen – die tägliche Herausforderung 97

Welche Entscheidungen empfinden wir als schwierig? 98

Die 7 inneren Entscheidungsinstanzen 106

1. Entscheidungen, die mit unserer „guten Kinderstube", mit unseren erlernten Normen, Benimmregeln und Werten übereinstimmen – der Aufpasser oder Ankläger in uns hat das Sagen 106

2. Entscheidungen, bei denen unsere Fürsorgepflicht das letzte Wort hat – die mitfühlende, hilfsbereite Stimme in uns setzt sich durch 108

3. Entscheidungen, bei denen sich unser Interesse, unsere Lust auf etwas, unsere Experimentierfreude, unsere Neugier im wohlverstandenen Sinne, unser Lerneifer, unsere individuellen Bedürfnisse durchsetzen – der Abenteurer in uns und unser Ego brauchen ihr Recht 109

4. Entscheidungen, bei denen sich unsere Ängste, Befürchtungen, Unsicherheiten durchsetzen – wir trauen uns wenig zu, das Selbstvertrauen fehlt 110

5. Entscheidungen aus unserer widerspenstigen Seite 112

6. Entscheidungen, bei denen der Kopf, der Verstand, unser Intellekt nüchtern das Sagen hat, rationale Sachentscheidungen – es geht um die Sache 113

7. Intuitive Entscheidungen, innere Impulse, Vorgaben aus der Tiefe unseres Seins, Entscheidungen aus dem Herzen – wir machen automatisch das Richtige 116

Bauch- oder Herzensentscheidungen, der Unterschied ist von Bedeutung 118

Die tägliche Entscheidung für ein glückliches Dasein 121

Wie unabhängig sind wir eigentlich wirklich in unserem Verhalten?. . . 125

Das Geheimnis ganzheitlicher Kommunikation – Kommunikation ist mehr als nur reden! 133

Auf die inneren Stimmen kommt es an 134

Die inneren Stimmen wollen ernst genommen werden 137

Wer sich selbst ernst nimmt und vertraut, kann auch wieder lernen, sich auf andere „Welten" einzulassen 140

Konstruktive Konfliktlösungen – In der Dialog treten statt im Dreieck springen!. 144

Unser Fenster zur Welt – Sehschlitz oder Panoramablick? 150

Lebensübergänge fordern uns heraus 155

Wer erlebt auch Übergänge eher als Einbrüche? 158

Wer freut sich eher auf neue Lebensphasen?. 159

Was kann Menschen in Übergängen stärken? 160

Dem Leben eine neue Richtung geben 165

Den inneren Frieden finden 171
    Auf dem Weg nach innen darf nichts Menschliches übersprungen werden. 172
    Wir können nur bearbeiten, was uns bewusst ist 174
    Wohin mit den unangenehmen Gedanken und Gefühlen?. 176
    Das Leben und die Welt endgültig mit anderen Augen betrachten 183

Anhang 195
    Literaturverzeichnis. 195
    Weiterführende Literatur zum Herzens-/Jesusgebet und zum Ruhegebet . 198
    Verzeichnis der Verse, Aphorismen und geflügelten Worte 199
    Hintergründe in aller Kürze 208
        Innere Gebetsformen im Christentum: Herzens- oder Jesusgebet und Ruhegebet – Pilgerwege nach innen 208
        Innere Gebetsformen im Buddhismus und Hinduismus. 209

Danksagung

Dieses Buch erlebte, wie vieles in der Welt, eine Geburt in Etappen. Im ersten Teil der Wegstrecke war mir noch nicht klar, was da neu im Werden ist. Vielmehr handelte es sich eher um eine Art Nachbehandlung meiner ersten Arbeit „Die Dimensionen des Seins entdecken – Persönlichkeitsentwicklung, irdische Selbstentfaltung, neue Bewusstheit ... ". Diese Zeit bestand insbesondere aus Präsentationen, Vorträgen, Gesprächen, Diskussionen und Reflexionen mit Freundinnen und Freunden, Leserinnen und Lesern sowie Zuhörerinnen und Zuhörern in meinen Vorträgen zum Thema dieses Buches. Für all diese Gespräche auch infolge kritischer Nachfragen bin ich ausgesprochen dankbar. Sie waren und sind der Weg zu vertiefenden Betrachtungen und neuen Erkenntnissen.

Mein ganz besonderer Dank gilt in diesem Zusammenhang den Menschen, die mir das große Vertrauen geschenkt haben, im Rahmen von Vorträgen und Veranstaltungen in ihren Häusern meine Arbeit und meine Gedanken zu präsentieren. Ich denke insbesondere an die Schwestern des Schwesternkonvents der Franziskanerinnen von Münster St. Mauritz im Haus Damiano in Kiel, Sr. Maria Magdalena, Sr. Klara und Sr. Juliane sowie an Anne Koep, Gemeindereferentin Citypastoral, der katholischen Gemeinde St. Nikolaus Kiel, Martin Mayer, Pastoralreferent der Studierendenseelsorge der katholischen Pfarrei Franz v. Assisi, Kiel, Petra Müller, Kiel, Referentin in der Fachstelle Alter der evangelisch-lutherischen Kirche in Norddeutschland sowie an Dr. Andreas Müller, Professor für Kirchen- und Religionsgeschichte des 1. Jahrtausends an der Christian Albrechts-Universität Kiel sowie 1. Vorsitzender der Gesellschaft der Freunde christlicher Mystik e. V. Diese Vorträge waren aus heutiger Sicht der Grundstock der vertiefenden Betrachtungen in diesem Buch. Sie führten mich Schritt für Schritt weiter in die spirituelle Welt.

Für viele gemeinsame Meditationen und die begleitenden Gespräche danke ich den Schwestern des Schwesternkonvents der Franziskanerinnen von Münster St. Mauritz im Haus Damiano in Kiel sowie Professorin Dr. Sabine Bobert. CAU Kiel. Ihr danke ich auch für die Würdigung dieser Arbeit in Form eines Geleitwortes.

Emma Göttle, Studierende am germanistischen Seminar der CAU Kiel, danke ich für Korrekturarbeiten und wichtige Verbesserungen am Manuskript, durch ihre Arbeit hat sie es dem Lektorat des Verlages wesentlich einfacher gemacht.

Ich widme dieses Buch meiner Frau, Gudrun Bacher, ohne deren Begleitung ich nicht in der Lage gewesen wäre, diesen Weg zu gehen und diese Arbeit zu erstellen.

Geleitwort

Prof. Dr. Sabine Bobert, CAU Kiel

> „Halt an, wo läufst Du hin? Der Himmel ist in Dir.
> Suchst Du Gott anderswo, Du fehlst ihn für und für."

Der Theologe, Arzt und Mystiker Angelus Silesius (1624-1677) greift für diesen Aphorismus auf eine Aussage Jesu zurück: „Man wird nicht sagen: Siehe hier oder da ist es! Denn sehet, das Reich Gottes ist inwendig in euch." (Lk 17,20 f.)

Wie werden wir dieser Tatsache beim Beten inne? So dass wir nicht nur davon wissen, sondern sie selbst erfahren können? Die Antwort der christlichen Mystik ist, die Blickrichtung zu wechseln: von der Außenperspektive zur Innenperspektive. Der indische Jesuit Sebastian Painadath macht darauf aufmerksam, dass das mystische Einheitserlebnis mit der Selbstrücknahme des im Alltag ständig nach Außen projizierenden Geistes einhergeht. Die verbale Gebetssprache, die kirchlich vertraut ist, ist stark von Projektionen im psychoanalytischen Sinne geprägt. Sie vermag den Willen, das Herz und den Kopf in Richtung Gottes Gegenwärtigsein zu leiten. Aus der Sicht der Mystik müssen aber schließlich auch diese Projektionen als selbst erschaffen ins Bewusstsein gehoben und aufgehoben werden. Sonst werden sie zu einem Hindernis für genau die Erfahrung, zu der sie erschaffen wurden. Das Erkennen und Aufheben der Projektionen mündet in der Wahrnehmung, dass der vereinigte Zustand schon immer bestanden hat und nur durch die Projektionen und eigenen Geistes- und Seelenbewegungen in der Wahrnehmung verstellt wurde.

Wir sind bereits, was wir werden: Leben, Wahrheit, Glück, Stille. Menschen, die eine Nahtoderfahrung machen, beschreiben unser wahres Sein mit diesen Erfahrungen. Mystiker und Mystikerinnen sind daher oft kulturkritisch eingestellt. Für sie ist das gegenwärtige kulturelle Leben nur ein Vorgeschmack auf das eigentliche, voll entfaltete menschliche Wesen. Aus ihrer Sicht ist unser wahres menschliches Potenzial erst anfänglich entfaltet. Diese These deckt sich mit der Feststellung von Psychologen und Psychologinnen, dass wir unserer selbst erst zu etwa fünf bis zehn Prozent bewusst sind. Dies stellen sie oft als einen Eisberg dar, der lediglich zu fünf Prozent aus der Wasseroberfläche herausragt.

Manfred Bacher zeigt Meditierenden und Neueinsteigern Wege auf, wie sie diese zusätzlichen Lebensmöglichkeiten der vollen Selbstentfaltung für ihren Alltag nutzen können: im Umgang mit Stress, in Konfliktsituationen, bei Entscheidungsfindungen, im Rahmen der alltäglichen Kommunikation, in Führungsverantwortung, für mehr Resilienz und Wachstum. Er verbindet dabei Überlieferungen der alten Mystiker und Mystikerinnen mit gegenwärtigen Forschungsergebnissen und psychologischen Theorien, und dies auf eine fast unterhaltsame Art.

Eine wichtige Rolle beim Entfesseln unseres menschlichen Kerns spielt die tägliche Meditationspraxis. Zu Recht stellt Manfred Bacher heraus, dass das Bewusstwerden der meist unbewusst in uns strömenden Gedanken der Ausweg aus Stress und innerem Chaos ist. Fokussiertes Beobachten und Überwinden der Gedankenmühle heißt, sich in neuer Freiheit vom Moment fesseln zu lassen. Die Fähigkeit, sich auf das Hier und Jetzt voll und ganz einzulassen, kann durch fokussierende Meditationsformen wie Zen oder das christliche Jesus- bzw. Herzensgebet eingeübt werden.

Manfred Bacher erkennt die wichtige Rolle von Meditation auch zur Weiterentwicklung der Gesellschaft. Er möchte sie fest in Kindergärten, Schulen und Unternehmen verankert sehen. Denn Meditation erweitert unsere „Denkbox", wie er formuliert. Sie erschließt uns zusätzlichen „Arbeitsspeicher" und weitere Freiheitsgrade. Kulturkritik mündet so in der Anbahnung einer noch menschlicheren Kultur.

Der Mystiker, die Mystikerin sucht nicht das Übernatürliche oder Transzendente. Er bzw. sie entwickelt den natürlichen Menschen in sich – den Menschen, der sich von Stressoren befreit, von einengenden Vorprogrammierungen deprogrammiert hat, der aus dem „Dramadreieck" der Opfer-, Täter- und Retterrolle ausgestiegen ist und sein Leben bewusst selbst verantwortet. Mystik geht es um Lebensführung im Sinne radikalisierter Autonomie: Bewusst wahrnehmen, was ich denke, was ich will, was ich fühle. Es geht darum, auf der Grundlage weitgehender Deprogrammierung das eigene Leben zu gestalten – in großer Unabhängigkeit von kulturellen Erwartungen, Kritik oder Lob.

Manfred Bacher, der selbst, wie in seinem 2015 erschienenen Buch „Die Dimensionen des Seins entdecken" beschrieben, in einer mystischen Gipfelerfahrung die Fülle des Menschen möglichen Lebens kennenlernte, lockt den Leser und die Leserin in das Glück, bewusst Mensch zu sein, Kapitel für Kapitel hinein.

Kiel
den 29.06.2018

Dr. theol. Sabine Bobert, Professorin für Praktische Theologie an der Kieler Christian Albrechts-Universität (Lehrstuhl-Schwerpunkte: Seelsorge und Beratung, Mystik- und Meditationsforschung) und Begründerin des Seminarkonzeptes „Mystik und mentales Coaching"

Das Geheimnis der inneren Sammlung ist so bemerkenswert, hervorragend und göttlich, dass es alles Gute anregt, fördert und – wenn es richtig angewandt wird – allen nutzt. Es ist mit der Sonne zu vergleichen, die alle anstrahlt, indem sie Licht und Wärme spendet.
– Franziskus von Osuna „Das geistliche ABC", Traktat XV, Seite 348 nach einer Übersetzung von Peter Dyckhoff –

Persönliche Vorbemerkungen

In meinem ersten Buch über die segensreichen Auswirkungen der regelmäßigen Meditation, „Die Dimensionen des Seins entdecken", erschienen im Jahr 2015, habe ich den Begriff Dimensionen in seiner Mehrdeutigkeit benutzt. Einerseits wird der Begriff Dimensionen im allgemeinen Sprachgebrauch für Weite und Größe benutzt. Man spricht beispielsweise von den unendlichen Dimensionen des Weltalls. Er ist quasi ein Synonym für Größenordnungen und Ausmaße, um Unterschiede deutlich zu machen. In diesem Sinne bleibt ein Quadrat ein Quadrat, egal ob als kleines Quadrat, als großes Quadrat, als riesiges Quadrat oder als Quadrat mit unglaublichen Dimensionen.

Auf der anderen Seite gibt es eine wissenschaftliche, mathematische Definition. In der Mathematik steht der Begriff Dimension für ein Konzept, das im Wesentlichen die Anzahl der Freiheitsgrade (z. B.: Länge, Breite, Höhe) einer Bewegung in einem bestimmten Raum bezeichnet (Duden). Je mehr Dimensionen existieren, desto höher ist die Anzahl der Freiheitsgrade. Ein Würfel hat im Vergleich zu einem Quadrat, vereinfacht ausgedrückt, mindestens eine Dimension mehr, die Höhe, ein Quadrat hat gegenüber einer Linie eine Dimension mehr, die Breite, und eine Linie hat verglichen mit einem Punkt eine Dimension mehr, die Länge.

Beide Auslegungen bzw. Definitionen haben im Rahmen der positiven Auswirkungen der Meditation eine große Bedeutung. Wie ich in meinem ersten Buch aufgezeigt habe, erobern wir mit der entsprechenden geistigen Übung zunächst in jeder Hinsicht neue mentale Weiten und Freiräume, reduzieren Denkblockaden und Denkverbote und befreien uns selber somit mehr und mehr aus unserem inneren Gefängnis aus einengenden Gedanken. Die Belohnung in unserem Alltag ist zunächst ein ungleich größerer Denk- und Handlungsrahmen. Anders ausgedrückt: Uns stehen deutlich mehr Alternativen für unser Leben generell und im täglichen Handeln zur Verfügung, wir trauen uns mehr zu und gewinnen an Klarheit und Souveränität.

Und wir haben somit in spezifischen Situationen ebenfalls weniger Probleme damit, Lösungen zu finden. Eine Fülle von Möglichkeiten tut sich auf, die bisher nicht zugänglich waren. Zunehmend sind wir in der Lage, die Dinge ihrer Bedeutung entsprechend einzuordnen und ggf. über den Dingen zu stehen. Um im Beispiel zu bleiben, die Box, in der wir denken, unsere Zentraleinheit mit unserem Arbeitsspeicher im Kopf, wird zunehmend größer. Das Ergebnis: Wir sind und bleiben mehr und mehr Herr oder Frau der Situationen, in denen wir uns befinden, sind weniger mit unserem „Latein am Ende", können agieren, erkennen neue Gestaltungsmöglichkeiten und verschieben die Grenzen zur Ratlosigkeit weiter nach außen.

Zusammenfassend ausgedrückt: Die positiven Auswirkungen der Meditation im Rahmen dieser Dimension zeigen sich insbesondere durch ein besseres Gedächtnis, eine höhere Konzentrationsfähigkeit, wirkungsvolleren Stressabbau, eine stabilere Zentrierung auf die eigene Mitte, durch zunehmende innere Balance, mehr Mitgefühl und eine bessere innere Energie – vgl. hierzu Peter Sedlmeier: „Die Kraft der Meditation – Was die Wissenschaft darüber weiß" (1). Auf alle genannten Aspekte gehe ich in diesem Buch weiter ein. Soweit zunächst zum Dimensionsbegriff im allgemeinen Sprachgebrauch.

Das allein wäre schon Vorzug genug für ein gelingendes Leben, da es unsere Zufriedenheit und unser Wohlbefinden im Alltag deutlich steigert sowie unsere weitere Entwicklung und Vervollkommnung ermöglicht. Es ist aber nur ein Bruchteil des wirklichen Nutzens. Mit der regelmäßigen Meditation und dem nachhaltigen Weg nach innen gewinnen wir Schritt für Schritt auch tatsächlich eine weitere Bewusstseinsdimension im wissenschaftlich mathematischen Sinne. Gemeint ist transzendentes und kosmisches Bewusstsein. Was heißt das?

Wie groß unser Denk- und Gefühlsrahmen auch immer ist, mit der regelmäßigen Meditation wird es uns mehr und mehr möglich sein, diesen Rahmen des Denkens und Fühlens zu transzendieren, unseren Denk- und Handlungsrahmen, unsere Denkbox zu überschreiten und damit vorübergehend zu verlassen und uns gewissermaßen im Inneren selbst zu betrachten und einfach nur zu sein, ohne zu denken, so dass wir unser reines, absolutes Sein, unser wahres Selbst wahrnehmen. Uns wird die Verbindung mit unserem göttlichen Fundament, dem göttlichen Funken in uns, wie Meister

Eckhart es nannte, bewusst. Wir kommen zu transzendenten Erfahrungen. Die unendliche Weite, Tiefe und Höhe unseres inneren Kosmos tritt in Erscheinung – die kosmische oder göttliche Dimension in uns. Wir verlassen unseren angelernten, uns einengenden Denk- und Handlungsrahmen und machen quasi innere Weltraumspaziergänge. Die Wahrnehmung basiert in diesen Situationen nicht mehr nur ausschließlich auf unseren fünf Sinnen und unserem Denken und Fühlen und damit auf den äußeren Dingen, sondern wird zunächst nur phasenweise, schließlich aber auch dauerhaft mit unserer inneren Tiefe, mit unserem wahren Selbst verbunden. Es ist fast so, als gewännen wir neue innere Sinne dazu. Wir nehmen quasi die äußere Welt und unsere inneren kosmischen Wurzeln, unsere innere kosmische Basis gleichzeitig wahr und zwar unabhängig von einer speziellen Religionszugehörigkeit. Diese mystische, kosmische, transzendente Tiefe wird von allen Weltreligionen als zusätzliche Dimension des Seins beschrieben. Im Psalm 27 der Lutherbibel 2017 ist in diesem Zusammenhang ausdrücklich vom Land der Lebendigen die Rede. In Zeile 13 heißt es: „Ich glaube aber doch, dass ich sehen werde die Güte des HERRN im Lande der Lebendigen." Im Vergleich mit dieser neuen Lebendigkeit erscheint die den meisten Menschen bekannte Alltagslebendigkeit lediglich als Vorstufe einer wirklichen Lebendigkeit. Auch Papst Johannes Paul II äußerte sich zu dieser Thematik. Er veröffentlichte Anno 1986 seine fünfte Enzyklika mit der Bezeichnung „Dominum et Vivificantem". Der Untertitel dieser Enzyklika lautet: „Über den Heiligen Geist im Leben der Kirche und der Welt". Der dritte Abschnitt dieser Enzyklika trägt die Überschrift: Der Geist, der lebendig macht! Und bereits Franziskus von Osuna beschreibt in seinem dritten geistlichen ABC, Traktat 1, erstes Kapitel (Peter Dyckhoff „Das geistliche ABC nach Franziskus von Osuna", Seite 35, (18): „Diese uns zuströmende Lebens- und Liebeskraft ist für unsere Seele ein Anreiz, aufzuwachen und sich aus ihrer Grauzone, aus der Routine des Alltags und der Mittelmäßigkeit, zu erheben."

Miroslav Volf schreibt dazu in seinem neuesten Buch „Zusammen wachsen – Globalisierung braucht Religion" (2), Seite 32: „Wie ich im zweiten Kapitel aufzeigen werde, behaupten die Weltreligionen, dass die Wirklichkeit aus ‚zwei Welten' besteht, einer transzendenten und einer diesseitigen. Ihrer Auffassung nach leben die Menschen im Spannungsfeld dieser beiden Welten. Für die Weltreligionen ist der transzendente Bereich der Schlüssel zu einem guten Leben in der diesseitigen, profanen Welt." Und weiter: „Trotzdem (Anmerkung des Verfassers: Trotz aller Unterschiede) stimmen sie alle darin überein, dass der transzendente Bereich äußerst bedeutsam ist für die menschliche Existenz." Und auf Seite 97 sinngemäß weiter: „Die Weltreligionen bejahen also das alltägliche Leben und weisen gleichzeitig darauf hin, dass es nur dann zu sich selbst kommt, wenn es sich im Einklang mit der transzendenten Ordnung befindet."

Kosmisches Bewusstsein entwickelt sich dabei in mehreren Phasen. Zunächst wird sogenanntes reines Sein als vorübergehendes Phänomen erfahren, das transzendente Bewusstsein entsteht. Mit zunehmender Übung ist es für fortgeschrittene Meditierende möglich, zwischen dem Alltagsbewusstsein und dem transzendenten Bewusstsein „hin und her zuschalten". Mit dem Begriff kosmisches Bewusstsein wird schließlich der Zustand beschrieben, in dem es dauerhaft möglich ist, beide Dimensionen – das Alltagsbewusstsein und das transzendente Bewusstsein – gleichzeitig wahrzunehmen.

Die Transzendenzerfahrung ist für die meisten Menschen aber nicht von heute auf morgen zu erreichen, wenn gleich es immer wieder Menschen gibt, die von spontanen, außergewöhnlichen Erfahrungen berichten. Voraussetzung dafür sind in der Regel Nachhaltigkeit und Geduld für die vollständige innere Reinigung, die im ersten Schritt durch die regelmäßige Meditation erfolgt. Was sich im Leben eines Menschen quasi als innerer Weltraumschrott an Verspannungen, Frustrationen, Gefühlsblockaden, inneren Zwängen, Sorgen, Ängsten, Schuldgefühlen, verdrängten und unverarbeiteten Ereignissen, inneren Konflikten und unsinnigen Glaubenssätzen im Laufe der Jahre angesammelt hat, kann nicht über Nacht, sondern nur Stück für Stück abgebaut werden. Theresa von Avila drückte es wesentlich deutlicher aus:

> Gott allein genügt – Geduld erreicht alles.
>
> – Theresa von Avila –

Die Folge ist, die Abhängigkeit von äußeren Geschehnissen nimmt weiter ab, Gelassenheit macht sich breit und wir verlieren den Kontakt zu unserer Mitte nicht mehr so schnell und schließlich gar nicht mehr. Unsere Handlungen werden bewusster und reifer. Wir begeben uns mit der regelmäßigen Meditation auf einen kontemplativen Weg im Geiste und befördern unser aktives Leben in der Welt. Empörung und Ärger über Dinge, die wir ohnehin nicht ändern können, nehmen ab, der innere Halt geht nicht mehr verloren. Im selben Maße wird der Verstand weniger durch unbegründete Ängste blockiert, unser Tun wird überlegter und gewinnt an Kraft. Unsere Intuition, Spontanität und unsere kreative Intelligenz stehen wieder ganz natürlich zur Verfügung. Die Meditation, das innere Gebet wird zur Tat. Wir werden uns unserer schöpferischen Kräfte bewusst. Mehr und mehr wird klar, dass wir unser Leben und unsere Bedingungen im Leben ab einer bestimmten Stufe selber geschaffen haben, sie positiv beeinflussen und verändern können, wenn auch nicht von heute auf morgen. Mit neuen Einstellungen und neuen Gedanken erneuern wir unsere Realität und bewirken veränderte Weichenstellungen für ein gelingendes Dasein. Mit neuen inneren Eingebungen, intuitiven Gedanken und konstruktiven Gefühlen entsteht Stück für Stück unser neues Leben, für uns entwickelt sich eine neue Lebensqualität! Von dieser neuen Lebensqualität handelt dieses Buch.

Die beschriebenen Veränderungen haben – das ist das Geheimnisvolle – nichts damit zu tun, sich das Leben schön zu reden. Der mentale Einfluss auf das eigene Leben ist auf jeden Fall vorhanden. Entweder nehmen wir das Leben negativ und damit als schwierig bzw. schwer und belastend wahr und verstärken damit den Trend weiter, oder wir lernen mehr und mehr, die Dinge so zu nehmen, wie sie kommen, ergründen, was an Positivem darin liegt und üben gleichzeitig, das Leben weiter in positive Bahnen zu lenken.

Seit der Veröffentlichung meines ersten Buches zu diesem Thema sind jetzt einige Jahre vergangen. Inzwischen habe ich in zahlreichen Vorträgen, Gesprächen, Diskussionen und kleineren Lesungen meine Erfahrungen und Gedanken hierzu vorgestellt und mit den Zuhörern erörtert. Jene Vorträge sind u. a. Teil dieser Arbeit. Mir geht es darum, die unendliche innere Weite, Tiefe und Höhe unseres Seins und deren segensreiche Auswirkungen auf die unterschiedlichen Aspekte unseres irdischen Lebens sowie deren göttliche Perspektiven aufzuzeigen. Mir ist daran gelegen, die Bedeutung der transzendenten Welt für die menschliche Existenz nachvollziehbar zu beleuchten – so wie ich es selber erfahren habe. Mein Leben hat eine völlig neue Ausrichtung erfahren (siehe hierzu: Manfred Bacher: „Die Dimensionen des Seins entdecken" (3), Seite 21 ff, „Auf der Suche nach dem Wunderbaren").

Hin und wieder höre ich in Vorträgen Sätze wie: „Mit mir dürfen Sie über so etwas nicht reden, ich bin Naturwissenschaftler!" Vorsichtig weise ich in solchen Situationen darauf hin, dass Naturwissenschaftler/innen nicht gleich Naturwissenschaftler/innen sind. Hans-Peter Dürr, renommierter Physiker und ehemaliger Direktor des Max-Planck-Institutes für Physik und Astrophysik in München, schreibt beispielsweise in seinem Vorwort des von ihm herausgegeben Werkes „Physik und Transzendenz – Die großen Physiker unserer Zeit über ihre Begegnung mit dem Wunderbaren" (4), Seite 20: „Physik und Transzendenz stehen in der Vorstellung der heutigen Physiker nicht mehr in einem antagonistischen, sondern eher in einem komplementären Sinn einander gegenüber." Und bereits auf Seite 17: „Der Mensch bedarf, um Handeln zu können, einer über seine wissenschaftlichen Erkenntnisse hinausgehende Einsicht – er bedarf der Führung durch das Transzendente." Und auf Seite 52 dieses Buches schreibt Max Planck: „Wohin und wie weit wir blicken mögen, zwischen Religion und Naturwissenschaft finden wir nirgends einen Widerspruch, wohl aber gerade in den entscheidenden Punkten volle Übereinstimmung. Religion und Naturwissenschaft – sie schließen sich nicht aus, wie manche heutzutage glauben oder fürchten, sondern sie ergänzen und bedingen einander. Wohl den unmittelbarsten Beweis für die Verträglichkeit von Religion und Naturwissenschaft auch bei gründlich-kritischer Betrachtung bildet die historische Tatsache, dass gerade die größten Naturforscher aller Zeiten, Männer wie Keppler, Newton, Leibnitz von tiefer Religiosität durchdrungen waren."

Und zum Abschluss Werner Heisenberg in „Physik und Transzendenz" über die Erleuchtung, Seite 284: „Die Liebe und die „andere Welt" kommen zu uns nicht nach unserem Willen. Wir können uns vielleicht für ihr Kommen empfänglich machen, wir können sie herbeiwünschen oder auch alle Hoffnung auf ihr Erscheinen aufgegeben haben – jedenfalls müssen wir sie immer, wo sie in unser Leben eingreifen, einfach als Geschenk hinnehmen, ohne nach dem Woher zu fragen, als die Gnade einer höheren Macht, die unser Schicksal bestimmt und der wir uns dankbar fügen dürfen."

Du hast in dir den Himmel und die Erde.

– Hildegard von Bingen –

Wer sich nachhaltig für alle Dimensionen des Seins interessiert und sich für ihr Kommen empfänglich macht, wird sie mehr und mehr entdecken und zunehmend leben, sowohl im Sinne des in der Allgemeinheit üblichen Dimensionsbegriffes als auch im eigentlichen wissenschaftlichen Sinn des Begriffes. Er oder sie ist damit auf neuem Terrain und bewegt sich teilweise wie ein/e Forschungsreisende/r auf bisher unbekanntem Gebiet. Nichts kann spannender und aufregender sein, als das ganze Leben zu wagen.

Ich wünsche allen Leserinnen und Lesern ein erfülltes Dasein. Mögen Sie in diesem Buch weitere Anregungen und Inspirationen für Ihre neue Lebendigkeit finden.

Schwentinental im Juni 2018
Manfred Bacher

Jeder Moment, in dem du glücklich bist, ist ein Geschenk an den Rest der Welt.
– Gottfried Wilhelm Leibnitz –

Der innere Weg

Den meisten Menschen geht es in ihrem Leben in erster Linie augenscheinlich um den äußeren Weg, um Erfolg, Wohlstand, Anerkennung und Ansehen, Macht, Aufstieg, Karriere. Diese Zielsetzungen sind für sie Merkmale eines gelingenden Lebens. Sie betrachten sich selber durch die Augen der anderen Menschen. In diesem Buch setze ich mich mit der Frage auseinander, welche Folgen diese Prioritätensetzung hat, zu welchen Umwegen sie führt und welche Nebenwirkungen zu erwarten sind. Ich zeige an zahlreichen Beispielen auf, welcher Preis für den äußeren Weg zu zahlen ist, wenn er allein das Leben bestimmt und beschreibe im Gegensatz dazu den inneren Weg zu einem wirklich gelingenden Leben.

Was gehört aber zu einem gelingenden Leben? Es ist durchaus sinnvoll, das Leben einmal vom Ende her zu denken. Am Ende löst sich alles Äußere auf: Erfolg, Wohlstand, Anerkennung und Ansehen, Macht, Aufstieg, Karriere sind offensichtlich nicht die Errungenschaften, die am Ende wirklich wichtig sind. Christen glauben, dass es am Ende des Lebens auf eine gesunde, geläuterte Seele ankommt. Was aber ist der Maßstab während des Lebens? Dieser Frage gehe ich in diesem Buch Schritt für Schritt nach. Erst wenn sich das Leben auf der transzendenten Wirklichkeit aufbaut, erfahren wir tatsächlich neu, was ein gelingendes Leben ausmacht und welch ungeahnte Möglichkeiten der innere Weg zusätzlich beinhaltet. Der Schlüssel liegt im wachsenden Bewusstsein und in einer neuen Leichtigkeit. Mit wachsendem Bewusstsein ist es möglich, völlig neue Wege einzuschlagen und bisherige Stolpersteine, Fallen, Sackgassen, Hürden etc. zu verlassen, zu überspringen bzw. zu umgehen. Es geht um ein wirklich selbstbestimmtes, eigenständiges, unabhängiges Leben, um wirkliche innere Zufriedenheit, nicht um ein „gebrauchtes", von den Eltern, der Gesellschaft, der Industrie und der Werbung, der Modebranche oder anderen Interessengruppen vorgedachtes Leben. Es geht um ein neues Leben, nicht um eines aus erster oder zweiter Hand. Lassen Sie sich überraschen.

Unsere größte Angst

> Unsere größte Angst ist nicht, unzulänglich zu sein.
> Unsere größte Angst ist, grenzenlos mächtig zu sein.
> Unser Licht, nicht unsere Dunkelheit, ängstigt uns am meisten.
> Wir fragen uns: Wer bin ich denn, dass ich so brilliant sein soll?
> Aber wer bist du, es nicht zu sein? – du bist ein Kind Gottes.
> Es dient der Welt nicht, wenn du dich klein machst.
> Sich kleinzumachen, nur damit sich andere um dich herum nicht unsicher fühlen, hat nichts Erleuchtetes.
> Wir wurden geboren, um die Herrlichkeit Gottes, der in uns ist, zu manifestieren.
> Er ist nicht nur in einigen von uns, es ist in jedem Einzelnen.
> Und wenn wir unser Licht scheinen lassen, geben wir damit unbewusst anderen die Erlaubnis, es auch zu tun.
> Wenn wir von unserer Angst befreit sind,
> befreit unsere Gegenwart automatisch die anderen.
>
> – Nelson Mandela –

Lange hat mich dieser Text nicht mehr losgelassen. Immer wieder ging er mir durch den Kopf und auch in meinen Meditationen tauchte er immer wieder auf. Ungeheuerlich kam er mir vor. Sollte Nelson Mandela Recht haben?

Schon Wolfgang Pauli, geboren am 25. April 1900 in Wien; gestorben am 15. Dezember 1958 in Zürich, österreichischer Wissenschaftler und Nobelpreisträger, der zu den bedeutendsten Physikern des 20. Jahrhunderts zählt, weist in seinem Aufsatz „Die Wissenschaft und das abendländische Denken", veröffentlicht in „Physik und Transzendenz" (4), Seite 160, auf diese Angst hin. Er schreibt: „Uns Heutigen wird wieder vor unserer Gottähnlichkeit bange." Und sinngemäß fragt er weiter: „Liegt es eventuell daran, dass unser Wille, die Natur zu beherrschen und Macht über sie zu haben, auch böse sein kann?" Mit anderen Worten: Können wir uns selber trauen?

Und mehr und mehr wurde mir klar: Er hat Recht! Wir haben Angst vor unserem inneren Licht und vor den Möglichkeiten, die sich daraus für uns und unsere Umwelt ergeben. Wir sind z. T. zwar unzufrieden, meckern möglicherweise auch viel, schimpfen, bewerten alles, beschweren uns kräftig, beschreiben auch, wie es besser gehen könnte, wenn wir aber konkrete Verbesserungsvorschläge zu den Gegebenheiten machen können oder sollen bzw. helfen können, diese umzusetzen, dann ziehen wir uns vielfach zurück und schieben andere vor. Uns fehlt dann der Mut, zunächst nach innen und dann voranzugehen, für konkrete Verbesserungen einzutreten und andere Menschen zu überzeugen. Wir trauen uns selber nicht, haben Angst vor unseren eigenen Gefühlen, haben Angst davor, dass unsere Pferde sprichwörtlich mit uns durchgehen, dass wir uns zu viel zumuten oder sogar größenwahnsinnig werden und irgendwann überfordert sind und nicht mehr weiter wissen. Wie häufig sagen oder hören wir: „Ich doch nicht! Was kann ich denn machen? Wer bin ich denn? Ich als kleines Licht, kleine Bürgerin oder kleiner Bürger, Angestellte oder Angestellter, Arbeiterin oder Arbeiter, Beamtin oder Beamter habe keine Möglichkeiten. Ich kann das nicht! Das müssen andere versuchen! Das traue ich mir nicht zu!" Oder auch: „Es hat doch eh keinen Sinn!"

> Es gibt Gedanken,
> derer man Herr werden muss,
> sonst wird man ihr Sklave.
>
> – Peter Sirius –

Wir bleiben lieber in der größeren Gruppe, in der Masse, bei den Unzufriedenen, in unserer vermeintlichen Geborgenheit. Steht dahinter nicht die große Angst, auf einmal allein zu sein oder – eventuell noch schlimmer – sogar allein im Mittelpunkt zu stehen, sich bekennen zu müssen, Verantwortung übernehmen zu müssen, Vorbild zu sein und letztlich doch ohnmächtig zu sein. Möchten wir nicht viel lieber klein, unbedeutend, machtlos, ohne große Verantwortung für ein größeres Ganzes bleiben? Verstecken wir uns bisweilen nicht ganz gern? Geht es uns in Wirklichkeit mit unserem Schimpfen nur um ein Ventil oder auch nur darum, Zustimmung und Beachtung in unserem unmittelbaren Umfeld zu erheischen? Können wir damit zufrieden sein?

Wenn Nelson Mandela, Mahatma Gandhi, Martin Luther, Martin Luther King jr. und viele andere große Reformerinnen und Reformer, Freiheitskämpferinnen und Freiheitskämpfer sowie große Geister, die die Welt positiv verändert haben, auch so gedacht hätten, wären die Reformen ausgeblieben, durch die große Teile der Schöpfung wieder durchatmen können und von denen große Teile der Welt heute so sehr profitieren.

Andererseits, vielleicht hat es ja auch etwas Gutes, dass wir nicht alle die Angst davor verlieren, mächtig zu sein. Kennen wir unseren Charakter so genau? Mächtige im Kleinen und im Großen, die menschenverachtende Entscheidungen treffen oder getroffen haben und menschenverachtend Handeln, gibt und gab es genug. In diese Fußstapfen möchten wir sicher nicht treten. Eventuell aber leisten wir mit unserer Angst dafür Vorschub, dass charakterlich ungeeignete Führungskräfte und Diktatoren leichtes „Spiel" haben. Eventuell ist es so, dass wir mit der Angst, unser Licht zu suchen und zu zeigen, gerade bei den falschen Charakteren den Mut fördern, das Vakuum zu füllen, um ihre Interessen durchzusetzen und die Welt nach ihrem Belieben zu gestalten?

Im Johannesevangelium heißt es sogar:

> Amen, amen, ich sage euch, wer an mich glaubt,
> wird die Werke, die ich vollbringe, auch vollbringen,
> und er wird noch größere vollbringen.
> – Johannesevangelium, Vers 14,12 –

Danach sind wir tatsächlich dazu berufen zu vollbringen, was Jesus vollbracht hat. Wollen wir es aber wirklich oder macht es uns Angst, wie Nelson Mandela sagte? Wie sieht unser Selbstbild aus? Woran glauben wir, wer sind wir, welches Selbstbewusstsein haben wir, wovon sind wir überzeugt? Mit unserem Bild von uns selbst geben wir uns und unserer Entwicklung den Weg vor. Wir sind Kinder Gottes und sollten unser Licht nicht unter den Scheffel stellen (Matthaeus 5, Vers 15). Wir sollten uns aber auch nicht erhöhen. Wir sind und bleiben Teil der Schöpfung, wie alle anderen Wesen auch, nicht mehr und nicht weniger. Und Matthaeus 5, Vers 16 sagt:

> Also lasst euer Licht leuchten vor den Leuten,
> dass sie eure guten Werke sehen und euren Vater im Himmel preisen.
> – Matthaeus 5, Vers 16 –

Lassen Sie uns unser Licht suchen bzw. uns für das innere Erleuchten empfänglich machen, damit wir es scheinen lassen können, immer so hell wie es geht. Damit regen wir auch andere unbewusst an, es ebenso zu tun. Es gilt, in unserer kleinen und großen Welt auch die transzendente, die göttliche Dimension des Seins zu leben. Wir können jeden Tag in unserem kleinen Umfeld beginnen. Nehmen wir uns nicht diejenigen zum Vorbild, die nach dem Motto handeln: „Das merkt doch keiner!" Rechtfertigen wir negatives Verhalten nicht mit der Floskel: „Das machen doch alle! Ich wäre ja blöd, es dann nicht auch zu tun!" Tun wir mindestens in unserer kleinen Welt das, was wir tun können und unterlassen das, was wir nicht wirklich tun wollen.

Entwicklung ist möglich, wenn wir die richtigen Entscheidungen treffen und uns nicht von negativem Verhalten anstecken lassen. Entwicklung ist die natürliche Folge, wenn wir uns an positiven Vorbildern ausrichten, unsere inneren Selbstheilungskräfte zur Geltung kommen und wir so selber mit großer Demut zu Vorbildern werden. Die Welt braucht nachhaltiges Verhalten auf allen Ebenen und positive Vorbilder. Gehen wir auch im Kleinen mit gutem Beispiel voran. Wer soll es sonst machen? Erneuerungs- und Reformbedarf in dieser Welt gibt es genug, sowohl im persönlichen Bereich als auch in den großen Politikfeldern und vor allen Dingen in der Wirtschaft, doch davon später mehr.

> Wenn wir alles täten,
> wozu wir imstande sind,
> würden wir uns wahrlich in Erstaunen versetzen.
> – Thomas Alva Edison –

Große Hoffnung oder erlösende Gewissheit?

> Das Gegenteil von Glauben ist nicht Zweifel,
> sondern Gewissheit.
> – Anne Lamott –

Ist kosmisches Bewusstsein möglich und was bewirkt kosmisches Bewusstsein genau? Für manche Menschen geht es bei diesen Fragen lediglich um Spinnereien, Illusionen, Phantasien oder auch Utopien von merkwürdigen Zeitgenossen, die die Bodenhaftung verloren haben. Für viele christlich geprägte Menschen ist es die große Hoffnung, der größte Wunsch oder auch das große Ziel irdischen Lebens und für wiederum andere ist kosmisches Bewusstsein die große, erlösende Gewissheit. Sie werden getragen von der Erfahrung, dass Bewusstseinsentwicklung möglich ist und, dass das irdische Leben mit kosmischem Bewusstsein ein gelasseneres, glücklicheres, zuversichtlicheres, gesünderes und somit ein ausgeglichenes und angstfreies Dasein ermöglicht. Die Gewissheit trägt sie, dass das Leben auf einer neuen Stufe nach dem irdischen Tod weitergeht.

> Der Mensch wird des Weges geführt, den er wählt.
>
> – aus dem Talmud –

Aber wie ist die Wirkung des kosmischen Bewusstseins jemandem zu erklären, der bisher keine Vorstellungen davon hat? Eine Frage, die genauso schwer zu beantworten ist wie die Frage: Wie ist die Wirkung von Liebe zu erklären? Um die Wirkung von Liebe und auch von kosmischem Bewusstsein zu verstehen, muss man entsprechende Erfahrungen zumindest im Ansatz gemacht haben. Vielleicht hilft aber auch die folgende Geschichte von Henri J. M. Nouwen über das Gespräch eines ungeborenen Zwillingspärchens im Bauch der Mutter der Vorstellungskraft auf die Sprünge und bahnt Ihrer Phantasie einen neuen Weg:

„Sag mal, glaubst du an ein Leben nach der Geburt?", fragt der eine Zwilling.

„Ja, auf jeden Fall! Hier drinnen wachsen wir und werden stark für das, was draußen kommen wird", antwortet der andere.

„Ich glaube, das ist Blödsinn!", sagt der erste. „Es kann kein Leben nach der Geburt geben – wie sollte das denn aussehen?"

„So ganz genau weiß ich das auch nicht. Aber es wird sicher viel heller sein als hier. Und vielleicht werden wir herumlaufen und mit dem Mund essen?"

„So einen Unsinn habe ich ja noch nie gehört! Mit dem Mund essen? Was für eine verrückte Idee – es gibt doch die Nabelschnur! Und wie willst du herumlaufen? Dafür ist die Nabelschnur viel zu kurz."

„Doch, doch! Es geht ganz bestimmt. Es wird alles nur ein bisschen anders."

„Du spinnst! Es ist noch nie einer zurückgekommen von ‚nach der Geburt'. Mit der Geburt ist das Leben zu Ende. Punktum."
„Ich gebe ja zu, dass keiner weiß, wie das Leben nach der Geburt aussehen wird. Aber ich weiß, dass wir dann unsere Mutter sehen werden und sie wird für uns sorgen."
„Mutter??? Du glaubst doch wohl nicht an eine Mutter? Wo ist sie denn bitte?"
„Na hier – überall um uns herum. Wir sind und leben in ihr und durch sie. Ohne sie könnten wir gar nicht sein!"
„Quatsch! Von einer Mutter habe ich noch nie etwas bemerkt, also gibt es sie auch nicht!"

Ist diese Geschichte nicht großartig? Unser Denken bekommt einen neuen Impuls und einen neuen Weg geöffnet, der so bisher nicht zur Verfügung stand.

Susanne F. Gopalan (moveletter 1/2009) schreibt dazu: „Ist das nicht eine absurde Geschichte, die aus Sicht der Ungeborenen von einer Welt erzählt, in der es angeblich weitergeht? Die Zwillinge streiten über etwas, was für uns Realität ist, von dem wir wissen, dass es der Wahrheit entspricht. Während eines der Ungeborenen diesem unbekannten „Draußen" mit aller Kraft vertraut, sucht das andere nach kognitiven Argumenten dagegen."

Ist es nicht leicht nachvollziehbar, dass der mit aller Kraft vertrauende Zwilling der Zeit nach der Geburt mit weniger Angst und größerer Zuversicht entgegensieht? Er wird die Geburt kaum erwarten können und sich auf das Leben nach der Geburt freuen und darauf, seine Mutter endlich zu sehen und kennen zu lernen, während der andere Zwilling vermutlich mit trauriger Gewissheit davon ausgeht, dass das Leben im Dunkeln mit Nabelschnur keinen weiteren Sinn hat und nach der Geburt endgültig zu Ende ist.

Kommen Ihnen solche Gespräche nicht bekannt vor? Entsprechen Diskussionen über den Sinn des Lebens und über Ängste vor dem Tod und ein Leben nach dem irdischen Tod, nicht genau dieser Situation, nur eine Entwicklungsstufe später? Vielen gläubigen Christen geht es wie dem vertrauenden Zwilling, sie haben weniger Angst vor dem Tod. Menschen, denen sogar transzendente Erfahrungen, sogenannte Einheitserfahrungen, widerfahren sind, glauben nicht nur, sie empfinden Gewissheit. Eines der Ungeborenen hat offensichtlich eine Ahnung, eventuell ein höheres Bewusstsein – transzendentes oder kosmisches Bewusstsein, das andere lebt das, was wir hier eher Normalbewusstsein nennen. Das sogenannte Normalbewusstsein kennen wir als die Ebene unserer Gedanken und Gefühle im Wachsein, Schlafen oder Träumen. Von transzendentem Bewusstsein wird gesprochen, wenn die Gedanken- und Gefühlsebene z. B. während einer Meditation transzendiert, überschritten wird, wenn also das reine Sein wahrgenommen wird – siehe hierzu: Manfred Bacher: „Die Dimensionen des Seins entdecken" (3), Seite 265 ff. Wem das einmal, in der Regel zunächst sehr kurz, widerfahren ist, weiß, dass es eine höhere Ebene wirklich gibt.

Dieses Erlebnis ist so großartig, dass es alle anderen irdischen Erfahrungen in den dunklen Schatten stellt. Einfach nur sein, das ist es, was uns Kraft gibt für das irdische Leben. Einfach nur sein ist Kraft für die Seele und schenkt uns völlig neue Gedanken zu den Gegebenheiten unseres Lebens. Wir sehen das Leben mit anderen Augen, bewerten die täglichen Ereignisse mit größerem Abstand und sind in der Lage, mit Ruhe und Gelassenheit zu reagieren und zu agieren. Einfach nur sein gibt uns die Gewissheit einer höheren Existenz. Von kosmischem Bewusstsein wird gesprochen, wenn diese Gewissheit auch während des alltäglichen Handelns nicht verloren geht.

Für mich wird durch die Geschichte der ungeborenen Zwillinge nur allzu verständlich, dass es ohne die eigene Erfahrung zumindest für Nichtgläubige kaum oder wenig nachvollziehbar bzw. glaubhaft ist, wenn von einem neuen, ganz anders gearteten irdischen Leben durch kosmisches Bewusstsein die Rede ist und wenn von einem Weiterleben der Seele nach dem irdischen Tod gesprochen wird. Was für die einen unvorstellbar klingt, ist für andere Gewissheit. Der Schlüssel zu all dem liegt im Weg nach innen, der durch die regelmäßige Meditation z. B. nach dem Herzensgebet oder nach dem Ruhegebet Schritt für Schritt begangen werden kann. Literaturhinweise zu den, in diesem Buch angesprochenen Meditationsformen finden Sie am Ende des Literaturverzeichnisses sowie im Anhang unter der Überschrift „Hintergründe in aller Kürze".

> Habe Vertrauen ins Leben und es trägt dich lichtwärts.
>
> – Seneca –

Vor allem im Neuen Testament weisen unzählige Verse daraufhin, dass es nicht nur darum geht, Gott im Himmel anzubeten, sondern dass es für ein geistliches Leben und für den Weg zum kosmischen Bewusstsein nur den meditativen Weg nach innen geben kann. Insofern gehört m. E. auch das Christentum wie der Buddhismus und Hinduismus zu den Religionen der persönlichen Erleuchtung, die man auch häufig zu den mystischen und nicht (nur) zu den prophetischen Religionen zählt, auch wenn diese Einschätzung (noch) nicht der offiziellen Einstufung der christlichen Amtskirchen entspricht. Peter Dyckhoff hat in seinem Buch „Wie hat Jesus gebetet?" (5) anhand der bekannten Hinweise bzw. der Texte des Neuen Testamentes (Gebet auf dem Berg Tabor, am Ölberg sowie in der Wüste) die Gebetsweise Jesu untersucht und kommt zu dem Schluss, dass auch er sehr wahrscheinlich das hesychastische Gebet oder Ruhegebet praktizierte, wie es später, in den ersten Jahrhunderten n. Chr., die alten Wüstenväter und -mütter ebenfalls taten. Einige der bekanntesten Verse aus dem neuen Testament bzw. den Psalmen sind:

> Wisst ihr nicht, dass ihr Gottes Tempel seid und der Geist Gottes in euch wohnt?
>
> – 1. Korintherbrief 3,16 –

> Es ist besser, nur ein Wort oder wenige Worte mit dem Herzen zu beten,
> als tausende mit der Zunge.
>
> – 1. Korintherbrief 14,19 –

> Ihr haltet Becher und Schüsseln außen sauber,
> innen aber sind sie voll von dem,
> was ihr in eurer Maßlosigkeit zusammengeraubt habt.
> Mach den Becher zuerst innen sauber,
> dann ist er auch außen rein.
>
> – Matthaeus 23,25 f. –

> Wenn auch unser äußerer Mensch aufgerieben wird,
> der innere wird Tag für Tag erneuert.
>
> – 2. Korintherbrief 4,16 –

> Das Reich Gottes ist in euch.
>
> – Lukas 17,21 –
>
> Wenn uns der Herr den rechten Weg in die Innerlichkeit zeigt
> und ein schweres Geschick von uns abwendet,
> dann jubeln und freuen wir uns über alle Maßen.
>
> – Psalm 53,7b –

Wer die göttliche Perspektive in seinem Inneren sucht, findet mehr und mehr das wahre Selbst und die Kräfte, die er zur Bewältigung des Lebens benötigt. Mit kosmischem Bewusstsein finden wir nicht nur den Glauben zurück, sondern erfahren ihn gefestigt und in tieferen Schichten bis hin zur inneren Gewissheit. Wir erfahren so den inneren Halt, mit dem wir niemals an den Widrigkeiten des Lebens zerbrechen, sondern stetig wachsen. Nur mit kosmischem Bewusstsein ist es auch möglich, an der Aufforderung aus dem Römerbrief „… besiege das Böse im Guten" nicht zu verzweifeln und sich nicht vom Bösen besiegen zu lassen. Mit unseren normalen irdischen Kräften werden wir trotz vieler ernstgemeinter Vorsätze gerade an dieser Hürde immer wieder scheitern.

> Lass dich nicht vom Bösen besiegen,
> sondern besiege das Böse durch das Gute.
>
> – Römerbrief 12, 14.17.19.21 –

Man muss diese und andere entsprechende Bibelverse nicht kennen, um mit der regelmäßigen Meditation zu beginnen. Auch ich war nicht besonders bibelfest (und bin es heute auch nicht), bevor ich vor vielen Jahren nach einem besonderen inneren Erlebnis – vgl. Manfred Bacher: „Die Dimensionen des Seins entdecken" (3), Seite 21 ff.: „Wer sucht – der findet" – verstärkt die Suche nach dem inneren Halt aufnahm. Wer diese Verse aber während seines Weges nach innen kennenlernt, versteht, was damit gemeint ist und fragt sich, warum dieser besondere Weg durch die christlichen Kirchen nicht stärker aufgezeigt wird. Das Verständnis für diese Hinweise in der Bibel ist meines Erachtens in den vergangenen 30 Jahren immer stärker ins Bewusstsein der Menschen getreten, und es wird in Kirche und Gesellschaft weiter wachsen und neue Orientierung geben, da bin ich sicher.

Kosmisches Bewusstsein heißt … die Leichtigkeit des Seins erfahren

> Nichts ist schwer, bist du nur leicht.
>
> – Richard Dehmel –

Die regelmäßige Meditation führt dazu, dass wir mehr und mehr abschütteln können, was wir uns schon in den ersten Lebensjahren und dann durch das weitere Leben an Schuldgefühlen, Unzulänglichkeiten, Befürchtungen, Sorgen und Ängsten, Zwängen, Denkverboten, Handlungseinschränkungen, teilweise auch Pflichten, insgesamt an Resignation, Mutlosigkeit, Pessimismus, Hoffnungslosigkeit unnötigerweise haben einreden und aufbürden lassen und schließlich uns selbst eingeredet und aufgebürdet haben. Der mit vielen psychologischen Lasten prall gefüllte Sack, der das Leben auf Dauer so unendlich schwer und unerträglich macht, gehört z. T. unbewusst stetig schwerer werdend zum „Reisegepäck" vieler Menschen. Wer die Dinge schwerer nimmt, als sie wirklich sind und keine Lösungen und Auswege sieht, trägt auch schwer. Der krumme Rücken vieler Menschen kommt insbesondere auch von der empfundenen eigenen psychologischen Dauerbelastung. Rückenleiden gelten inzwischen heute als Zivilisationskrankheit.

Mit der regelmäßigen Meditation werden wir wieder zunehmend freier, lockerer, gelöster, gelassener und im Inneren heller, wir werfen diesen unnötigen Ballast mehr und mehr ab und enthalten Entlastung für Körper und Geist. Zunächst werden die neue Leichtigkeit und die neue Helligkeit ausschließlich während der Meditation selbst zu spüren sein. Je mehr wir den inneren Ballast aber loslassen können, desto mehr entsteht das Bewusstsein dafür, dass wir uns das Leben bisher selber unnötig schwer und dunkel gemacht haben. Diese neue Leichtigkeit und das neue Licht fühlen sich wunderbar an und unser Geist möchte mehr davon, er strebt förmlich selbstständig weiter in die Höhe und nimmt so unser ganzes Leben mit. Anfangs bedauern manche Meditierende, dass das Empfinden der zunehmenden psychischen Schwerelosigkeit nach der Mediation beendet ist und das bekannte schwerere Lebensgefühl sich wieder einstellt, je mehr aber Meditierende Fortschritte machen, desto mehr nehmen sie wahr, dass die positiven Auswirkungen im Alltag für sie spürbar sind. Sie entdecken einen neuen inneren Himmel, die innere Sonne und neue Horizonte.

Das ganze Leben wird dadurch im Laufe der Zeit immer müheloser und leichter werden. Auch wirklich schwere körperliche Arbeit wird mit innerer Leichtigkeit weniger anstrengend.

> Manchmal zeigt uns erst ein richtiger Sturm,
> wie viele Sorgen wir an Windböen verschwendet haben.
>
> – Autor/in unbekannt –

Die folgende Geschichte verdeutlicht sehr anschaulich, dass es auch anders gehen kann und dass sich hinter Problemen Lösungen verstecken, die es nur zu entdecken gilt (Autor/in unbekannt):

Eines Tages stolperte der Esel eines Bauern und fiel in eine tiefe Grube. Während der Bauer überlegte, was zu tun sei, schrie das Tier herzerweichend. Der Esel ist alt, dachte der Bauer, und die Grube muss ohnehin aufgeschüttet werden. So entschied er sich kurzerhand, den Esel zu opfern. Er bat seine Nachbarn mit anzupacken und schon bald danach griffen alle zur Schippe. Sie begannen Erde in die Grube zu schaufeln und als der Esel sah, was passierte, schrie er entsetzlich auf. Schon kurze Zeit später jedoch verstummte der Schrei. Die Nachbarn und der Bauer sahen nach und waren erstaunt darüber, was vor ihren Augen passierte. Jede Schippe Erde veranlasste den Esel zu einer eigenartigen Reaktion. Während der Bauer und die Nachbarn schaufelten, schüttelte sich der Esel den Dreck von seinem Rücken und stieg oben drauf. So erklomm der Esel Schritt für Schritt, Schaufel für Schaufel die Grube, bis er schließlich ganz oben ankam und davon trottete.

Susanne F. Gopalan (moveletter 1/2003) schreibt dazu: "Nur eine Geschichte? Oder bürdet das Leben auch uns Menschen des Öfteren eine Schippe Dreck auf, die es loszuwerden gilt. Der Trick, sich davon zu befreien und aus tiefen Gruben herauszukommen ist: Schüttle Dich ab und mach' einen Schritt weiter! Wer sich in den Gedanken von damals zu sehr verstrickt, kann keine klaren Entschlüsse fassen. Wer den Erinnerungen zu viel Zeit widmet, wird nicht sehen, was vor seinen Augen passiert. Wer mit glücklichen oder traurigen Gefühlen an ehemals besuchten Orten verweilt, wird den Duft nicht aufnehmen und die Luft um sich nicht spüren. Wer die Musik von gestern nicht ziehen lässt, wird den Klang von heute nicht hören."

Eine Geschichte sagt mehr als umfangreiche abstrakte Erklärungen. Natürlich wäre der Esel dem Tod geweiht, wenn er in Panik verfallen und handlungsunfähig geworden wäre. Er hätte nur noch einknicken und sich schreiend und mehr und mehr verzweifelnd ergeben können. Was sich in dieser Geschichte so wunderbar leicht anhört, ist auch leicht, wie alles, was man kann. Es will in Wirklichkeit, aber gelernt sein. Und wer es noch nicht gelernt hat, kann heute damit beginnen. Die regelmäßige Meditation z. B. nach dem christlichen Herzens- oder Ruhegebet ist quasi auch ein Prozess des Abschüttelns und Loslassens – siehe Manfred Bacher: „Die Dimensionen des Seins entdecken" (3). In der Meditation buddeln wir uns mit dem Loslassen nach und nach durch alte Geschichten zurück ins Leben und schieben Erinnerungen und Altlasten beiseite. Mehr und mehr kommen wir mit der Aufmerksamkeit ins Hier und Jetzt und nehmen die Luft und den Duft um uns herum wieder neu wahr. Wer schwermütige Zeiten oder Phasen hinter sich hat, und wer hat das nicht, kennt den Unterschied: „Schwermut kommt sprichwörtlich nicht auf Wolke sieben" – „Zuversicht lässt Flügel wachsen!"

Schwermut kommt nicht auf Wolke sieben.

– Manfred Bacher –

Zuversicht lässt Flügel wachsen.

– Else Pannek –

Die Dinge leichter, nicht so schwer nehmen, sich nicht herunterziehen lassen, Hoffnung und Zuversicht behalten sind die Grundlagen für ein ausgeglichenes Leben und Anzeichen dafür, dass kosmisches Bewusstsein möglich ist. In diesen Zeiten spüren alle: Man sollte alles nicht so tragisch nehmen, alles wird gut! Fragen Sie Mütter oder Väter von minderjährigen Söhnen oder Töchtern, wenn diese erstmals Liebeskummer haben. Sie wissen die Dinge meist leichter einzuordnen. Timm Kruse beschreibt in seinem 2016 erschienenen Buch und Wegweiser „Meditiere ich noch oder schwebe ich schon?" (6) die unterschiedlichen meditativen Wege zu dieser Leichtigkeit. Es heißt dort: „Meditieren ist das neue Joggen. Es macht uns ausgeglichener und entspannter, stärkt Körper sowie Geist und führt manch einen sogar bis zur Erleuchtung."

> Wer sich nach Licht sehnt,
> ist nicht lichtlos,
> denn die Sehnsucht ist schon Licht.
>
> – Bettina von Arnim –

Kosmisches Bewusstsein heißt, Gottes Gegenwart im Alltag dauerhaft spüren. Ein Leben mit kosmischem Bewusstsein bzw. ein Leben in der Leichtigkeit des Seins zu führen, bedeutet nun nicht, dass das zu einem oberflächlichen, unverantwortlichen, egoistischen Leben führt nach dem Motto: Ist mir doch egal, was passiert! Im Gegenteil, kosmisches Bewusstsein führt neben der zunehmenden Leichtigkeit zu neuen Sichtweisen mit einer neuen globalen Verantwortung dem gesamten Leben gegenüber. Einbezogen ist auch die Verantwortung für Natur und Umwelt, für die 1. Welt ebenso wie für die 3. und 4. Welt. Kosmisches Bewusstsein fußt auf der Erkenntnis, dass alles mit allem zusammenhängt und viele der Katastrophen dieser Welt menschengemacht sind und durch ein anderes Verhalten der Menschen verhindert werden können. Das betrifft sowohl Kriege, Raubbau an den natürlichen Ressourcen, Ausbeutung und Unterdrückung von Arbeitnehmerinnen und Arbeitnehmern und ganzer Völker, Klimawandel und Erderwärmung, Handelsverträge zu Lasten ärmerer Länder, Korruption und vieles mehr im Großen sowie Neid, Gier, Mobbing, Ausnutzung und Unterdrückung von abhängigen Arbeitnehmerinnen und Arbeitnehmern oder schwachen Menschen und vieles mehr auf der individuellen Ebene.

Unabhängig davon, wie lange es auf der globalen Ebene noch dauern wird, bis die Welt weiter aufwacht und insgesamt zu höherem Bewusstsein kommt, auf der individuellen Ebene kann jede und jeder Einzelne heute beginnen, sein Leben auf eine neue Basis zu stellen. Was dem Esel in der Geschichte durch seine Präsenz in der Gegenwart gelang, wird auch uns durch die nachhaltige Meditation gelingen. Ängste werden unsere kreative Intelligenz nicht mehr blockieren, Lösungen bieten sich unserem offenen Blick auch in scheinbar verfahrenen Situationen an. Zunächst werden solche Lichtblicke Einzelfälle sein. Im Laufe des Wachstums- und Entwicklungsprozesses aber wird die neue Präsenz im Hier und Jetzt mit höherem und kosmischem Bewusstsein und wachsender Demut für jede Einzelne und jeden Einzelnen die neue Normalität werden.

Der Himmel ist weder ein Ort noch ein Zustand.
Er ist ein Bewusstsein vollkommenen Einsseins und die Erkenntnis, dass es sonst nichts gibt, nichts außerhalb dieses Einsseins und nichts anderes darin.

– aus Kurs in Wundern –

Das Leben setzt sich mit einer neuen Dimension des Seins fort, mit Möglichkeiten, die bisher unvorstellbar schienen. Fehlentwicklungen unserer heutigen Lebensformen kann nur mit neuem Bewusstsein begegnet werden. Neues Bewusstsein schafft neue Wirklichkeiten. Das bestätigen auch Naturwissenschaftlerinnen und Naturwissenschaftler seit Langem. Durch die Quantenphysik werden alte Weltbilder in Frage gestellt. In „Physik und Transzendenz" (4), Hrsg. Hans-Peter Dürr, lesen wir auf Seite 270 von einem Gespräch Werner Heisenbergs mit anderen Naturwissenschaftlerinnen und Naturwissenschaftlern, u. a. Wolfgang Pauli. Es heißt dort: „Natürlich wissen wir, dass für uns die Wirklichkeit von der Struktur unseres Bewusstseins abhängt."

Natürlich wissen wir, dass für uns die Wirklichkeit
von der Struktur unseres Bewusstseins abhängt.

– Werner Heisenberg –

Ökonomie – wie Mystik und Spiritualität neue Orientierung geben können

Bleiben wir aber zunächst beim irdischen, beim profanen Leben und bei den gewaltigen Sackgassen und Abgründen heutiger Lebensformen, bevor wir zur Bedeutung der Mystik in der Gegenwart kommen.

Welchen Reformbedarf gibt es in den Industrieländern im Hinblick auf die ressourcenverschwendende und klimafeindliche Art zu wirtschaften? Bei dieser Frage kommt mir der immer deutlicher werdende Reformbedarf unserer konsumorientierten Shoppingwelt in den Sinn, von der einige wenige auf Kosten des Gemeinnutzens enorm profitieren. Es handelt sich genau genommen um einen Reformbedarf, der die gesamte Gesellschaft betrifft. Die Gesellschaft ist gewissermaßen in einer Sackgasse, wahrscheinlich sogar in einem Irrgarten gelandet und sieht derzeit aus ihrer Geschäfts- und Konsumwelt keinen Ausweg, wenn sie überhaupt einen sucht. Dieses Thema stellt offensichtlich für große Teile der Gesellschaft gar kein Problem dar. Im Gegenteil, für diesen Teil der Gesellschaft ist es gut so, wie es ist! Ein anderer Teil der Gesellschaft aber verzweifelt bei diesem Thema an dem für sie nicht mehr zu ertragenen Irrsinn bzw. hat längst resigniert! Und ein weiterer kleiner Teil kämpft hier massiv gegen atemberaubende Missstände! Meditierenden und Freunden der Mystik steht zudem Gelassenheit und Zuversicht gut zu Gesicht, wie ich finde. Mystikerinnen und Mystiker wissen seit Jahrhunderten: Gott wartet! Und damit geht es bei diesem Thema auch um die Bedeutung der Mystik in der Gegenwart.

Zunächst ist die These zu untermauern und zu begründen, dass die Unternehmen und die gesamte Gesellschaft in einer Sackgasse bzw. in einem Irrgarten stecken und sich immer weiter verstricken. Und hier möchte ich Sie, liebe Leserin, lieber Leser warnen. Dieser Teil ist in der Kompaktheit wirklich schaurig, machen Sie sich auf etwas gefasst – da kommt einiges zusammen. Auch bei diesem Thema schauen wir in die Abgründe der Gegenwart! Bei einigen renne ich mit diesem Thema sicher offene Türen ein, aber vielleicht ist das gesamte Paket auch nicht jedem ständig bewusst.

Sodann gehe ich kurz auf die psychologischen Ursachen und Hintergründe ein, die so viele Verbraucherinnen und Verbraucher anfällig machen für die Verführungen der Konsumwelt. Gerade aber in dieser Anfälligkeit liegen auch die Chancen für die Einzelne und den Einzelnen, eine neue Orientierung zu finden.

Zum Abschluss dieses Teiles erläutere ich, wieso gerade Mystik und Spiritualität die neue Orientierung geben können. Hier geht es um die Aufgaben und die Verantwortung der Mystikerinnen und Mystiker in der Gegenwart.

Konsum, Konsum, Konsum – der ganz alltägliche Wahnsinn

Eventuell haben Sie sich auch bereits gefragt: „Unser Wirtschaftssystem soll in der Krise sein, wieso eigentlich?" Die Unternehmen verdienen doch so gut. Die Börsenkurse sind derzeit hoch und steigen weiter. Es herrscht nahezu Vollbeschäftigung, Arbeitskräfte werden weiter gesucht, Deutschland ist Exportweltmeister. Es kann also zumindest keine flächendeckende Gewinnkrise sein – das stimmt. Es geht um etwas anderes! Es geht um ein bestimmtes Geschäftsmodell und um die Dreiecksbeziehung zwischen Unternehmen, Kundinnen/Kunden und Politik! Was heißt das?

Pascal Bruckner (Jahrgang 1948, französischer Romancier und Essayist) sagte einmal: „Die Firmen begnügen sich nicht damit, Produktionsstätten zu sein, sondern stellen sich als Kirche von morgen dar, die Werte vorschreiben. Die Geschäftswelt ist unser moderner Klerus!" Das trifft den Kern, wie ich meine: die derzeitige Philosophie und Geschäftspolitik vieler Unternehmen. Wenn wir uns anschauen, wie sich z. B. die Markentreue und die Konsumsucht in den letzten Jahren entwickelt haben – auch bereits bei Kindern, bei Jugendlichen und Erwachsenen sowieso, dann finde ich, er hat mit dieser Aussage direkt ins Schwarze getroffen. Die Unternehmen waren in der Vergangenheit mit der von ihr indirekt und suggestiv verordneten neuen Werteordnung – am auffälligsten in der Modebranche –

sehr erfolgreich. Sie haben es tatsächlich geschafft, uns, die Kundinnen und Kunden, von ihren Produkten quasi abhängig zu machen. Und wir, die sogenannten Verbraucherinnen und Verbraucher sind in den Augen der Unternehmen so lange wichtig, wie wir ihnen folgen und in großem Stil – d. h. über unsere eigentlichen Bedürfnisse hinaus – verbrauchen. Wir sind eigentlich nur dazu da, um zu verbrauchen. Nur dann können Produzentinnen und Produzenten und der Handel einen Nutzen aus uns ziehen. Insofern werden wir verbraucht! Es geht bei allem nicht um uns, sondern um die erfolgreiche Produktion und den Absatz. Wenn wir nicht kaufen, müssen es andere tun. Aber wir tun es – noch! Aus der Markentreue ist vielfach eine Markenabhängigkeit geworden, förmlich ein Markenfundamentalismus. Denken Sie an Markentextilien beispielsweise oder an PKW's, das sind nicht mehr nur Autos – es sind Heiligtümer, auf die „Gläubige" schwören und bei vielen anderen Produkten ist es ebenso: Apple, Nike, Adidas, Boss, AIDA-Cruises usw. usw.

Wie haben die Unternehmen das geschafft? Sie steuern ihre Kundinnen und Kunden, wecken Bedürfnisse und Bedarf und suggerieren uns mit der Nutzung der Produkte Wirkungen wie Glück, Erfolg, Unschlagbarkeit, Himmel auf Erden! Sie manipulieren uns nach Belieben. Die Werbung enthält kaum Produktinformationen. Sie setzt stattdessen auf ein konstruiertes Marken- und Kundenimage und ein Großteil der Menschen lässt es zu, will es so und fühlt sich gut dabei. Die Werbung spricht beispielsweise 4 Mal jährlich von den must-haves, (musst du haben, um „in" zu sein), im Frühjahr, Sommer, Herbst und Winter! Und wenn die Werbung es sagt, … !

Auch Richard Rohr fragt in seinem Buch „Wer loslässt, wird gehalten" (7) bereits in seinem kleinen Vorwort: „Wie sollte es möglich sein, in einer kapitalistischen Gesellschaft das Loslassen zu verkaufen?" Auch er spricht beim Loslassen vom Verkaufen! Und weiter schreibt er auf Seite 52 f.: „Glauben Sie, dass die Seele von diesem ‚Kaufen und Verkaufen im Tempel' satt wird? Niemals. Das wird niemals die Seele sättigen oder den Geist nähren, weil es nicht die Realität in ihrer Wahrheit ist. Es ist eine Lüge über die Realität!" Und Seite 58 f.: „Wenn Produzieren und Konsumieren die einzigen ‚Spiele' sind, auf die wir uns einlassen, verfestigen sie sich und werden zu unserer Realität. Ja, es ist eine falsche Realität, aber sie kann immer realer werden, je älter wir werden, desto geschickter werden wir in diesem Spiel und dieser Lebenseinstellung." Und schließlich auf Seite 66: „Wir leben fast vollkommen außerhalb von uns selbst. Amerika hat eine eigene Kunstform daraus entwickelt: Hollywood und die Kunsttempel und Einkaufsmeilen der Großstädte. Wir leben tatsächlich nicht mehr im Inneren. Wir leben durch die Augen der anderen. Passen meine Farben heute zusammen? Bin ich attraktiv? Ist meine Taille schmal genug?"

Schauen wir uns das etwas genauer an: Ich reiße 4 Aspekte jeweils nur kurz an:

1. Die sogenannten neoliberalen Werte, die auf Wachstum der Wirtschaft um jeden Preis basieren, sind im Grunde in der westlichen Welt am Ende. Einseitige Gewinnmaximierung und Shareholder Value haben die Unternehmen und die Gesellschaft zunächst weiter, dann aber in den Teufelskreis von Produktion und Verbrauch gebracht. Wir, die Kundinnen und Kunden, müssen verbrauchen, tun es aber in den Augen der Produzentinnen und Produzenten immer noch zu wenig und das in einer Zeit, in der Sparen sich nicht lohnt! Woher soll der gewünschte zusätzliche Gewinn noch kommen? Unsere Wirtschaft ist daher darauf angewiesen, ständig neuen Bedarf bei den Verbraucherinnen und Verbrauchern zu wecken und neue Geschäftsmöglichkeiten zu suchen! Stichworte dafür: Smartphones mit immer neuen Möglichkeiten (auch ich will auf mein Smartphone nicht mehr verzichten, benötige aber, wie viele andere Nutzerinnen und Nutzer auch, nicht die neuesten Entwicklungen), Billigmode, Weltraumtourismus, haarsträubende Börsenspekulationen mit Lebensmitteln und jetzt auch … Privatisierung von Leitungswasser.

Der Irrsinn im Alltag ist der Normalfall. Die gesamte Werbung verspricht (vermeintliche) Lebenszufriedenheit, Lebensglück, Erfüllung – Schlankheit, Schönheit, Image. Es werden z. T. Wegwerfartikel verkauft, auf die daraus erwachsenen Probleme gehe ich noch ein. Und die Methoden werden immer perfider. In Anbetracht der weiter wuchernden Möglichkeiten der Unterhaltungselektronik beispielsweise warnen Kritiker bereits vor einem drohenden „Aufmerksamkeitsraub" für wirklich eigene Belange. Der Philosoph R. D. Precht greift in seinem Buch „Wer bin ich – und wenn ja, wie viele?" (8) diesen Punkt auf (Seite 262): „Aufmerksamkeitsraub ist ein Delikt, das bislang in keiner Gesellschaft bestraft wird. Müssen wir das in Zukunft nicht ändern? Der Philosoph Thomas Metzinger von der Universität Mainz hat dafür den Begriff „Anthropologiefolgenabschätzung" geprägt. Wir sollten in Zukunft auch die Risikofolgen der Hirnforschung abschätzen. Wir benötigen eine neue Bewusstseinskultur (→ Da ist das Stichwort erstmalig! Anmerkung des Verfassers) Erkenntnisse der Hirnforschung nämlich liefern den Unterhaltungselektronikern ungewollt immer neue, raffiniertere Möglichkeiten, die Aufmerksamkeit der Menschen zu erlangen und damit gleichzeitig von sich selbst abzulenken sowie ihnen so das Geld aus der Tasche zu ziehen."

Wo wir auch hinsehen: Late-Night-shopping, Mitternachtsshopping, Ladyshopping, lange Nacht des Stöberns, Sonderangebote, Lockangebote, kauf drei – erhalte vier, auf jedem Schritt lauern Verführungen: Kauf dies, kauf das, kaufen, kaufen, kaufen – je mehr du kaufst, desto mehr sparst du! Probiere dies aus, probiere das aus – je mehr du ausprobierst, desto weniger wirst du etwas verpassen! Unzählige Kundenkarten füllen unsere Brieftaschen, ständig werden Newsletter mit neuen, tollen Sachen verschickt, Shopping-Wahnsinn und Massenansturm, z. B. auf Billigmode wie bei Primark – Textilien werden dort kiloweise erworben. Manche Menschen drehen völlig am Rad. Wissenschaftlerinnen und Wissenschaftler weisen darauf hin, dass die Menschen vor 100 Jahren weniger als 400 Dinge zu Hause hatten, heute sind es über 10.000 Dinge!

2. Aber längst ist der nächste Schritt vollzogen: Die konsequente Kostenreduzierung bzw. auch Kostenvermeidung. Bereits seit Jahren kennen wir die Verlagerung der Produktionsstätten in Billiglohnländer. Hungerlöhne, Ausbeutung, unethische Arbeitsbedingungen, Diskriminierung sind der normale Wahnsinn! Und mehr und mehr erscheinen auch die konsequente Steuervermeidung und der Steuerbetrug, u. a. durch Standort- und Buchhaltertricks wie bei Amazon, Star Bucks usw. als normal. Das neueste Stichwort dazu heißt: „Paradise Papers". Der Ökonom Gabriel Zucman, der an der Elite-Universität Berkeley forscht, hat für die Berichterstattung über die neuesten Enthüllungen 2016 ausgerechnet: 17 Milliarden Euro verliert Deutschland jedes Jahr an Unternehmenssteuern, weil Konzerne ihre Gewinne in Steueroasen verschieben. Auch an die Verschlechterung der Produkte oder deren Bestandteilen zur Kosteneinsparung (Pferde- statt Rindfleisch in der Lasagne) und zur Verkürzung der Lebensdauer (billige Kunststoff- statt Metallteile) haben wir uns gewöhnt. Mogelpackungen sind längst nichts Ungewöhnliches mehr. Mogelpackungen und auch dreiste Werbelügen des Jahres werden gekürt. Und der negative Höhepunkt im letzten Jahr: Kostenreduzierung durch strafrechtlich relevante Umgehung teurer gesetzlicher Regelungen (Dieselskandal – VW und andere lassen grüßen).

Ebenso längst nicht mehr neu: die ungeheure (zweifelhafte) Lobbyarbeit, um Gesetze, Rechtsverordnungen und geplante Regierungsvorhaben im eigenen Interesse zu beeinflussen ist längst der Normalfall (s. Auto-, Pharma-, Landwirtschaft und Nahrungsmittelindustrie). Korruption ist auch bei uns wieder ein Thema, Komponenten des Wettbewerbs sind nicht nur unfaire Methoden, sondern auch strafrechtlich relevante Mittel und Vorgehensweisen.

3. Wesentlich bei allen Punkten ist: Auch unsere Politik hat sich über die Jahre mehr und mehr von der Wirtschaft abhängig gemacht, sie steckt in einem Dilemma, sie braucht diese Wirtschaft! Vollbeschäftigung (fast um jeden Preis) ist wirtschaftspolitische Zielsetzung und natürlich für den gesellschaftlichen Frieden auch sehr wichtig – und dieses Geschäftsmodell schafft wirklich Arbeitsplätze!

Auch die Politik sorgt aus diesem Grund für Konsum (derzeit auch durch die EZB-Politik des billigen Geldes). Konjunkturspritzen, Kauf- und Abwrackprämien, verkaufsoffene Sonntage kennen wir seit Langem. Ladenschluss gibt es kaum noch, auch der Sonntag ist nicht mehr heilig. Der volkswirtschaftliche Nutzen besteht wie bereits gesagt im Wachstum, in der Vollbeschäftigung, in hohen Steuereinnahmen, gut gefüllten Sozialkassen und neuen Arbeitsplätzen. Und selbst Kundinnen und Kunden begründen ihre Konsumsucht bereits mit dem volkswirtschaftlichen Nutzen – eigentlich irre, Shopping ist vielfach längst zum Hobby Nr. 1 geworden! Wir sind im Hamsterrad von Produktion und Absatz und das schon sehr lange! Prof. em. Udo Simonis, damals FU Berlin, hat bereits Ende der 80er Jahre des vorherigen Jahrhunderts in seiner gleichnamigen Veröffentlichung erfolglos gefordert: „Wir müssen anders wirtschaften!" Auch Mahatma Gandhi sagte bereits:

> Die Welt hat genug für jedermanns Bedürfnisse, aber nicht für jedermanns Gier.
>
> – Mahatma Gandhi –

Bereits 1958 vergleicht John Kenneth Galbraith in seinem Klassiker „Gesellschaft im Überfluss" (9) diese Gesamtsituation mit dem Irrsinn des Hamsterrades. „Galbraith vertritt die Auffassung, dass die moderne Marktwirtschaft mit der Produktion von Gütern nicht so sehr auf bestehende Bedürfnisse reagiert, sondern, dass sie diese Bedürfnisse selber erzeugt, die die Konsumgüter dann befriedigen sollen. Sie füllt die Leere, die sie selber geschaffen hat. Ein unstillbarer Durst nach Profit auf Seiten der Produzentinnen und Produzenten trifft auf einen unstillbaren Durst nach Konsumgütern auf Seiten der Konsumentinnen und Konsumenten – und der Hamster rennt weiter in seinem Rad. Egal, wie viel wir produzieren und wie gerecht wir diese Güter verteilen, mit marktwirtschaftlichen Mitteln allein können wir diese Bedürfnisse nie befriedigen, geschweige dann menschliche Zufriedenheit erzeugen." (siehe Miroslav Volf „Zusammen wachsen – Globalisierung braucht Religion" (2), Seite 74). Und auf Seite 204 fügt Volf hinzu: „Die Kluft zwischen Reich und Arm ist aus moralischer Perspektive himmelschreiend: 1,5 Milliarden Menschen leben in bitterster Armut, während einige wenige Begünstigte im Überfluss baden; eine Welt, in der das reichste ein Prozent der Menschen mehr besitzt als die restlichen 99 Prozent zusammen, ist ein Affront gegen die Menschenwürde, sowohl der Reichen als auch der Armen."

4. Schon lange reden auch wir über die gravierenden Folgeschäden dieser Politik. Der Klimawandel wird zwar nicht mehr flächendeckend geleugnet, wird aber auch nicht wirklich ernst genommen! Unternehmen und Politik akzeptieren für ihre Ziele (noch) die fast vollständige Missachtung von Natur und Umwelt. Stichworte hierfür u. a.: Massentierhaltung, Überfischung der Meere, Nitratbelastung des Bodens und Grundwassers, der verantwortungslose Wasser- und Energieverbrauch, Brandrodung der Urwälder, Wegwerfmentalität, Müllberge einschließlich des Atommülls, Kohlenstoffdioxid- oder Kohlendioxidausstoß (CO_2) und die dadurch weiter zunehmende Erderwärmung, der fortschreitende Klimawandel, mangelnder Klimaschutz sowie insgesamt zu wenig Rücksichtnahme auf die Gesundheit von Mensch und Tier – egal, es ist eine Liste des Grauens! Im Übrigen: Die berechtigten Interessen der sogenannten 3. Welt bleiben bei unserer Wirtschafts- und Wachstumspolitik nahezu vollständig auf der Strecke. Einige bekannte Stichworte hierfür nur in aller Kürze: Hungerlöhne in ärmeren Ländern für unsere Wohlstandsprodukte, Ausbeutung, fehlende Arbeitszeit- und Pausenregelungen, Kinderarbeit, nicht vorhandene Sozialversicherungen, völlig unzureichender Arbeitsschutz. Auch die Subventionen für unsere Landwirtschaft verhindern, wie alle längst wissen, wirtschaftliche Landwirtschaft in den ärmeren Ländern, Fair Trade ist ein Tropfen auf dem berühmten heißen Stein. Wir fischen nicht nur unsere Meere leer, sondern auch die Meere der Entwicklungsländer. Die Einkommens- und Vermögensverteilung in dieser Welt ist eine Katastrophe für sich. Manfred Fischer, deutscher Philosoph (1926–2015), sagt dazu:

> Vierte Welt, dritte Welt, erste Welt – sie alle existieren mit verschiedenen Armutszeugnissen.
>
> – Manfred Fischer –

Keine Frage, Wachstum und Globalisierung bedeuten in den Industrienationen wachsenden Wohlstand – wenn auch sehr ungleich verteilt –, aber die himmelschreienden, katastrophalen Schattenseiten sind auch und gerade für Politikerinnen und Politiker seit Langem sichtbar. Und diese Schattenseiten ziehen weitere, noch gravierendere Katastrophen nach sich! Die sogenannte 1. Welt hält die Armut in den anderen Teilen der Welt in hohem Maße aufrecht, teilweise verschärft sie diese sogar. Unter der Überschrift „Ressourcenverbrauch Deutschland – 2,6 Erden notwendig" vom 1. Oktober 2014 hat der Geschäftsführende Vorstand des WWF Deutschland, Eberhard Brandes, in seinem „Living Planet Reports 2014" darüber hinaus u. a. warnend zusammengefasst: „Die Menschheit treibt ihren eigenen Planeten in einen gefährlichen Burn-Out. Der Grund: Zusammengenommen verbrauchen wir jedes Jahr 50 Prozent mehr Ressourcen, als die Erde innerhalb dieses Zeitraums regenerieren und damit nachhaltig zur Verfügung stellen kann. Lebt die Menschheit weiter wie bisher, benötigen wir bis zum Jahr 2030 zwei Planeten, um unseren Bedarf an Nahrung, Wasser und Energie zu decken. Bis zum Jahr 2050 wären es knapp drei. Wir entziehen uns und unseren Kindern die Lebensgrundlagen in atemberaubender Geschwindigkeit". Vielleicht denken Sie jetzt, dass wir derartig düstere Prognosen doch schon öfter hatten (vgl. z. B. Thomas Robert Malthus, 1766-1834). Sicher, hatten wir und es wird wieder Lösungen geben, aber die Schäden sind unübersehbar! Der Kontrast zwischen der unwürdigen

Produktion und der Wegwerfgesellschaft ist für diese Welt auf Dauer kaum auszuhalten. Auch hierzu äußert sich Miroslav Volf (Zusammen wachsen – Globalisierung braucht Religion), Seite 204, er schreibt: „Würden die Armen der Welt den Grad des Konsums erreichen, in dem die ökonomisch entwickelten Nationen schwelgen, würde das eine ökologische Katastrophe auslösen. Beim Stand des gegenwärtigen technologischen Fortschritts kann das Ökosystem es nicht ertragen, wenn wir unseren Lebensstil in der gesamten Welt etablieren – zum Beispiel 863 Kraftfahrzeuge pro 1000 Menschen (wie im Fürstentum Monaco) oder der Energieverbrauch äquivalent zu 2.235 Millionen Kilotonnen Öl (wie in den Vereinigten Staaten im Jahre 2010).

Zugespitzt können wir sagen:
– Für Unternehmerinnen und Unternehmer sind Erlöse wichtiger geworden als Erlösung; Gläubigerin oder Gläubiger sein, ist wichtiger als gläubig sein!
– Für Kundinnen und Kunden gilt: Lieber Schuldner sein statt Schuld eingestehen! Lieber Schulden abbauen als Schuld abbauen!
– Gott spielt in der Welt der Wirtschaft keine Rolle
– Unternehmerinnen und Unternehmen sind der neue Klerus!

Ich mache den Versuch einer Zusammenfassung: Wir haben die Welt so gemacht, wie sie ist. „Diese Wirtschaft tötet." Dieser Satz von Papst Franziskus aus dem apostolischen Schreiben Evangelii Gaudium ist weithin bekannt. Dabei spricht Franziskus der Wirtschaft kein Eigenleben zu. „Sie sei weder „Mechanismus" noch „Sachzwang", sondern von Menschen gemacht und deshalb nicht alternativlos" (aus Publik-Forum 20/2016 vom 21.10.2016).

Das Wirtschaftswachstum hat die Welt einerseits weitergebracht, die Grenzen aber sind längst überschritten. Die Dosis macht das Gift! Die Krankheit heißt: Gewinnmaximierung, Gier und Wachstum um jeden Preis! Unternehmen sind in einem Absatzzwang, greifen längst zu zweifelhaften Mitteln und das ist für sie übrigens ihrer eigenen Ansicht nach existenziell – siehe Schlecker … und Butlers, die Kölner Einrichtungskette stellte im Februar 2017 einen Insolvenzantrag. Offensichtlich ist der Drang bei Kundinnen und Kunden nach ständiger Neu- bzw. Um-Dekoration überschätzt worden, so dass ein Angebotsüberhang entstand.

Fazit: Eigentlich sollte die Wirtschaft den Menschen dienen, inzwischen ist es längst umgekehrt: Die Menschen müssen der Wirtschaft dienen, um sie zu erhalten!

Noch spielen die Menschen mit

Wieso spielen die Menschen bei diesem unwürdigen Spiel mit? Wieso lassen sich viele Menschen von Unternehmen widerstandslos manipulieren? Wieso eigentlich ist das möglich angesichts des offensichtlichen Wahnsinns? Meines Erachtens sind zwei Hauptgründe entscheidend. Ein Grund liegt im mangelnden oder unzureichend ausgebildeten wirklichen inneren Selbstwertgefühl, im fehlenden inneren Halt. Die innere Leere, die Angst vor Bedeutungslosigkeit führt zu Schein- bzw. Ersatzlösungen. Viele Menschen können sich einfach nicht vorstellen, dass der wirklich nachhaltige innere Halt tatsächlich von innen kommen kann und muss. Menschen benötigen daher bestimmte Produkte bzw. deren (vermeintliche) Wirkungen als Mittel zur Steigerung ihrer Außenwirkung. Und ihre Mitmenschen benötigen sie quasi als Resonanzboden, der ihnen wie Publikum Anerkennung, Bewunderung oder gar Neid zollt: „Tolle Sachen trägst du!". Genau das, was sie zur Steigerung ihres Selbstwertgefühls und ihrer Lebenszufriedenheit so dringend benötigen. Unsere Wirtschaft lebt von Frust- und Lustkäufen. Wir hören von Jugendlichen, die die Sachen der Billigketten gar nicht waschen, sondern nach dem Tragen sofort wegwerfen. Es geht dabei nur um das Partyoutfit für einen Abend! Und der zweite Grund ist mangelndes Bewusstsein für die Gesamtsituation und damit einhergehend, die mangelnde Verantwortung für die gravierenden Folgen. Spirituelle Fragen spielen keine Rolle, z. B: „Woher kommt der Mensch?" „Wohin geht der Mensch?" Fragen der Ewigkeit spielen keine Rolle. Nur die Wirkung in der Gegenwart zählt. Wir können von den Menschen als „Gegenwartsoptimiererinnen" und „Gegenwartsoptimierern" sprechen, nur durch mehr Konsum geht die Entwicklung geschäftlich und privat bergauf, egal ob billig (Primark) oder Marke und teuer (Boss).

Ich bin davon überzeugt, das ganze System ist eigentlich am Ende, es wird quasi bereits künstlich beatmet und so am Leben gehalten und das schon sehr lange. Die Methoden werden immer absurder, denken Sie an den

Satz von Thomas Metzinger, Universität Mainz: Erkenntnisse der Hirnforschung würden zur Manipulation der Kundinnen und Kunden genutzt, Algorithmen leisten längst entscheidende Dienste zur Kunden- und Kaufanalyse. Eigentlich ist das System schon lange klinisch tot. Die Politik steckt in einem Dilemma – weiß es aber z. T. noch gar nicht. Und das Problem ist: Viele Menschen und darunter auch Politikerinnen und Politiker können und wollen sich ein anderes Leben gar nicht vorstellen!

Von dem zunehmenden Druck auf die Arbeitnehmerinnen und Arbeitnehmer, auf die Menschen im Vertrieb, in der Pflege, in der Produktion etc. habe ich dabei noch gar nicht gesprochen. Zunehmender Stress, Verkaufsdruck, Burnout-Syndrome, getaktete Arbeitsprozesse – Menschen beklagen mehr und mehr: „Ich kann es nicht mehr gut machen! Ich muss nur noch funktionieren!" Unternehmen haben sich bei den Verbraucherinnen und Verbrauchern und in der Politik quasi eine gottgleiche Stellung erarbeitet, versprechen mit Arbeitsplätzen und ihren Produkten und Dienstleistungen vermeintliches Lebensglück auf Erden – mehr geht nicht!

Und doch gibt es Hoffnung. Eine kleine, aber größer werdende Anzahl von Menschen darunter auch Politikerinnen und Politikern und Unternehmerinnen und Unternehmer werden m. E. nachdenklich und spielen nicht mehr mit! Nachhaltige Produktion wird mehr und mehr ein Thema ebenso wie Work-Life-Balance und Gesundheitsmanagement in Unternehmen. Aber es ist richtig, was Psychologinnen und Psychologen und auch Philosophinnen und Philosophen vielfach sagen: „Der gehobene Zeigefinger ist nicht angebracht!" Oder norddeutsch ausgedrückt: „Ausleben den Schiet!" Dieser Irrsinn muss ausgelebt werden, anders gibt es keine Neuorientierung.

> Du magst das Irren schelten, wie du willst,
> so ist's doch oft der einzige Weg zur Wahrheit.
>
> – Heinrich von Kleist –

Die Versuche vieler Unternehmen und der Politik nunmehr durch fragwürdige Handelsverträge, die heutige Wirtschaftspolitik zu retten, sind hoffentlich die letzten Versuche. Trump setzt mit seiner völlig rückwärtsgewandten Politik der Abschottung allerdings noch einen drauf! Ausleben – bis zur Sinnkrise. Bis zur Frage „Was mache ich, was machen wir da eigentlich?

Was lasse ich mit mir machen?" Theresa von Avila betont in ihrem Bild der inneren Burg in der sechsten Wohnung nachdrücklich, dass diese Welt nur Lug und Trug ist und als solche keinen Bestand hat. Der kleine Schmetterling sollte also sein Herz hier nicht verlieren oder an etwas von dieser Welt anhaften – so Theresa! Wie wir auf Lug und Trug in dieser Welt hereinfallen hat bereits Platon in seiner bekannten Höhlenanalogie beschrieben. Die Schatten an der Wand sind bestenfalls Hinweise auf eine andere Wirklichkeit, nicht die Wirklichkeit selbst.

Gotthard Fuchs beschreibt in „Der Weg zur Heilung geht in unserer Zeit nur über das Handeln" (10), Rundbrief 3/2017, Gesellschaft der Freunde christlicher Mystik e. V., die größte Herausforderung im 21. Jahrhundert. Sie besteht darin, allen Menschen ein Leben in Würde zu ermöglichen, ohne dabei den Planeten zu zerstören. Das kann und wird nicht mit dem jetzigen Wohlstand- und Wachstumsmodell der Industrieländer gelingen.

Mystik und Spiritualität als neue Wegweiser

Wie aber wird es weitergehen? Genau wissen wir es nicht. Sicher ist nur eins: Probleme können nicht auf der Ebene gelöst werden, auf der sie entstanden sind. Für Problemlösungen muss man zu neuen Erkenntnissen kommen, schlauer und bewusster werden! Das braucht noch Zeit. Unternehmen, die Politik, die Menschen, sie alle handeln, wie sie handeln, weil sie dieses Handeln entweder bejahen und glauben, es könnte und sollte keine Alternativen geben, es müsste alles so sein, wie es ist oder weil sie (noch) keine Alternativen kennen. Aber … der Lernprozess läuft. Im Rahmen dieses Lernprozesses sind immer mehr Menschen auf dem Weg zu neuen Bewusstseinsebenen, zu neuer menschlicher Reife, zu neuen Dimensionen des Seins und fragen sich: „Was läuft da? Was machen wir da eigentlich?"

Menschen werden Schritt für Schritt weiter zu sich kommen, Abstand bekommen zu ihrem derzeitigen Verhalten! Die neue Zeit kann nur von den Menschen insgesamt kommen, nicht von Einzelnen, die sind machtlos. Irgendwann aber ist die kritische Menge der weiter aufwachenden Menschen erreicht, dann wird es sich mehr und mehr spürbar ändern. Die neue Innenorientierung, die neue Mystik entwickelt sich! Mit der siebenten Wohnung der inneren Burg zeigt uns Theresa von Avila das Licht am anderen Ende des Tunnels auf.

Neue Orientierung kann nur aus dem wahren Selbst erwachsen. Von diesem „wahren Selbst" ist in der Mystik aller Weltreligionen die Rede, gern auch im Bild des Wagenlenkers (siehe Abbildung 1, Seite 45).

Auch R. Rohr (11) schreibt unter gleichnamigem Titel von diesem wahren Selbst als wichtigste Orientierung. Der nächste Entwicklungsschritt liegt in der Selbstverwirklichung. Selbstverwirklichung heißt, das wahre Selbst als neue Orientierung erkennen. Der Weg nach innen, die innere Orientierung macht Menschen unabhängiger, selbstbestimmter. Wir alle wären durch Werbung, Mode, Markenimage etc. und deren vermeintlichen (vorübergehenden) Steigerung des Selbstwertgefühls etc. weniger manipulierbar! Erfüllende ‚Rückmeldungen' aus dem eigenen Inneren, wirkliche Selbsterfahrungen geben uns nachhaltig inneren Halt. Das völlig überzogene Konsumverhalten und die erhofften flüchtigen, bewundernden oder neidischen Blicke von außen bei innerer Leere führen in den Teufelskreis.

> Das Zuviel macht unzufriedener als das Zuwenig.
>
> – Elfriede Hablé –

Sebastian Painadath beschreibt in seinem Buch „ Erkenne deine göttliche Natur" (12), dass der Weg zur inneren Freiheit durch Askese zu beschreiten ist. „Seit der Antike bezeichnet Askese eine Übungspraxis im Rahmen von Selbstschulung aus religiöser oder philosophischer Motivation. Angestrebt wird damit die Erlangung von Tugenden oder Fähigkeiten zur Selbstkontrolle und Festigung des Charakters. Askese, so Painadath, verlangt einen einfacheren Lebensstil, damit wir mit weniger Dingen gut auskommen (Jeder im Rahmen seiner Möglichkeiten. Anm. des Verfassers). Wenn man um angehäuften Besitz besorgt ist, kann man kaum dem befreienden Geist Raum geben. Die Konsumhaltung macht Menschen zu Sklaven der Begierden in uns und der Dinge draußen. Askese fördert eine Gegenkultur zum konsumorientierten Lebensstil. Nur der innerlich freie Mensch genießt das Leben wirklich; nur ein solcher Mensch lebt, alle anderen leben am wahren Leben vorbei."

Die Begriffe der Zukunft heißen daher Selbsterfahrung, Selbstverwirklichung und Transzendenz. Der Begriff Selbstverwirklichung hat bekanntlich bereits vor längerer Zeit durch die Maslowsche Bedürfnispyramide – siehe, Manfred Bacher: „Die Dimensionen des Seins entdecken" (3) – Bekanntheit erlangt. Maslow hat die Selbstverwirklichung als höchste Stufe der sogenannten Bedürfnisbefriedigung beschrieben, die Selbstverwirklichung folgt in seiner Pyramide der Stufe der Befriedigung der Individualbedürfnisse, wie z.B. Anerkennung und Macht, auf der sich große Teile der Gesellschaft offensichtlich derzeit (noch) befinden. Erst später – nach seinem Tod – wurde bekannt, dass er das Bedürfnis nach Transzendenz als weitere Stufe der Pyramide ergänzte – aber nicht mehr veröffentlichte. Wie aber können wir das wahre, transzendente Selbst erkennen?

Die Kutsche in Abbildung 1, Seite 45, mit allen wesentlichen Merkmalen und der Wagenlenkerin bzw. dem Wagenlenker macht deutlich, worum es geht. Die Dame bzw. der Herr in der Kutsche (das wahre Selbst) muss zu Erkenntnissen kommen (sich selbst erkennen) und dem Kutscher Orientierung geben. Beginnen Sie die Bildbetrachtung im unteren Teil.

Wer einmal nur annähernd das wahre Selbst und die Liebe Gottes in seinem Inneren erfahren hat, interessiert sich nicht mehr ansatzweise für scheinbare Verlockungen der Konsumwelt – er/sie wird frei! Wenn das wahre Selbst in uns schläft, bekommt die Kutscherin bzw. der Kutscher keine Anweisungen und die Pferde können immer wieder mit uns durchgehen (Abbildung 1) und das tun sie! Davon lebt die Wirtschaft.

Zusammenfassend kann man sagen, die neue Orientierung ist abhängig von einer weiteren Persönlichkeits- und Bewusstseinsentwicklung, von höherer Bewusstheit und einer höheren Eigenverantwortung sowie von einer höheren sogenannten ganzheitlichen Verantwortung für Menschen, Umwelt, Gesundheit, Arbeitnehmerinnen und Arbeitnehmer, Gesellschaft und Anteilseignerinnen und Anteilseigner (Stakeholder Value statt Shareholder Value). Sie ist abhängig von einer Verantwortung für die gesamte Schöpfung ... was wir brauchen, ist ein neues Denken. Nun ist die Qualität des Denkens und Handelns der Menschen allerdings abhängig von der Qualität des Seins! Hier liegt ein Ansatz.

MYSTIK UND SPIRITUALITÄT ALS NEUE WEGWEISER

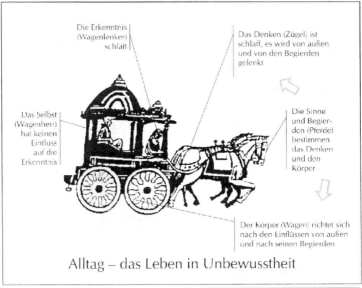

Abb.1: Leben im Alltagsbewusstsein / Leben aus dem Selbst

> Wer den hervorbrechenden Zorn (und das völlig überzogene Habenwollen)
> wie ein Gespann in vollem Lauf zurückhält,
> den nennen Weise einen Wagenlenker,
> nicht den, der die Zügel schleifen lässt.
>
> – Satadana, altindische Weisheit –

Auch Miroslav Volf weist in seinem bemerkenswerten Werk „Zusammen wachsen – Globalisierung braucht Religion" (2), Seite 71, auf diese Zusammenhänge hin. Er schreibt: „Nach Auffassung aller Weltreligionen ist die Verbindung zur Transzendenz das Lebenselixier für eine authentische Menschlichkeit, für menschliche Solidarität über alle kulturellen und nationalen Grenzen hinweg und daher auch für das Streben nach dem weltweiten Gemeinwohl. Im Gegensatz dazu lenkt die marktgesteuerte Globalisierung das menschliche Bemühen ausschließlich auf das gewöhnliche, alltägliche Leben (Anm. des Verfassers: und damit ausschließlich auf den Teufelskreis und das Hamsterrad zwischen Produktion und Konsum!)." Und weiter: „Und genau diese Globalisierung muss gestoppt werden, damit sie uns unsere Menschlichkeit nicht raubt."

Damit komme ich endgültig zur Bedeutung und Aufgabe der Mystik. Zunächst können wir offensichtlich ganz beruhigt sein. Teilhard de Chardin schreibt in „Der Mensch im Kosmos" (13): „Die Zukunft eines vollständigen Erkenntnisaktes liegt in der Verbindung der beiden noch antagonistischen Kräfte, in der Verbindung von Vernunft und Mystik!" Nach Maslow und Chardin ist eine weitere Bewusstheitsentwicklung gar nicht zu verhindern, sondern eher eine natürliche Entwicklung. K. Rahner hat zwar gesagt: „Der Christ der Zukunft wird Mystiker sein, oder er wird nicht mehr sein!" Ich bin sicher: Er wird sein – die Mystik wird Mahner und Wegweiser sein! Die Mystik ist das Licht am Ende des Tunnels! Mystik und wachsende Spiritualität, ganzheitliches Denken versprechen Schritt für Schritt eine Wende!

Ich bin sicher: Der Weg der Zukunft führt meditativ nach innen! Meditation und Kontemplation möglichst vieler Menschen wird Realität werden. Meditation in Kindergärten, in Schulen, in Unternehmen – in Ansätzen gibt es das schon, z. B. bei SAP in Mannheim (siehe Sternartikel vom 17.08.17). Manchmal sehe ich im Geiste neue Meditationsgemeinschaften. In Kiel und

Umgebung gibt es 6–7 verschiedene Gruppen Meditierender (Herzensgebt, Ruhegebet, Zen-Meditation, Transzendentale Meditation, Kontemplative). Wenn da einmal im Monat z. B. gemeinsame Meditationsabende stattfinden würden, ich bin sicher, das würde die Aufmerksamkeit erhöhen und die Wirkung verstärken!

Und worin besteht die Aufgabe für die Freunde der Mystik? Ich meine, Freunde der Mystik sollten mehr und mehr nicht nur Freunde der Mystik sein, sondern Mystikerinnen bzw. Mystiker werden und das innere Gebet, z. B. das Herzensgebet oder das Ruhegebet, regelmäßig üben, den Weg nach innen gehen – wenn sie das nicht schon tun. Sie sollten den Schritt machen vom Wissen über Mystikerinnen bzw. Mystiker und Mystik zum mystischen Leben! Ansonsten müssen die Menschen ihre Konsumphase natürlich ausleben, es gibt keine andere Möglichkeit, ich sagte es bereits. Eventuell ist es bei passenden Gelegenheiten aber möglich, den ökonomischen Irrsinn zu thematisieren, Fragen zu stellen, aufmerksam zu machen! Übertriebene, übermotivierte Missionierung ist auf jeden Fall der falsche Weg. Menschen wollen eher berührt statt ermahnt werden. Mystikerinnen und Mystiker wissen seit Jahrhunderten: Gott wartet – und es werden sich immer mehr auf den Weg machen! Mystikerinnen und Mystiker sollten stattdessen so leben, dass sie von ihren Mitmenschen angesprochen werden, dass sie gefragt werden: „Wie lebt ihr eigentlich damit?" Mystikerinnen und Mystiker haben eine (stille) Vorbildfunktion!

> Es macht weitaus mehr Spaß, Menschen zu verstehen, als zu richten.
>
> – Stefan Zweig –

Wer versteht, lässt los und lebt in Freiheit! Es wird einen Paradigmenwechsel in der Gesellschaft und damit auch in der Wirtschaft geben, da können wir sicher sein. Wir wissen nur noch nicht, wann das sein wird – helfen wir mit!

Wir können uns immer wieder bewusst machen, dass die Schöpfung noch lange nicht vollendet ist, die Schöpfung, die ganze Welt ist weiter im Werden. Der Schöpfungsprozess schreitet voran, auch bei uns Menschen. Von Angelus Silesius (1624-1677), Geburtsname: Johann Scheffler, sind die Worte überliefert: „Mensch werde wesentlich". Auch die Bewusstheit für das Wesentliche wächst weiter, nur nach unseren Zeitvorstellungen erscheint es langsam.

> Schöner als der wertvollste Besitz
> ist die Erwartung des Glücks.
>
> – Emanuel Geibel –

Kräfte aus der Stille

Der Schöpfungsprozess läuft gemessen an unseren Zeitvorstellungen nicht nur langsam ab, er läuft schleichend und ist für die einzelnen Menschen vielfach kaum wahrnehmbar. An dieser Stelle möchte ich aufzeigen, dass jede und jeder Einzelne den Prozess insgesamt und für sich selbst fördern oder auch behindern kann. Zunächst möchte ich Sie, liebe Leserin, lieber Leser an dieser Stelle aber zu einer stillen Atem- und Beobachtungsübung einladen. Sie dauert nur ca. 3 bis 4 Minuten:

Übung: Schließen Sie bitte Ihre Augen für ca. 45 Sekunden. Dann öffnen Sie sie – wieder für 45 Sekunden – und schließen sie wieder für die gleiche Zeit. Das wiederholen Sie bitte noch ein-, zwei Mal. Ganz einfach! Ende der Übung.

Eventuell ist Ihnen etwas scheinbar Unauffälliges aufgefallen. Sie hatten ständig Gedanken in Ihrem Kopf, z. B. „Was soll diese Übung denn jetzt? Hoffentlich dauert sie nicht zu lange. Mal sehen, was passiert! Mein Gott, können 45 Sekunden lang sein! Ich muss gleich meine Tochter abholen." Oder auch: „Was, es ist schon 16:00 Uhr! Wieso kommt der Handwerker nicht?" usw., usw. ...

Gedanken sind immer da und ... kommen von allein – da müssen wir nichts tun! Sie sehen schon an dieser Übung, die Aussage „Ich habe mir viele Gedanken gemacht!" stimmt häufig nicht. Wie in dieser kleinen Übung kommen die Gedanken auch im Alltag selbstständig und wir können sie manchmal nicht stoppen oder verändern! Auch ich vertrete die These: Bisweilen haben nicht wir in bestimmten Situationen die Gedanken im Griff, sondern die Gedanken uns. Wir sind nicht Herr oder Frau der Gedanken, sondern eher Marionette derselben, wir sind ihnen z. T. ausgeliefert. Und nun kommt die spannende Frage: Was machen unsere Gedanken mit uns?

> Woran die meisten kranken, ist der Alltag der Gedanken.
>
> – Autor/in unbekannt –

Was machen die Gedanken mit uns?

Es kommt auf die Gedanken an: Sind es eher positive, konstruktive, aufbauende Gedanken oder belastende, destruktive, angstmachende, negative Gedanken? Ein für die Lebensqualität entscheidender Unterschied. Unsere Gedanken lösen unsere Gefühle aus und diese Gefühle lösen wiederum weitere Gedanken aus, usw., usw. Die Gedanken an den gerade vergangenen wunderschönen Urlaub und die Erinnerung an die entsprechenden Urlaubsgefühle in der warmen Sonne am Meer verlängern ggf. die Urlaubsfreude und die Erholung. Bei negativen, destruktiven, traurigen Gedanken ist der Teufelskreis dagegen schnell ausgelöst. Wer seiner eventuell kurz auftretenden Enttäuschung über den zu Ende gehenden Urlaub Raum gibt und sich darin vertieft, schlimmsten Falls darin verliert, produziert geradezu Niedergeschlagenheit. Unsere Aufmerksamkeit wird durch diese Gedanken und die auftretenden Gefühle nicht nur gebunden, sondern sogar gefesselt. Viele Menschen sind entsprechend geplagt durch ihre Sorgen und ihre Niedergeschlagenheit, und manche sogar ständig. Wer sich bewusst macht, wie häufig Sorgen in der Vergangenheit im Grunde unbegründet waren und wie viel Zeit dadurch unnötigerweise belastet war, könnte dadurch für die Zukunft positive Schlüsse ziehen und sich weniger Sorgen machen. Wenn es doch so einfach wäre. Mehr und mehr Menschen suchen ärztliche Hilfe, weil sie allein nicht mehr aus depressiven Phasen herausfinden.

Sorgen kommen scheinbar manchmal einfach so, ebenso irritierende Gedanken, auch Gedanken, die man sich verbietet nach dem Motto: „So etwas darf man nicht einmal denken – geschweige denn sagen". Ständig bewerten wir unser Verhalten und unsere Absichten sowie das Verhalten und die Pläne anderer Menschen, z. B. der Politikerinnen und Politiker und ärgern uns z. T. auch täglich über andere Dinge, fühlen uns angetrieben, manchmal sogar gehetzt, wollen dies, müssen das, sollen jenes. Gedanken lassen uns nicht los, sie können das Leben zur Hölle machen aber auch zum Himmel auf Erden.

Positives Denken kennen wir als einen Versuch, den negativen Gedanken etwas entgegenzusetzen und sich nicht selber ständig herunterzuziehen. Wer das einmal probiert hat, weiß, wie schwer bzw. unmöglich es ist, hier grundlegende Veränderungen in der eigenen Denkweise zu bewirken. Die Struktur der Denkweise ist nun einmal tiefer im Menschen angelegt, quasi wie eine Art Grundsatzprogramm (siehe hierzu auch: „Stress las nach – den inneren Ankerplatz finden", Seite 73). Mit positivem Denken befasst sich seit den 1990er Jahren ein ganzer Wissenschaftszweig, die positive Psychologie. Positive Psychologie ist die Wissenschaft vom gelingenden Leben. Im Durchschnitt, so heißt es, haben wir ca. 60.000 Gedanken am Tag, davon sind nur 3% positiv. 1.800 positive Gedanken im Vergleich zu 58.000 nicht positiven – das hinterlässt Spuren in unserem Gemüt.

Es sind eben nicht die Dinge an sich, die Gefühle auslösen, sondern unsere eigenen jeweiligen Gedanken. Jede Faktenlage lässt sich nun einmal negativ und auch positiv interpretieren. Wenn Sie z. B. von einer anderen Autofahrerin oder einem anderen Autofahrer geschnitten werden oder Ihre Vorfahrt nicht beachtet wird, könnte es sein, dass die- oder derjenige geschlafen hat oder ein Verkehrsrüpel ist. Es könnte aber auch sein, dass die Autofahrerin oder der Autofahrer dringend jemanden ins Krankenhaus bringen muss. Es könnte sein, wir wissen es nicht. Interpretationen tauchen automatisch in uns auf und sind als unsere individuellen Interpretationsmuster Teil unserer inneren Prägung, eventuell unserer inneren Anlagen, unseres inneren Grundsatzprogramms.

Nehmen wir als Beispiel auch die ständige Angst, Fehler zu machen – eine weitere weitverbreitete Variante des negativen, destruktiven Denkens.

> Den größten Fehler, den man im Leben machen kann,
> ist immer Angst zu haben, einen Fehler zu machen.
>
> – Dietrich Bonhoeffer –

Natürlich ist es leichter gesagt als getan, die Angst vor Fehlern abzustellen. Wer mehr oder weniger ständig Angst davor hat, Fehler zu machen, büßt deutlich an Lebensqualität ein. Es fehlt eine natürliche, angemessene Fehlerfreundlichkeit. Auch kleinste Fehler werden als Katastrophe erlebt. Fehler macht man nicht, so die innere Botschaft. Das Leben wird im schlimmsten Fall, z. T. auch unbewusst auf standardisiertes Routineverhalten reduziert, damit auch ja nichts schief gehen kann. Neue Wege zu gehen, Dinge auszuprobieren, Lösungen zu suchen und neue Möglichkeiten in Erwägung zu ziehen, ist nahezu ausgeschlossen. Dabei kommt es im Leben nicht in erster Linie darauf an, alles richtig zu machen, sondern im Wesentlichen geht es darum, das Richtige zu machen.

Wie heilsam die „geheimnisvollen" Kräfte aus der Stille auch in diesem Zusammenhang für uns sein können, möchte ich gleich am Beispiel des sogenannten situationsgerechten Verhaltens erläutern. Wer ständig Angst davor hat, Fehler zu machen, verhält sich sehr selten wirklich situationsgerecht – auch das ist der sogenannte ganz normale, alltägliche Wahnsinn! Zunächst aber zur persönlichen Unsicherheit.

Was nährt persönliche Unsicherheit?

Wer von Ihnen wünschte sich bisweilen nicht auch einmal anders zu sein oder sich anders verhalten zu können, bei inneren Konflikten z. B. oder im Streit mit anderen Menschen, in der Familie, am Arbeitsplatz oder mit Freundinnen und Freunden? Sie kennen das Hin und Her vermutlich auch! Soll ich den Mund halten oder darf ich widersprechen? Muss ich das hinnehmen oder kann ich mich wehren? Ich möchte aufstehen und den Raum verlassen oder fühle mich gekränkt und will meine Betroffenheit einerseits zum Ausdruck bringen, merke aber innere Widerstände und fühle mich wie gelähmt. Gerade im Nachhinein, nach konkreten Situationen ist man mit sich des Öfteren nicht ganz im Reinen und unzufrieden. Es gibt so unendlich viel, was man sich mindestens im Nachhinein von sich oder für sich wünscht, nach dem Motto: Warum hab ich wieder nicht … ? Häufige Wünsche dieser Art sind:
– weniger (kritik-)empfindlich
– stressresistenter
– toleranter (weniger kritisch)
– ruhiger/gelassener
– unabhängiger z. B. von Meinungen Dritter
– überlegter,
– selbstbewusster
– weniger ängstlich

- schlagfertiger
- präsenter
- spontaner
- weniger sprunghaft
- geduldiger
- klarer
- entscheidungsfreudiger
- hilfsbereiter
- dankbarer
- großzügiger
- sparsamer
- zufriedener (mit sich) zu sein

Oder auch:

- mehr aus sich herauskommen zu können
- mehr zu seinen Überzeugungen stehen zu können
- mehr den Mund halten, sich mehr zurückhalten zu können
- Ängste oder Fehler zugeben zu können
- Dinge mit mehr Humor nehmen zu können
- lockerer zu werden
- weniger ehrgeizig zu sein
- häufiger Nein sagen zu können
- sich auch mal durchzusetzen
- mehr an sich denken zu können
- Gefühle besser zeigen zu können
- weniger fremdbestimmt leben zu können
- besser abschalten zu können
- mit mehr Muße das Leben bzw. den Moment genießen zu können
- sich weniger vorzunehmen
- mehr selber zu wissen, was man wirklich will oder braucht
- sich mehr Zeit nehmen zu können für Dinge, die einem Spaß machen
- weniger zu naschen
- sich gesünder zu ernähren
- weniger zu essen
- mehr Sport zu treiben

- sich weniger über andere aufzuregen, zu ärgern, zu schimpfen
- sich weniger gefallen zu lassen, sich mehr zu wehren
- anderen auch mal die Meinung zu sagen
- weniger an sich selbst zu verzweifeln
- weniger/mehr zu arbeiten (fleißiger zu sein)
- mehr zu sich zu kommen
- sich selber besser kennenzulernen
- mit offeneren Augen durch die Welt zu gehen
- Stimmungsschwankungen zu reduzieren,
- sich selber mehr zu mögen/anzunehmen
- weniger selbstkritisch zu sein
- wieder einmal wunschlos glücklich zu sein
- mit sich selber in Frieden leben zu können
- positiv denken zu können usw., usw., usw.!

Stellen Sie sich bitte vor, Sie könnten und dürften sich in aller Ruhe fünf Eigenschaften oder Verhaltensweisen aussuchen! Das ist keine leichte Aufgabe. Nur intuitiv kann es schnell gehen! Wie viel Zeit bräuchten Sie? Wenn Sie nun morgen/übermorgen/wöchentlich die fünf Eigenschaften überprüfen und bestätigen müssten, wie hoch glauben Sie ist die Wahrscheinlichkeit, dass Sie genau dieselben Eigenschaften wählen würden? Warum haben wir vermutlich bisweilen täglich neue Wünsche? Was nährt die tägliche Unzufriedenheit?

Jeden Tag werden wir vor neue oder wechselnde Anforderungen gestellt, unterschiedliche Menschen stellen unterschiedliche Erwartungen an uns, nicht alle davon sind wichtig, aber wenn der oder die einzelnen Menschen oder wir uns in manchen Situationen wirklich wichtig sind, möchten wir unsere oder deren bzw. dessen Erwartungen nicht enttäuschen. Das bedeutet, jeden Tag kommen wieder andere Gedanken in unseren Kopf und damit verbunden tauchen Gefühle und kleinere oder auch größere Herausforderungen in uns auf, die gemeistert werden wollen. Unsere Aufmerksamkeit springt von einem Gedanken zum nächsten, von Gefühl zu Gefühl und kommt kaum zur Ruhe. In jeder Situation benötigen wir dann andere Eigenschaften, Qualitäten oder Kompetenzen! Mit anderen Worten: Wir brauchen alles, nur nicht immer! Was wir brauchen, ist das Richtige zur rechten Zeit. Und genau das ist auch möglich, wir haben das Repertoire, das wir benötigen und könnten es einsetzen, latent ist es in uns vorhanden. Leider fehlt dafür vielfach das nötige Bewusstsein. Wenn wir aber durch die regelmäßige Meditation weiter daran arbeiten, dass die vielen Selbstblockaden, alten Verletzungen, nicht verheilten Wunden, unrealistischen Glaubenssätze etc. in uns mehr und mehr aufgelöst werden und die Kräfte aus der Stille wieder ungebremst in uns wirken und heilen können, dann wächst in demselben Maße auch das Vertrauen in die eigenen Kräfte aus der Stille und unser gesamtes Verhaltensrepertoire wird wieder verfügbar.

Einer Situation gewachsen sein – was heißt das?

Schauen wir eine Etage tiefer. Ein durchgängiger Wunsch hinter den einzelnen wechselnden Tageswünschen vieler Menschen besteht darin, in den unterschiedlichen Lebenssituationen im übertragenen Sinne möglichst immer gut auszusehen (umgangssprachlich: nicht alt auszusehen), eine möglichst gute Figur zu machen, sich nicht zu blamieren bzw. den Situationen möglichst gewachsen zu sein.

Das Ziel von Kommunikationstrainings, Coachings oder auch Therapien ist daher entsprechend: Es geht immer darum, situationsgerechtes Verhalten einzuüben! Situationsgerechtes Verhalten – was ist das? Wann ist Verhalten, psychologisch betrachtet, situationsgerecht? Darüber kann man allerdings vortrefflich streiten! Welches Verhalten ist in einer gegebenen Situation angemessen, nicht überzogen oder zu schwach und damit ohne Wirkung? Mit welchem Verhalten werden wir einer gegebenen Situation gerecht? Bei dieser Frage geht es aber nicht nur um die eigene „gute Figur" oder die eigenen subjektiven moralischen Werte, sondern um deutlich mehr, es geht um alle Beteiligten und um die Sache.

Hier helfen keine subjektiven Definitionen weiter. Es funktioniert auch nicht nach dem Motto: Wie man in den Wald hinein ruft, so schallt es zurück. Genau das ist häufig nicht situationsgerecht, auch wenn manche Zeitgenossinnen und Zeitgenossen das meinen. Eher ist das Gegenteil richtig, statt eines Echos brauchen wir einen neuen Ruf! Das Echo verschlimmert i. d. R. die Situation, weil es das vorhergegangene, nicht situationsgerechte Verhalten einfach wiederholt und damit spiegelt und verschlimmert. Beispiel: Eine Kollegin oder ein Kollege beschimpft Sie (vermutlich verärgert und sicher in der Ausdrucksweise unangemessen): „Du bist blöd!" Sie antworten: „Und du bist bescheuert!" Damit entspricht Ihre Äußerung (der Schall) der Äußerung (dem Ruf) der Kollegin bzw. des Kollegen, ist aber sicher nicht deeskalierend. Sie könnten auch antworten: „Wie meinst du das?" oder „Was ist passiert?" Mit derartigen Fragen, quasi neuen Rufen, versachlichen Sie das Gespräch und kommen auf den Grund des Ärgers der Kollegin oder des Kollegen zu sprechen.

In der Verhaltenspsychologie gilt Verhalten im Idealfall dann als situationsgerecht, wenn es
– der Sache oder den Zielsetzungen dient,
– den Beteiligten nutzt (allen),
– den Beziehungen nicht schadet, sondern sie eher fördert sowie
– zum gesamten Umfeld und zu den Bedingungen passt, hierzu gehören auch vereinbarte Regeln, rechtliche Normen und allgemein gültige Werte.

Es geht also um eine ganzheitliche, konstruktive, universelle Wirkung ohne Risiken und Nebenwirkungen und zwar aus der Sicht einer neutralen Beobachterin oder eines neutralen Beobachters von einem objektiven Standpunkt, ein für unsere Gefühlswelt bisweilen sehr anspruchsvolles Ziel, mit dem wir des Öfteren überfordert sind. Dazu ein weiteres Beispiel. Menschen, die bei der jährlichen Urlaubsplanung in ihrer Firma nur an sich und ihre Wünsche denken und diese egoistisch einfordern, erleben sehr schnell, dass der Gegenwind meist in Form von Vorwürfen nicht lange auf sich warten lässt. Vorwürfe sind eben auch destruktiv, die Beziehungen leiden, Teamarbeit ist in Gefahr, die ganze Sache kann eskalieren und weiter Fahrt aufnehmen.

Warum ist situationsgerechtes Verhalten eigentlich so schwer? Was steht dem im Wege? Die Antwort kann ganz kurz sein: Es „menschelt" halt. Was heißt das? Egoismus, Überheblichkeit, Arroganz, Unterwürfigkeit, bittere Enttäuschungen, starke Unzufriedenheit, mangelnde Bewusstheit, mangelndes Selbstvertrauen, mangelnde Konfliktfähigkeit, große Ängste, der Wunsch, es jemandem heimzuzahlen, die schwachen Nerven, die eigene Prägung u. u. u. sind überall gegenwärtig – wer kann sich davon ganz freisprechen? Die Menschen, wir alle sind so weit, wie wir sind und nicht so perfekt, wie wir bisweilen glauben möchten! Auch wir sind noch nicht fertig, auch unsere Menschwerdung ist nicht abgeschlossen. Unsere Gefühle, vielfach aufgestaut, verhindern sachliche, konstruktive Aktionen und Reaktionen. Und sie verhindern den Zugang zu unseren vollständigen inneren Ressourcen.

In meinem Buch „Die Dimensionen des Seins entdecken" (3) habe ich bereits unsere Innenwelt als eine Art Blackbox beschrieben. Der Zugriff zu den Kräften aus der Stille ist nicht ohne Weiteres möglich, da der innere Weg dorthin durch zahlreiche Blockaden und Sackgassen versperrt ist und wir nicht gelernt haben, die auftauchenden Gedanken loszulassen und zu überschreiten.

Da sind u. a. die in uns während unserer Sozialisierung gespeicherten, verinnerlichten Normen und (moralischen) Werte. Ohne weiter in uns zu horchen und nachzudenken, handeln wir so vielfach reflexartig nach dem Motto: Wenn einer mir so kommt, muss er auch das Echo abkönnen. In der Vergangenheit gelernte Normen, Regeln, Werte bestimmen über unser Verhalten heute, obwohl sie unter Umständen überhaupt nicht mehr passen. Vermutlich haben auch Sie, liebe Leserin, lieber Leser, soziale Konventionen wie: „Das tut man nicht! Das gehört sich nicht!" und andere Glaubenssätze gespeichert bzw. verinnerlicht, die in ihrer Absolutheit vielfach längst überholt sind. Normen, Regeln und Werte, die uns vermittelt wurden, sind so zu unseren eigenen geworden, ohne dass wir jemals auf die Idee gekommen sind, sie ganz bewusst, mindestens aber im Einzelfall, zu hinterfragen. Im Laufe des Lebens wird es immer schwieriger, Abstand von internalisierten Normen, Regeln und Werten zu bekommen, die wir in den ersten Lebensjahren gelernt haben, auch nicht, wenn sie längst nicht mehr zeitgemäß sind oder uns sogar schaden, weil sie die Situation verschlimmern. Die Folgen sind allzu oft reflexartiges Handeln im Alltag auch dann, wenn überlegtes, differenziertes, achtsames Vorgehen angebracht wäre.

Mit anderen Worten, die Normen (Verbote/Gebote), Gefühle und Werte, die wir in unseren ersten Lebensjahren verinnerlichen, führen in unserem gesamten Leben leider zu oft zu undifferenziertem Denken und Verhalten, sie sind nie wirklich im konkreten Einzelfall in Frage gestellt worden. Genau das müssten sie aber, wenn das Spektrum des eigenen Verhaltens, unser Verhaltensrepertoire breiter und vielfältiger werden soll! Reflexartiges Verhalten ist vielfach nicht situationsgerecht und schadet uns selbst am meisten. Gleiches trifft auch auf Verhaltensweisen aufgrund unangemessener Selbstbilder und Lebensgrundsätze zu, z. B. wenn die innere Stimme suggeriert: „Nur du bist wichtig!", oder genau das Gegenteil: „Nimm du dich nicht so wichtig!" „Halt du dich zurück!" „Du redest erst, wenn du gefragt wirst." Wer von Ihnen hat nicht auch schon mal beklagt: „Ich komme nicht aus meiner Haut!" Ganz bestimmte Selbstbilder schränken den Verhaltensspielraum stark ein.

Auch innere Konflikte und Ängste, unverarbeitete Gefühle gehen zu Lasten der Authentizität und verhindern situationsgerechtes Verhalten. Unser Intellekt, unser Verstand, unsere geistigen Fähigkeiten, unser logisches Denkvermögen und unsere Intuitionen und inneren Eingebungen stehen zeitweise leider nicht zur Verfügung. Wer kennt es nicht: Druck z. B. von der Chefin oder vom Chef und schon blockieren uns verschiedene Ängste und aufkommender Stress, man fühlt sich auf einmal dumm, Angst macht förmlich dumm! Wer hat nicht schon häufig gedacht, wenn die kritische Situation längst vorbei war: „Warum ist mir das nicht früher eingefallen?" oder auch „Schade, dass mir das nicht früher eingefallen ist!" Unverarbeitete Ängste machen blind und handlungsunfähig, auch die einfachsten Auswege aus angstauslösenden Situationen sind dann nicht mehr erkennbar! „Darauf bin ich nicht gekommen!", ist vielfach eine späte Erkenntnis.

Folgendes einfaches Beispiel aus dem Alltag verdeutlicht das Problem: Stellen Sie sich vor, Sie haben sich mit einer oder einem Bekannten zum Essen in einem Restaurant getroffen und freuen sich auf einen schönen Abend. Plötzlich fängt in Ihrer Nähe ein anderer Gast an, lautstark zu telefonieren und Sie, vermutlich auch andere Gäste fühlen sich gestört. Sie schauen sich um, keiner der anwesenden Gäste reagiert, das Servicepersonal auch nicht. Was machen Sie? Das Telefongespräch dauert an, ein Ende ist nicht abzusehen. Die überwiegende Mehrheit der so Betroffenen spürt in sich nur zwei Alternativen: schweigen und sich insgeheim ärgern oder lautstark ärgern und protestieren. Dabei gibt es im Leben immer wesentlich mehr Alternativen: der Kellnerin oder dem Kellner Bescheid geben, der oder dem Telefonierenden entsprechende Handzeichen geben, den telefonierenden Gast verbal respektvoll und fair aufmerksam machen oder ihn bitten, draußen weiter zu telefonieren, das Restaurant verlassen, sich selber mit seiner Gesprächspartnerin oder seinem Gesprächspartner relativ laut unterhalten oder selber ein fiktives Telefongespräch mit dem Handy am Ohr in unmittelbarer Nähe des Störenfrieds lautstark simulieren und entsprechend laut sagen: „Tut mir leid, ich kann dich nicht verstehen, hier wird so laut telefoniert." Letzteres wäre eine Reaktion mit einer gehörigen Portion Humor. Die störende Restaurantbesucherin oder der störende Restaurantbesucher würde vermutlich verstehen und sein Telefongespräch im besten Fall draußen weiterführen.

Vielfach sind uns die weiteren, z. T. pfiffigen, humorvollen oder auch sachlichen Alternativen in konkreten Situationen nicht bewusst. Bisweilen verfügen wir im Alltag nur über wenige, bisweilen nur über zwei Hauptreaktionsvarianten: Kampf oder Flucht, ärgern und angreifen oder zurückziehen, je nach Erziehung lautet die innere Anweisung: „Lass dir das nicht gefallen, wehre dich!" oder „Halt dich lieber zurück, es hat keinen Zweck, du ziehst außerdem bestimmt den Kürzeren!"

Wie wirken die Kräfte aus der Stille?

Nicht zeitgemäße Normen, Konventionen, nicht hinterfragte Annahmen, unrealistische Erwartungen, belastende Gefühle machen handlungsunfähig bzw. schränken unseren Handlungsrahmen stark ein! Unser Verstand ist entsprechend blockiert und auch die Kräfte aus der Stille sind verschüttet. Unsere Intuitionen und Inspirationen, unsere inneren Eingebungen und inneren Impulse finden nicht den Weg in unser Bewusstsein!

> Das Innehalten ist die Voraussetzung für jeden menschlichen Fortschritt.
>
> – Anthony de Mello –

Die inneren Kräfte, unsere gesamtem Ressourcen können wieder freigelegt werden, wenn wir den Weg nach innen gehen. Der Weg nach innen führt zu neuen Erkenntnissen. Verhaltensmuster, innere Blockaden, eigene Glückshürden können nicht mehr unbemerkt im Verborgenen wirken. Sie lösen sich mehr und mehr auf. Bernhard von Clairvaux drückte es so aus:

> Niemand kann ohne Selbsterkenntnis selig werden.
>
> – Bernhard von Clairvaux –

Wir arbeiten auf dem Weg nach innen an den Ursachen der Probleme, nicht an deren Wirkung. Mit der regelmäßigen Meditation erschließen wir die in uns vorhandenen göttlichen oder auch kosmischen Selbstheilungskräfte! Das gilt übrigens auch für Atheisten. An Gott zu glauben, ist nicht Voraussetzung z. B. für das Herzensgebet oder das Ruhegebet – auch die göttlichen Selbstheilungskräfte für die Psyche wirken in allen Menschen, wir dürfen sie nur nicht behindern. Es ist wie bei den körperlichen Wunden, bekanntlich heilen beispielsweise Schnittwunden von allein (auch bei Nichtgläubigen), wir dürfen nur nicht daran knibbeln.

Mit dem kontemplativen Weg nach innen „ … kommen wir mehr und mehr hinaus in eine Weite, heraus aus den Mauern, die wir um uns selbst aufgerichtet haben, heraus aus der Isolation, in die wir uns durch andere gedrängt fühlen, heraus aus den Gedanken, die nur um uns selber kreisen, heraus aus einem Tun, dessen Ziel wir selber sind. Der innere Weg führt uns hinaus in die Weite, einen Weg voran, der kein Zurück mehr kennt, über Hindernisse hinweg, die wir allein nicht bewältigen können, durch Gefahren hindurch, die uns mit Angst erfüllen, einem Ziel entgegen, unserem wahren, göttlichen Selbst!" (Quelle und Autor/in unbekannt).

Leider ist der Zugang zur inneren Kraftquelle wie beschrieben verschüttet bzw. der Weg dorthin führt durch ein Labyrinth von Gedanken, Gefühlen, alten Verletzungen etc., es gilt, diese zu verarbeiten, loszulassen, zu transzendieren. Die Möglichkeiten, den Zugang durch den Pilgerweg nach innen wieder freizulegen, sind uns nicht beigebracht worden! Außerdem muss heute alles schnell gehen, kurzfristige Lösungen sind gefragt! In sechs Wochen zur Idealfigur, in sieben Tagen den Führerschein erwerben, in drei Wochen eine Fremdsprache erlernen, in nur zehn Minuten pro Tag seine Stressproblematik bearbeiten – dies alles sind leere Versprechungen, auf die wir noch zu gern hereinfallen.

Mein Plädoyer: Lernen wir wieder Geduld zu entwickeln und stabile Fundamente zu legen, geben wir uns die Zeit, die wir benötigen. Das gilt nicht nur für berufliche und wirtschaftliche Zielsetzungen, das gilt ebenso für die innere Heilung und Gesundung!

> Die meisten Menschen überschätzen,
> was sie in einem Jahr erreichen können, und unterschätzen,
> was in zehn Jahren möglich ist.
> – Phil Knight –

Die regelmäßige Meditation ist eine Pilgerreise nach innen – ein Reinigungsweg. Bei der inneren Reinigung geht es bei den ersten Schritten um die erste Stufe auf dem mystischen Weg. Hartmut Rosenau, Christian Albrechts-Universität, Kiel, spricht in diesem Fall von einem negativen Synergismus: „Solche ersten Schritte dienen demnach dazu, Gott störungsfrei (Anmerkung des Verfassers: in sich) wirken zu lassen." (Art. Mystik III, Systematisch-theologisch, TRE 23, 1994, 581–589). Mit der regelmäßigen Meditation und der damit verbundenen Reinigung stärken wir mit der Reduzierung und dem Abbau unserer Ängste die Qualität unseres Nervensystems und damit unmittelbar und gleichzeitig die Qualität unseres (Da)Seins. Je besser/höher die Qualität unseres Seins ist, desto besser ist unsere Präsenz, unsere innere Zufriedenheit, unsere innere Ausgeglichenheit und desto besser ist die Qualität unserer Gedanken und unseres Verhaltens.

Nutzen Sie die Kräfte aus der Stille, nehmen Sie sich immer wieder Zeit für die göttliche Kraft in Ihnen! Alles wird sich fügen, nicht von heute auf morgen, auch inneres Aufräumen und innere Reinigung brauchen ihre Zeit! Das innere Gebet wird zur Tat werden …

> Aber das Tor, das zum Leben führt, ist eng,
> und der Weg dahin ist schmal,
> und nur wenige finden ihn.
> – Matthaeus 7,14 –

Der Weg zum Leben, zur inneren Kraftquelle führt durch dieses innere Labyrinth, keine Sackgasse wird dabei ausgelassen – aber kein anderer Weg ist lohnender als der Weg nach innen – es ist die Suche nach dem verborgenen Schatz in uns! Mein Eindruck ist, derzeit suchen ihn nur wenige. Aber: Der Weg nach innen, das Meditieren, innere Sammeln oder wie Theresa von Avila es nannte, das innere, kontemplative Beten, ist oder wird mehr und mehr das neue Joggen!

Wenn das innere Gebet zur Tat wird …

> Wenn das innere Gebet zur Tat wird,
> dann wirst du mehr und mehr aus deinem wahren Selbst handeln
> und so mehr und mehr mit dir selbst und deiner Umwelt in Frieden leben.
>
> – Manfred Bacher –

Am Beispiel von Franziskus und Klara von Assisi können wir uns sehr gut vergegenwärtigen, was es bedeutet, den Kräften aus der Stille zu vertrauen und aus den tieferen Schichten des Seins zu handeln. Beide hatten genau diese innere Orientierung (s. u. a. Niklaus Kuster: „Franz von Assisi – Freiheit und Geschwisterlichkeit" (14); Martina Kreidler-Kos, (Hrsg.), Ancilla Röttger, (Hrsg.); „Gewagtes Leben, 800 Jahre Klara von Assisi und ihre Schwestern" (15); Martina Kreidler-Kos: „Lebensmutig – Klara von Assisi und ihre Gefährtinnen" (16)). Franziskus und Klara handelten aus ihrem wahren, göttlichen Selbst, bei ihnen wurde das innere Gebet zur Tat, sie handelten nicht aus einer oberflächlichen, flüchtigen Motivation, ihr Handeln kam aus ihrer inneren Tiefe und das mehr und mehr dauerhaft und endgültig und nicht nur hin und wieder. Sie haben Großes bewirkt und werden noch heute dafür als Heilige verehrt. Viele Menschen finden in der franziskanischen Spiritualität immer wieder Weisung, Orientierung und Stärkung für die Bewältigung ihres Lebensalltags.

Und genau diese Orientierung und Stärkung empfinde ich seit vielen Jahren. Franziskus und Klara kannte ich zunächst nur vom Namen her, wusste nichts Genaues über sie. Was ich aber genau kannte, waren einige ihrer großen Einsichten und weisen Gebete, z. B.: „Herr, gib mir die Kraft, die Dinge zu ändern, die ich ändern kann, die Gelassenheit, das Unabänderliche zu ertragen, und die Weisheit, zwischen diesen beiden Dingen die rechte Unterscheidung zu treffen." Wer sehnt sich nicht nach diesen Gaben? Die Dinge richtig einschätzen können, wer will das nicht können? Wer rennt sich schon gern den Kopf ein, wenn die Dinge für sie oder ihn unabänderlich sind? Und wer hätte nicht gern die Kraft für Veränderbares in dieser Welt? Auch ich war auf jeden Fall – in jungen Jahren sowieso – sehr gefährdet, mir den Kopf einzurennen.

Franziskus und Klara wirken u. a. durch ihre Texte und Bitten noch heute universell, auch auf Menschen, die sich nicht intensiv mit beiden Heiligen beschäftigt haben oder gar gläubig sind. Ihre Bitten, ihre Gebete sind etwas ganz besonderes, auch über die Christenwelt hinaus. Ihre zeitlosen Weisheiten waren und sind u. a. auch Grundlagen vieler Kommunikationstrainings und -beratungen und gaben und geben u. a. vielen Berufstätigen Orientierung in ihrem Berufsalltag und persönlichen Leben – dieser große Wirkungskreis der franziskanischen Lehren ist beachtlich.

Ich möchte hier insbesondere einige der franziskanischen Werte und die dazu gehörenden franziskanischen Regeln aus der Sicht von Menschen betrachten, die seit Langem versuchen, ihr Leben an solchen Werten und Regeln auszurichten und sich dabei im eigenen Alltag immer wieder hinterfragen und bisweilen auch sehr schwertun. Was können wir in unserem Leben tun bzw. unterlassen, um selbst wenigstens ein kleines Stück weiterzukommen auf unserem Weg? Wie können wir uns in unserem Lebensmodell mehr und mehr wenigstens ansatzweise an einigen der segensreichen franziskanischen Regeln ausrichten, ohne zu verzweifeln, wenn es mal wieder nicht gelungen ist? Interessant sind auch die Antworten auf die Frage, was uns die Psychologie im Rahmen des Selbstcoachings in dem Zusammenhang zu bieten hat und wie wir unseren spirituellen Weg ggf. intensivieren können, um uns für die Gnade Gottes empfänglich zu machen? Ich habe die Antworten auf diese Fragen wie folgt gegliedert:

1. Die Suche nach dem wahren Selbst als Voraussetzung für ein gelingendes Leben → Das Höchste zuerst!
2. (Selbst) Beobachtbare Auswirkungen im aktiven Leben
3. Das Alltagsleben als Übungsfeld für den Wandlungsprozess

Die Suche nach dem wahren Selbst als Voraussetzung für ein gelingendes Leben

Was war bei Franziskus und Klara eigentlich offensichtlich anders, nicht nur aus heutiger Sicht? Was hatten sie uns Normalsterblichen, wenn ich das sagen darf, voraus? Unbestritten ist, sie waren große Geister, große Persönlichkeiten, Heilige sogar – aber wie sind sie Heilige geworden, woher hatten sie (umgangssprachlich) das „Zeug" dazu? Beide hatten sicher sehr gute Anlagen für ihren Weg, waren gleichwohl sehr unterschiedliche Menschen, während Klara schon in ihrer Jugend als sehr reif, verantwortungsvoll, klug und bewusst beschrieben wird, heißt es bei Franziskus, er sei in jungen Jahren eher ein Lebemann gewesen (würde man heute sagen) – eine Art kleiner oder vielleicht sogar großer Partylöwe, der dann aber durch erlebte Sinnkrisen zu neuen Einsichten, Erkenntnissen und Erfahrungen kam und zum Aussteiger wurde. Beide haben ihre innere Berufung auf unterschiedliche Art erfahren, sicher ist nur eines, beide waren innerlich offen, waren empfänglich für die Gnade Gottes. Sie haben nach innen gehorcht und das besondere Anklopfen als besondere Impulse in ihrem Inneren wahrgenommen! Und sie hatten den Mut, den durch ihre Eltern für sie vorgedachten Weg zu verlassen! Sie haben ihre Prägung, ihre Erziehung überwunden. Das führte sie zu einem kontemplativen Leben (siehe Literaturhinweise unter 14, 15, 16).

> Alles ist schwer, bevor es leicht ist.
>
> – Thomas Fuller –

Und warum ist dieses nach Innen horchen eigentlich so schwer und wieso gehen scheinbar doch eher wenige Menschen diesen Weg nach Innen? Auch ich gehöre zu denen, die der Überzeugung sind, viele Menschen hören das innere Anklopfen Gottes nicht, weil sie ihre Achtsamkeit nach innen verloren haben! Wo man in der Welt hinschaut – Außenorientierung mit starker Abhängigkeit von äußeren Werten und äußeren Geschehnissen gilt als normal (vgl. „Wie Mystik und Spiritualität neue Orientierung geben können!" Seite 31 ff.). Was die Welt heute mehr denn je braucht, ist Innenorientierung, das innere Gebet, den Pilgerweg des Herzens – Meditation und Kontemplation! Die Verbindung mit der eigenen inneren Tiefe, dem wahren Selbst!

Wenn das innere Gebet zur Tat wird, ist unser Handeln mehr und mehr aus unserem wahren Selbst möglich, weil das innere Aufräumen, die innere Verarbeitung, die innere Reinigung Teil unseres Weges geworden ist. Mit dem regelmäßigen inneren Gebet können wir sicher sein, dass unser innerer Wandlungsprozess voranschreitet. Menschliche Schwächen, Aufgestautes und „Macken" wie Neid, Missgunst, Ärger, Überheblichkeit oder andere Schattenseiten bzw. Reste davon lösen sich im Laufe der Zeit mehr und mehr auf; die Vereinigung mit den göttlichen Kräften wird mehr und mehr zum Herzenswunsch! Wir können das innere Anklopfen Gottes eher wahrnehmen und unsere Aufgabe erkennen. Richard Rohr, bekanntlich Franziskaner, sagt dazu in „Wer loslässt, wird gehalten" (7), Seite 91: „Wenn wir wahrnehmen, dass auf der Welt ein Zauber liegt, sehen wir, wie Gott sich in jedem einzelnen Menschen als Individuum offenbart. Dann ist es nicht unsere Aufgabe, Mutter Theresa zu sein, und es ist nicht unsere Aufgabe, Franz von Assisi zu sein – sondern das zu tun, was unseres ist. Das waren übrigens die Worte des heiligen Franz auf dem Totenbett. Er sagte: „Ich habe das Meinige getan, nun müsst Ihr das Eurige tun". Wir müssen herausfinden, welchen Teil des Geheimnisses wir reflektieren sollen und können. Es gibt eine einzigartige Wahrheit, die nur unser jeweiliges Leben widerspiegeln kann."

Mit dem inneren Gebet bekommen wir Zugang zu unserem wahren Selbst und zu unserer wahren Aufgabe. Franz von Assisi bat um diesen Zugang und um innere Erkenntnis, und genau das können wir auch tun! „Gib mir, Herr, das rechte Empfinden und Erkennen, damit ich deinen Auftrag wahrhaftig erfülle!", so betete Franziskus tief in seinem Inneren und bekam seine Weisung. Er ging sodann in die Welt und brachte den Menschen Gott näher. Zunächst also muss man den göttlichen Kräften in sich selber näher kommen, bevor man anderen Menschen Gott näherbringen kann. Auch wir werden in unseren Meditationen neue Erkenntnisse darüber bekommen, was unsere spezielle Aufgabe ist, worin der Sinn unseres Lebens besteht und was Selbstverwirklichung für uns bedeutet.

Richard Rohr beschreibt übrigens im „Anhang D" seines wohl noch bekannteren Buches „Das wahre Selbst" (11) unter der Überschrift „Vom

Kopf ins Herz: Das heiligste Herz", wie er zum inneren Gebet kam und welche große Bedeutung es für ihn hat. Das wahre Selbst ist nebenbei gesagt in der Mystik aller Weltreligionen das Thema und wird in mehreren Religionen mit dem Beispiel des Wagenlenkers (s. Abbildung 1, Seite 45) veranschaulicht, darauf komme ich gleich zurück.

Johannes Tauler (1300-1361), deutscher Theologe und Prediger, sagte zum inneren Gebet:

> Soll Gott sprechen, so musst du schweigen;
> du sollst dieses tiefe Schweigen oft und oft in dir haben
> und es in dir zu einer Gewohnheit werden lassen.
>
> – Johannes Tauler –

Johannes Tauler war Dominikaner. Was aber sagen Nachfolger von Franz und Klara zum inneren Gebet? Auf Richard Rohr habe ich bereits hingewiesen. Pfarrer Peter Dyckhoff schreibt in „Geheimnis des Ruhegebets" (17), Seite 156: „Ab 1518 setzte sich in Spanien durch die Franziskaner eine Bewegung durch, die das zum Teil vergessene Ruhegebet wieder belebte. Die beiden Hauptvertreter waren die Franziskaner Petrus von Alcantara (1499-1562) und Francisco de Osuna (1492-1541), von denen Teresa von Avila (1515-1582) das innere Gebet erlernte. Sie praktizierte dieses Gebet bis ans Ende ihres Lebens. Miguel de Molinos (1628-1696) setzt mit seinem Buch ‚Geistliche Wegweisung', welches den letzten großen Beitrag der spanischen Mystik darstellt, die vom cassianischen Geist geprägte Traditionslinie der spanischen Reform-Franziskaner fort. In besonders profilierter Weise beschreibt de Molinos in seinem Werk die Einmaligkeit und die besonderen Auswirkungen des inneren Gebetes." Siehe hierzu auch Dyckhoff, Peter: „Das geistliche ABC nach Franziskus von Osuna" (18).

Das innere Gebet ist aber nicht nur bei den Franziskanern, sondern in der christlichen Mystik insgesamt seit Jahrhunderten gängige Praxis und geht bekanntlich auf Cassian (Johannes Cassianus, auch bekannt unter dem Namen Johannes von Massilia; um 360-435, Priester) und andere Wüstenväter und -mütter zurück (17).

(Selbst-) Beobachtbare Auswirkungen im aktiven Leben!

Wenn das innere Gebet zur Tat wird, handeln wir aus unserem wahren, göttlichen Selbst! Was aber zeichnet unser Handeln aus, wenn es aus dem wahren Selbst kommt und vor allen Dingen, woran erkennen wir das?

Wir erkennen es an einer ganz besonderen inneren Sicherheit und inneren Klarheit. Wir erkennen es vor allen Dingen oftmals daran, dass nicht eigene Überlegungen den Handlungen voraus gingen, ihnen auch nicht verinnerlichte Normen oder gelernte Werte zu Grunde lagen, sondern stattdessen innere Eingebungen Grundlage der Handlungen waren. Es sind vielfach intuitive Handlungen aus der inneren Mitte fernab jeglicher Zweifel. Entsprechende Handlungen erfolgen ohne zu zögern oder abzuwägen! Betroffene schildern bisweilen, dass sie das Gefühl hatten, sich gewissermaßen selber bei der besagten Aktivität zuzuschauen. Nicht sie waren die Handelnden, sondern es handelte aus ihnen heraus. Ich verweise noch einmal auf den Wagenlenker (Abbildung 1), Seite 45. Wenn wir aus unserem inneren Selbst handeln, ziehen unsere Pferde (unsere Sinne, Gefühle und Begierden) zwar immer noch den Wagen (unseren Körper), sie bestimmen aber nicht mehr die Richtung und das Ziel! Unsere Pferde gehen nicht mehr mit uns durch. Der Herr, die Dame im Inneren in der Kutsche – unser wahres Selbst – bestimmt das Ziel und den Weg.

Auch am Beispiel von Pfeil und Bogen können wir die Wirkung verdeutlichen. Je weiter die Sehne zurückgezogen wird, desto weiter fliegt der Pfeil. Nur so ist es möglich, das anvisierte Ziel auch in weiterer Ferne, das Schwarze, zu treffen. Genauso verhält es sich mit unserem Geist. Je weiter sich der Geist in der Meditation zurückzieht, desto höher ist der Wirkungsgrad der Handlung im aktiven Leben. Ich verweise auf die mentale, auf die geistige Vorbereitung bei Sportlerinnen und Sportlern, Artistinnen und Artisten und Künstlerinnen und Künstlern, wie z. B. bei Musikerinnen und Musikern und Dirigentinnen und Dirigenten etc. Wir alle erzielten durch unsere Handlungen einen höheren Wirkungsgrad und würden mehr und mehr ins Schwarze treffen, wenn wir unseren Geist durch regelmäßige Meditationen mehr und mehr von der äußeren Welt zurückziehen würden!

Was zeichnet unser Verhalten weiter aus, wenn es aus dem wahren Selbst kommt? Bisweilen wird es uns erst im Nachhinein klar. Ganz allgemein lässt sich festhalten, dass Verhalten aus dem wahren Selbst niemandem schadet, weder uns noch anderen. Insofern ist dieses Verhalten nie egoistisch motiviert, auch nicht, wenn es bisweilen so auf andere Menschen wirken könnte. Verhalten aus dem wahren Selbst fördert unsere Entwicklung, unser Bewusstsein und dient unserer individuellen Lebensaufgabe. Gleichzeitig kommt es der Entwicklung aller zu Gute, insofern entstehen wirkliche Synergieeffekte. Das Handeln von Franz und Klara von Assisi zeigt uns beispielhaft auf, was gemeint ist.

Und so können wir nebenbei gesagt eine völlig neue Sichtweise zu Erfolgen und Misserfolgen in unserem Alltag entwickeln: Wenn etwas nicht geklappt hat, wenn wir nicht ins Schwarze getroffen haben, wenn ein Vorhaben, ein Vorsatz, ein Plan, eine Aktivität, ein Wunsch sich nicht erfüllt hat und wir uns ggf. wieder maßlos darüber ärgern, kam die Aktivität eventuell nicht aus unserem wahren Selbst, sondern war vermutlich eher egoistisch, oberflächlich oder fremdgesteuert motiviert. Die Umsetzung wäre zumindest so möglicherweise gar nicht gut für uns gewesen, auch wenn wir es im Moment nicht wahrhaben wollen. Mit anderen Worten: Wir erkennen mit dem Alltagsbewusstsein manches oft erst im Nachhinein und dann auch nur, wenn wir ehrlich mit uns sind! Möglicherweise haben auch Sie im Nachhinein schon gedacht: „Jetzt erst weiß ich, wofür es gut war! Ich war einmal traurig, enttäuscht, ärgerlich oder niedergeschlagen, jetzt bin ich doch froh, dass es so gekommen ist – im Nachhinein!" Daher kommt auch die Frage: Wer weiß, wofür das noch einmal gut ist? Warten wir es einfach ab. Eventuell hatten wir uns ja nur verrannt und wollten mit dem Kopf durch die Wand (unsere Pferde könnten wieder Mal mit uns durchgegangen sein). Nach dem Motto: Der Mensch dachte, Gott lachte! Wir müssen gar nicht traurig sein – wir hatten Glück, sind möglicherweise sogar beschützt worden.

Das heißt umgekehrt aber nicht, dass alles das, was klappt, aus unserem wahren Selbst kommt. Das wird sich zeigen, im Nachhinein. Im Nachhinein ist man klüger! Nicht alles, worüber wir uns heute freuen, erweist sich im Nachhinein als gut und richtig für uns! Wichtiger sind die Fragen: Wer, welche Instanz in uns entschieden hat. Hand aufs Herz! War es eine gefühlsbetonte Entscheidung, sind unsere Pferde mit uns durchgegangen? War es eine bewusste Entscheidung des Verstandes? Oder handelten wir intuitiv, lag unserer Entscheidung eine spontane Eingebung zu Grunde? Dann wurde das innere Gebet zur Tat und wir handelten aus unserem wahren Selbst. Dazu später mehr (vgl. „Entscheidungen treffen – die tägliche Herausforderung", Seite 97).

Das Alltagsleben als Übungsfeld für den Wandlungsprozess

Sehen wir uns das einmal genauer an. Ausgangspunkt ist wieder eine Erkenntnis von Franz von Assisi: „Der ist nicht vollkommen gut, der nicht mit dem Schlechten gut sein kann!" Oder: „Der ist nicht vollkommen gut, der nicht mit dem Unvollkommenen gut sein kann!"

Daraus folgt eine seiner Regeln: „Ich rate meinen Brüdern, ich warne und ermahne sie, sie sollen nicht streiten, sich nicht in Wortgezänk einlassen, noch andere richten. Vielmehr sollen sie milde, friedfertig und bescheiden, sanftmütig und demütig sein!" (Franz von Assisi: „100 Worte" in Wolfgang Bader (Hrsg.): „Laudato si, o mi Signore" (19) Seite 49).

Was für eine Aussage, was für ein Anspruch damals und auch in unserer Zeit! Wer diese Regel umsetzen möchte, hat Großes vor! Ohne „himmlische" Hilfe wird er scheitern! Aber auch für die Kräfte aus der Stille wird es schwer, wenn wir den Weg für sie in uns nicht freigelegt haben, wenn unsere inneren Türen blockiert sind. Ebenso ist es für Lehrerinnen und Lehrer oder Eltern schwer, Lernhilfen und Unterstützung zu geben, wenn Kinder dafür im Moment nicht offen sind.

Evagrius Ponticus (345-399) dazu (aus Peter Dyckhoff: „Geheimnis des Ruhegebets" (17)), Seite 202: „Man wird die Einsichten über Gott nicht in den Einsichten finden, die den Geist prägen, sondern in denen, die ihn nicht prägen. Darum muss sich der Betende von den Einsichten trennen, die den Geist prägen. Nur unbeeindruckt und ungeprägt können wir vor Gott treten." An unseren Prägungen liegt es, dass die willentliche Steuerung der Kommunikation und des Verhaltens so schwer ist (vgl. hierzu: Das Geheimnis ganzheitlicher Kommunikation – Kommunikation ist mehr als nur reden! Seite 133). Mit unserem Willen erreichen wir unsere wesentlich tiefersitzenden Prägungen nicht, das ist nur Schritt für Schritt durch die regelmäßige Meditation möglich.

Das Alltagsleben kann Übungsfeld für unseren Wandlungsprozess sein. Prüfen wir unser Verhalten immer wieder, hinterfragen, reflektieren wir unsere Aktionen und Reaktionen, wenn es wieder einmal Streit oder Wortgezänk gab: Handelten wir in der konkreten Situation sozusagen wie immer, wie es typisch für uns ist, waren wir aktiv aus unseren Verhaltensmustern, spontan, ohne zu überlegen, ohne innezuhalten, sind unsere Pferde wieder mit uns durchgegangen, funktionierten wir wie eine Maschine, computerprogrammgesteuert oder handelten wir überlegt, bedacht und achtsam? Je ehrlicher wir zu uns sind, desto klarer werden die Antworten ausfallen.

Unsere Pferde, unsere Reaktionen im Alltag sind insgesamt vielfach schneller als das so wichtige Hinterfragen und Überlegen im Geiste. Abhängig von der Stärke unseres Nervensystems sind entsprechend unserer Prägung und unserer Bewusstheit ggf. pers. Angriffe oder Gegenangriffe, Provokationen, schnippische Antworten, Beschimpfungen, Belehrungen, Bevormundungen, Frechheiten, Verletzungen, überhebliche/arrogante Antworten und andere destruktive Äußerungen blitzschnell abgeschossen und können nicht mehr zurückgeholt werden. Die Eskalation schreitet voran. Es scheint fast so, als stünden unseren individuell eingeprägten Verhaltensmustern gut ausgebaute Verkehrswege in unserem Inneren zur Verfügung, während andere, neu zu lernende Verhaltensweisen sich zunächst mit schlecht präparierten inneren Pfaden zufriedengeben oder diese sogar erst mühsam anlegen müssen. Daher bleibt uns oft nur die Möglichkeit, uns im Nachhinein die entscheidenden, reflektierenden Fragen selber zu stellen und uns wieder etwas bewusst zu machen. Übung wird aber auch hier den Meister machen. Durch konsequente Übung entstehen neue Pfade und aus diesen Pfaden werden im Laufe der Zeit neue gut ausgebaute Verkehrswege.

Meditation und Kontemplation öffnen uns für das Hinterfragen und für konstruktive Reaktionen. Es belebt alle Ebenen und führt zur positiven Stille. Regelmäßige Meditationen sind wichtige Stationen auf dem Weg zur Selbsterkenntnis, zur Selbsterfahrung und zum Verständnis für sich selber (Selbstverständlichkeit). Karin Seethaler schreibt in ihrem neuen Buch „Zum Einklang finden mit sich und den anderen" (20) auf Seite 81 ff u. a.: „Jede Beziehung lebt von der Versöhnung, so auch die Beziehung zu mir selbst. Wenn Unversöhntes in eine Beziehung hineinwirkt, verliert sie an Leben. Ebenso geht Lebendigkeit in mir verloren, wenn ich mit mir selbst unversöhnt bleibe." Wer wie ein Berg in sich ruht, kann bei Missverständnissen leichter nachfragen, fühlt sich weniger provoziert! Üben im Alltag und Reflexionen unterstützen den Prozess. Ein anderes franziskanisches Gebet, das diesen Prozess unterstützt, lautet:

> O Herr, mache mich zum Werkzeug deines Friedens,
> dass ich Liebe übe, wo man hasst,
> dass ich verzeihe, wo man mich beleidigt,
> dass ich verbinde, wo Streit ist,
> dass ich Hoffnung wecke, wo Verzweiflung quält,
> dass ich Licht anzünde, wo die Finsternis regiert,
> dass ich Freude bringe, wo der Kummer wohnt.
> Auch Herr, lass mich trachten, nicht dass ich getröstet werde,
> sondern dass ich verstehe, nicht dass ich geliebt werde,
> sondern dass ich liebe. Wer sich selbst vergisst, der findet,
> wer vergibt, dem wird verziehen,
> und wer stirbt, der erwacht zum Ewigen Leben.
>
> – Franz von Assisi –

Ich ergänze: Herr, lass mich mein Verhalten reflektieren und neu einüben! Wenn das innere Gebet zur Tat wird, handeln wir mehr und mehr wenigstens annähernd genau in diesem Sinne und werden so mehr und mehr wenigstens zu Laien-Franziskanern!

> Ein Bruder, der predigt, soll zuerst in stillem Gebet schöpfen,
> was er später in heiliger Rede aus sich herausströmen lässt.
> Er soll zuerst innerlich ergriffen sein,
> sonst werden nur kalte Worte aus ihm herauskommen.
>
> – Franz von Assisi –

Wenn das innere Gebet zur Tat wird, leben wir nicht niedere Motive, Bedürfnisse, Begierden oder Zielsetzungen sondern mehr und mehr die aus unserem höheren Selbst kommenden Impulse. Wir hören damit auf die leise Sprache Gottes in unserem Inneren und setzen diese, so gut wir können, um. Wir handeln damit aus unserem wahren Selbst und setzen unseren höheren Willen um. Auf diese Weise geschieht aber genau das, was wir im Vaterunser erbitten: „Dein Wille geschehe!"

Stress lass nach – den inneren Ankerplatz finden

Beginnen Sie hier doch gleich einmal mit dem Innehalten, lassen Sie sich wiederum auf eine kleine Übung ein, bevor Sie im Text weiterlesen. Zählen Sie bitte von 100 bis 1 rückwärts in Dreierschritten: 100, 97, …

Diese Übung ist eine Alternative zum bekannten „erst dreimal tief Durchatmen" und ist unbedingt alltagstauglich. Die Wirkung ist noch intensiver, wenn wir von 200 entsprechend rückwärts zählen. Sie erlöst uns ein wenig von einem ggf. vorhandenen inneren Drang, einfach weiterzumachen, sie bewirkt einen kleinen Abstand zum bisherigen, bereits vergangenen Wahrgenommenen und öffnet uns für das Neue. Die Übung führt uns wieder mehr in den Kontakt mit uns selbst und wirkt stresslösend – allerdings nur, wenn man nicht bereits überkocht bzw. sprichwörtlich auf 180 ist.

Mit dem Hilferuf „Stress lass nach" ist i. d. R. Disstress, negativer, belastender, auf Dauer krankmachender Stress gemeint. Eustress hingegen, der sogenannte gute Stress – die positive Aufregung vor schönen Ereignissen, Vorfreude beispielsweise wie Reisefieber etc. – kann ebenfalls zu Einschlaf- und Abschaltproblemen führen. Insofern sind wir mit dem Thema Stress insgesamt bei einer der größten Schwierigkeiten auf dem Weg zum Innehalten und bei der größten Hürde, um überhaupt mit der regelmäßigen Meditation beginnen zu wollen oder zu können.

Wer Stress empfindet und das Gefühl hat, jetzt auch noch innehalten zu sollen, vergrößert in seiner Vorstellung seine derzeit vorhandenen Probleme und damit seinen Stress, da ohnehin ja nach eigenem Empfinden eh schon zu wenig Zeit zur Verfügung steht – die typische Reaktion im Hamsterrad! Die Alltagskraft reicht i. d. R. nicht aus, starke innere Antreiber zu durchbrechen. So bleibt der Teufelskreis erhalten. Im Folgenden gehe ich insbesondere auf den Disstress und seine Ursachen und Auswirkungen ein, obwohl die regelmäßige Meditation auch die Fähigkeit befördert, bei positivem Stress abschalten zu können und ruhig und gelassen zu bleiben. Schauspieler, Sportler, Künstler überhaupt alle, die in besonderer Weise gefordert sind, wissen dass man auch bei positiver Aufregung Dinge vermasseln kann.

Ich vermute, Sie alle kennen Ihre häufigsten Stresssituationen und die sog. Stressoren, die inneren Druck auslösen, das Gefühl der Überlastung, Überforderung bewirken, Verlustangst, Angst vor Versagen, vor Gesichtsverlust oder schweren Krankheiten, im schlimmsten Fall auch Todesangst auslösen und die Ausschüttung der bekannten Stresshormone bewirken. Stresshormone sind biochemische Botenstoffe, die Anpassungsreaktionen des Körpers bei besonderen Belastungen bewirken. Zu ihnen gehören die Katecholamine (Adrenalin und Noradrenalin) und die Glukokortikoide (Cortisol und Corticosteron), die beide in der Nebenniere gebildet werden. Die eigentliche Funktion der Stresshormone liegt im Freisetzen der Energiereserven des Körpers als Vorbereitung auf eine bevorstehende Flucht oder einen Kampf – beides sind unmittelbare Reaktionen auf eine Stresssituation (Technikerkrankenkasse/www.tk.de). Die typischen Neben- bzw. Auswirkungen einer unmittelbar erlebten Stresssituation sind bekannt: Katastrophale Hektik mit allen bekannten körperlichen Auswirkungen wie Kurzatmigkeit, hoher Blutdruck, Herzrasen, gehetzter Blick, Wut, Aggression, Panik, Zornesröte oder Blässe im Gesicht – Angriff oder Verteidigung, im äußersten Fall – wenn beides nicht mehr möglich ist – auch Schockstarre oder Todstellreflex und vollkommene Handlungsunfähigkeit. An Meditation und Stille ist in solchen Momenten nicht nur schwer zu denken, sondern gar nicht. Das Denken überhaupt ist nicht mehr möglich – der Verstand wird blockiert, denken würde zu lange dauern! Es bleiben dann – wie den Urmenschen vor zigtausend Jahren – meistens nur die Alternativen Flucht oder Kampf.

Die stressbedingte Dauerbelastung von Körper und Psyche führt über kurz oder lang zu körperlichen und psychischen Beschwerden und Erkrankungen, die unbedingt ärztl. behandelt werden müssen. Die Zahl der psychischen Erkrankungen ist seit 2007 nach Daten der Deutschen Rentenversicherung um 45 % gestiegen (Quelle: Redaktionsnetzwerk Deutschland vom 26.02.2018). Gelassenheit zur rechten Zeit ist das Zauberwort!

Typische Stressoren in der Leistungsgesellschaft

Aus meiner beruflichen Tätigkeit und natürlich aus eigener, persönlicher, leidvoller Erfahrung kenne ich einige Stressoren. Im Folgenden gehe ich auf die mir am häufigsten über den Weg gelaufenen vier Stressoren ein.

1. Wir haben oft zu wenig Zeit oder wollen zu viel! → Zeitprobleme, Stress, was können wir tun? Zeit können wir nicht vermehren, aber wir könnten uns noch mehr beeilen. Wer das probiert, weiß, wie schnell wir im Teufelskreis landen. Wer sich noch mehr beeilt, handelt fatal, er oder sie läuft Gefahr, alles und dann noch mehr schaffen zu wollen. Das vermehrt den Stress. Wir könnten uns stattdessen auch weniger vornehmen oder früher anfangen, auch das ist nicht einfach. Weniger vornehmen hinterlässt leider das unruhige Gefühl, du hast noch so viel zu tun. Und früher anfangen ist auch schwierig, da die Zeit vorher meistens auch mit vermeintlich wichtiger Arbeit ausgefüllt ist. Warum ist es so schwer, sich von seinen Stressoren zu lösen? Die Antwort lautet: Das Problem sitzt tiefer, es ist über den festen Willen, den festen Vorsatz höchstens im Einzelfall steuerbar. Ich kenne einige Menschen, für die bleibt es ein Dauerproblem. Bleibt nur Dressur – und das bei erwachsenden Menschen?

2. Die ständige Angst davor, dass etwas Schreckliches passieren oder passiert sein könnte! → Die ständige Angst z. B. vor besorgniserregenden Krankheiten auch bei kleinsten Symptomen – bei einer beginnenden Erkältung entsteht sofort Panik vor einer Lungenentzündung, die übertriebene Angst vor Unfällen, z. B. im Straßenverkehr – bei kleinen Verspätungen schon entsteht bei Wartenden schnell Kopflosigkeit, weil etwas Schlimmes passiert sein könnte. Weitere Beispiele gibt es genug. Wer kennt sie nicht, die ängstlichen Fragen, z. B. am Beginn der Urlaubsreise? Ist der Herd, das Bügeleisen, das Licht etc. abgeschaltet? Sind Haustür und Fenster richtig verschlossen? Bereits bei unwesentlichen Wahrnehmungen werden die Alarmsignale aktiv. Und … man könnte ja auch etwas vergessen haben. Im Grunde funktioniert das innere Bewertungssystem nicht situationsgerecht. Es kennt nur negative Ursachen, Interpretationen und mögliche

Versäumnisse. Die Stresshormone werden aktiv und übernehmen die innere Führung. Der Kopf ist ausgeschaltet, der Verstand kann Überlegungen nicht mehr anstellen und nicht mehr eingreifen. Betroffene können sich immer wieder vornehmen, beim nächsten Mal gelassener zu bleiben – es wird nicht funktionieren. Auch dies Problem sitzt tiefer. Wenn die Angst sogar ständiger Begleiter ist, sollten Betroffene unbedingt über eine Therapie nachdenken, um den Ursachen auf den Grund zu gehen.

3. Es läuft in manchen Situationen anders, als wir dachten! → Erwartungen an uns selbst oder an andere werden nicht erfüllt, Stress, was können wir tun? Da haben wir es wieder: Der Mensch dachte, Gott lachte. Dabei ist das nur scheinbar ein überraschendes Ereignis, das in Wirklichkeit allerdings sehr häufig vorkommt und ein Teil unserer Realität ist. Unsere Erwartungen können nicht, schon gar nicht immer erfüllt werden, u. a. weil wir das Verhalten anderer Menschen und unser eigenes nicht vorhersagen können. Und dennoch sind wir immer wieder überrascht, manchmal entsetzt, dass Menschen, mit denen wir zu tun haben, anders denken und handeln, als wir es uns so schön vorgestellt hatten und uns damit, wie es scheint, nur Schwierigkeiten machen (wollen). Tatsächlich müssten wir uns eingestehen, „die Rechnung mal wieder ohne den Wirt gemacht zu haben". Da wir aber auch immer so viel zu tun haben, können wir kaum Pufferzeiten einplanen für Unvorhergesehenes. Es führt kein Weg daran vorbei, wir müssen uns vor unrealistischen Normen und Erwartungen lösen und flexibel bleiben. Auch das ist nicht über den Willen steuerbar. Warum? Auch dieses Problem sitzt tiefer, ist über den Vorsatz höchstens im Einzelfall steuerbar. Auch hier kenne ich einige Menschen, für die es ein Dauerproblem geblieben ist. Bleibt nur Dressur?

4. Uns bedrohen bereits im Vorwege angstauslösende, belastende Situationen, sei es in der Firma, zu Hause, im Auto, bei Behörden etc., anstehende Prüfungen, bevorstehende Familienfeiern, zukünftige berufliche Belastungen! → Sehr schnell dreht sich das innere Gedankenkarussell und die sich verstärkenden inneren Dialoge bewirken zunehmenden Druck und zunehmende Angst. „Du musst dies vorbereiten, du musst das bedenken, du musst jenes beachten, du musst, du musst!" Und als wenn das nicht schon genug wäre, zusätzlicher Stress entsteht in dem Zusammenhang u. a. auch dann noch, wenn innere Antreiber im Kopf im Widerspruch stehen und widersprüchliche Anweisungen geben – und alles sofort und auf einmal verlangen z. B.: „Bei allem musst du auch noch die perfekte Gastgeberin bzw. der perfekte Gastgeber sein: locker, freundlich, ausgeglichen, entspannt, fröhlich, kontaktfreudig, kommunikativ und unterhaltsam."

Ich befürchte wieder, es nicht zu schaffen, nicht ernst genommen zu werden, nicht perfekt genug zu sein, fühle mich bedroht, unter Druck gesetzt und der auf mich zukommenden Situation nicht gewachsen! Stress, was können wir tun? Ich könnte versuchen, derartige Situationen konsequent zu vermeiden? Angstauslösende, belastende Situationen sind aber nicht alle vermeidbar, wir sollten lernen, mit ihnen umzugehen, uns auf sie einzustellen, aber auch das ist schwer! Warum? Sie ahnen es, das Problem sitzt tiefer! Natürlich ist es sehr sinnvoll, sich auf Phasen besonderer Belastung gut vorzubereiten, z. B. auf bevorstehende Prüfungen. Auf belastende Zeiten sollte man sich m. E. solange vorbereiten, bis man sich auf das ausstehende Ereignis richtig freut, z. B. auf Prüfungen, anstrengende Weihnachten, schwierige Familientreffen, lange Autofahrten, berufliche Herausforderungen. Das kann im Einzelfall aber sehr lange dauern. Bleibt nur die konsequente Vermeidung?

5. Und der Höhepunkt: Es kommt alles zusammen! → Ich will zu viel auf einmal, habe inneren Druck, beeile mich ohnehin und eine andere/ein anderer stiehlt mir dann auch noch Zeit, sie/er will was von mir oder sie/er will nicht so, wie ich will, sie/er macht Probleme; vielleicht benötige ich sie/ihn auch, aber sie/er ist wieder einmal nicht anwesend und dann noch diese Kopfschmerzen. Wenn das man nichts Schlimmeres ist? So etwas kann nur in einer Katastrophe enden. Meine Erwartungen werden wieder nicht erfüllt und meine Ängste finden negative Begründungen, auch wenn sie noch so dürftig sind. Es läuft an solchen Tagen nach dem Motto: Heute ist nicht mein Tag – heute ist ein gebrauchter Tag. Man möchte am liebsten ins Bett (Flucht) oder macht Krawall (Kampf).

Karin Seethaler schreibt in ihrem Buch „Die Kraft der Kontemplation – in der Stille Heilung finden" (21), Seite 63: „Zeit- und Leistungsdruck engen den Blick ein. Man achtet vor allem auf das, was man erreichen will, und alles, was dazwischenkommt, wird schnell als Störung empfunden. Der innere Druck kann dazu führen, dass man z. B. die Mitmenschen nur noch unter dem Aspekt sieht, ob sie einem nützlich oder hinderlich sind, sein angestrebtes Ziel zu erreichen." Und weiter: „So schwindet nicht nur die

Lebensfreude, auch das zwischenmenschliche Miteinander wird stark beeinträchtigt."

Die Ursachen für Stressempfinden liegen tiefer

Was bedeutet nun aber, es sitzt tiefer? Was sind die inneren Voraussetzungen für individuelles Stressempfinden? Ich erinnere an die bereits in diesem Buch erwähnten Geheimnisse der Blackbox (vgl. „Kräfte aus der Stille", Seite 49 ff.). Unsere Prägung, auch unsere Anlagen bewirken in uns eine Art Programmierung wie bei einem PC (siehe Manfred Bacher: „Die Dimensionen des Seins entdecken" (3)). Unsere Prägungen bestimmen unser Denken. Die in uns gespeicherten Normen und Erwartungen an andere Menschen, von denen wir z. T. unbewusst ausgehen, können in der Realität aber naturgemäß nicht erfüllt werden! Wie sollten sie auch? Es ist ein fataler Irrtum, wenn wir fälschlicherweise davon ausgehen, dass unsere Werte und Normen, unsere Denkweise in allen Situationen mit denen anderer Menschen übereinstimmen. Die Ausgangssituation ist für die Menschen jeweils unterschiedlich und insofern auch ihr Verhalten.

Fragen wie: „Wieso macht die/der das? Wieso macht die/der das nicht? Warum stellt die/der sich so an? Das ist doch unmöglich! Ich bin empört!", zeigen nur, dass wir sprichwörtlich wieder einmal die Rechnung ohne den Wirt gemacht haben. Wir sind von unseren sehr persönlichen Idealvorstellungen ausgegangen, ohne zu überlegen, wie realistisch diese wirklich sind. In vielen Fällen sind wir auf diese Weise in der Bewertung viel zu streng mit uns und anderen! Gelassenheit ist dann nicht möglich! Wer hat nicht schon auf andere oder auf sich selbst ungerechterweise geschimpft? Leider wird allzu oft versucht, das Umfeld und andere Menschen verändern zu wollen, statt sich selber. Unser Stress ist so vorprogrammiert. So hart es klingen mag: Unser angelerntes Verhaltensrepertoire, unsere innere Programmierung ist leider nicht vollständig alltagstauglich, wir benötigen dringend ein Update. Stresssituationen sind zusätzlich noch abhängig von unserer jeweiligen körperlichen und psychischen (Tages-) Verfassung sowie von der Qualität und Dauer unseres Schlafes. Phasen besonderer Belastung mit besonderen inneren Anspannungen werden damit zusätzlich verstärkt.

Damit kommen wir zur häufig fehlenden Frustrationstoleranz. Sie verstärkt über kurz oder lang das Stressempfinden. Wie häufig merken wir uns etwas, wenn unsere wunden Punkte von Gesprächspartnerinnen und -partnern i. d. R. unbewusst getroffen wurden und wir nicht entsprechend reagiert haben oder es nicht so läuft, wie wir uns das vorgestellt haben auch wenn es plausible Gründe dafür geben sollte. Zurück bleiben Gefühle von Ärger und Betroffenheit sowie oft unbewusst, die Hoffnung auf Revanche. In der Psychologie spricht man vom Rabattmarkenprinzip. Eventuell kennen auch Sie den fatalen Satz: „Das merke ich mir!" Negative Gefühle werden wie Rabattmarken solange gesammelt und gespeichert, bis das innere Rabattmarkenheft fast voll ist. Zum Schluss sagt man sich: „Einmal noch, beim nächsten Mal kriegt er oder sie etwas von mir zu hören!" Wenn es soweit ist, steuert der letzte Ärger die letzten zu klebenden Rabattmarken bei – das Maß ist voll! Der letzte Tropfen bringt sprichwörtlich das Fass zum Überlaufen! Die innere Eigendynamik wirkt lange unbewusst, dann ist es zu spät, der Countdown ist nicht mehr zu stoppen, die rote Linie ist überschritten, es kommt zum Krach! Dabei wäre es so wichtig, die Zusammenhänge in uns rechtzeitig zu erkennen, um so weit wie möglich gegenzusteuern: Unklarheiten möglichst sofort ansprechen, Missverständnisse gleich klären, nachfragen, konstruktiv reagieren statt Ärger in sich hinein „zu fressen" und psychologische Rabattmarken zu sammeln.

Und dabei machen wir doch einiges, um Stress abzubauen und um unsere Stressresistenz zu verbessern. Die typischen Aktivitäten zur Stressreduzierung sind landauf, landab beliebt und es kommen ständig neue dazu: Joggen, Sport treiben allgemein, Musik hören, heißes Bad nehmen, ausschlafen, tagträumen (ins persönliche Paradies beamen), im Garten ackern, viel essen, naschen, shoppen, Urlaub machen, krank werden, Pillen einnehmen, Vorsätze fassen, mit Menschen reden, die uns Recht geben und vieles mehr.

Leider helfen diese Hausmittel nur bedingt weiter, der Stress kommt immer wieder, weil die Stressoren immer wieder auftauchen. Stress ist über den Kopf nicht steuerbar (kurz- oder mittelfristig schon gar nicht), weil der Kopf bei Stress sehr schnell ausgeschaltet wird und dann können wir uns z. B. an Vorsätze gar nicht erinnern! Großer Stress führt zu Blockaden, schaltet den Verstand aus, wir brauchen die Kräfte dann für die Flucht oder den Kampf – wie in Urzeiten! Und wie soll die Steuerung über den Kopf wirken, wenn derselbe ausgeschaltet ist? In unserem Gehirn laufen die entscheidenden Prozesse gewohnheitsmäßig ab. Für neue gedankliche Abzweigungen sind Wege nicht vorhanden oder die Zuwege quasi gesperrt.

Der traditionelle Lernweg durch Übung ist nahezu aussichtslos, Stressoren abtrainieren – sogenannte innere Erlaubnisse trainieren wäre eher Dressur mit allen Härten. Stress kann nicht auf der Ebene wirklich gelöst werden, auf der er wirkt, er muss auf der Ursachenebene gelöst werden! Wer schon einmal versucht hat, positives Denken zu lernen und sich das negative Denken gleichzeitig abzugewöhnen, weiß ein Lied davon zu singen. Dazu gleich am Ende dieses Kapitels eine kleine Geschichte.

Die Bedeutung der regelmäßigen Meditation für die Stressresistenz

Wir alle kennen unsere Möglichkeiten nach Stresssituationen schneller „runterzukommen". Was kann man nun aber tun, um gar nicht mehr „hoch", sprichwörtlich auf 180 zu kommen? Wie verbessert Meditation die Stressresistenz?

> In dir Selbst ist eine Ruhe und ein Heiligtum,
> in welches du dich jederzeit zurückziehen kannst
> und ganz du selbst sein kannst.
>
> – Hermann Hesse –

Der Weg nach innen z. B. über die Meditation mit dem Herzensgebet oder dem Ruhegebet ist der Weg zur unendlichen Kraft des Unterbewusstseins. Der Weg zum Himmelreich (zum Reich Gottes) in dir (Lukas 17, 20–21)! Mit dem Herzensgebet wird das Loslassen unserer überzogenen Erwartungen, unser inneren Spannungen, unseres inneren Drucks etc. konsequent geübt, so Richard Rohr in „Wer loslässt, wird gehalten" (7). Kontemplatives Leben im Geist und aktives Leben in der Welt – für Meditierende kein Gegensatz! Durch die regelmäßige Meditation werden nicht nur Symptome behandelt, sondern die tiefsitzenden Stressursachen beseitigt, aufgelöst. Wir durchschauen mehr und mehr unser Denken, unsere Denkfallen, unsere inneren Antreiber, unsere überzogenen Ansprüche, unsere unrealistischen

Normen, unsere Empfindlichkeiten und können so nicht nur unser eigenes Denken und unsere Gefühle beeinflussen, sondern wir denken in der Folge von innen her ganz neu. Der Heilungsweg besteht darin, dass Meditierende lernen, während der Meditation aufkommende Gedanken aller Art konsequent durch das Gebetswort zu ersetzen. Wie die Forellen gegen die Strömung über die entgegenkommenden Wellen springen, wenn sie zum Laichen flussaufwärts schwimmen, so überspringen Meditierende mit etwas Übung auftauchende Gedanken und werden so mehr und mehr Herr oder Frau ihres stetigen Gedankenflusses.

> Nicht das Viele erfüllt, sondern das Wesentliche.
>
> – Bert Hellinger –

Durch den Forellensprung lernen wir im Laufe der Zeit, Unwesentliches in unserer Gedankenwelt loszulassen. Mit der regelmäßigen Meditation lassen wir Wesentliches in uns wachsen. Die Achtsamkeit für Wesentliches nimmt zu und was Achtsamkeit erhält, das wächst! Peter Dyckhoff schreibt dazu in „Geheimnis des Ruhegebetes" (17), Seite 178: „Steigen ganz von selbst (während der Meditation, Anm. d. Verfassers) in uns Gedanken auf, so dürfen wir nicht auf sie einsteigen oder sie gar festhalten. Lassen wir sie – wie sie gekommen sind – von selbst weiterziehen und sich auflösen. Wir geben dem Gebetswort in allem den Vorrang."

> Zudem erzeugt das Bemühen, nichts denken zu wollen,
> sehr leicht ein Übermaß an Gedanken.
>
> – Theresa von Avila –

Lassen Sie sich auch nicht dadurch irritieren, dass während der Einstiegsphase in die regelmäßige Meditation der Eindruck entstehen kann, dass mehr Gedanken denn je in uns auftreten und damit eventuell noch zusätzlicher innerer Druck aufkommt. Dieser Effekt kann entstehen, wenn wir den Fehler machen, während der Meditation nicht denken zu wollen, was nicht möglich ist. Ein kleiner Trick half mir allerdings bereits als Kind, die Gedanken zur Ruhe kommen zu lassen. Ich habe frühzeitig die Erfahrung gemacht, dass ich den unaufhörlichen Gedankenstrom, der mich z. B. bisweilen am Einschlafen hinderte, dadurch mildern konnte, dass ich ganz bewusst sozusagen von innen immer wieder auf die geschlossenen Augenlider geschaut habe und mich so von der Gedankenwelt, die mich am Einschlafen hinderte, löste.

Wir haben ständig Gedanken im Kopf, während der Meditation ersetzen wir diese aber sanft und mühelos und dennoch konsequent immer wieder durch einen einfachen anderen Gedanken, durch unser Gebetswort, unser Mantra und bleiben gedanklich bei diesem Wort. Sobald wieder andere Gedanken auftauchen, werden diese wieder durch das Mantra ersetzt. Wir lernen so, unwesentliche Gedanken loszulassen und zumindest im Moment zu vergessen. Mit Hilfe des Gebetswortes tauchen wir tiefer und tiefer in uns ein und nehmen feinere Ebenen unseres Selbst wahr. Während der Meditation erklären wir übrigens alle anderen Gedanken für unwesentlich, was nur anfangs vielleicht ein wenig komisch ist, haben wir doch „gelernt", jedem auch noch so unwichtigen Gedanken Bedeutung beizumessen. Die inneren Stressursachen (Antreiber, Zwänge, Sorgen, übertriebene Ängste und Befürchtungen, unrealistische Erwartungen an andere Menschen, überzogene eigene Erwartungen an uns selbst, übertriebene Empfindlichkeiten etc.) lösen sich damit – vereinfacht ausgedrückt – quasi durch psychologische Selbstheilungskräfte im Laufe der Zeit auf.

Der/die Meditierende wird sich seiner/ihrer früheren inneren Stressursachen z. T. erst im Nachhinein wieder bewusst und stellt fest, dass sie nicht mehr „da sind!". Die Folge ist mehr und mehr ein reiferer Umgang mit der Zeit, eine positivere Wahrnehmung sowie eine höhere Bereitschaft, sofort wesentliche Dinge anzusprechen und zu klären. Das Loslassen unwichtiger, unwesentlicher Alltagsgedanken gelingt so mehr und mehr auch in Zeiten außerhalb der Meditation. Das geflügelte Wort: „Was stört es einen großen Geist, wenn in China ein Sack Reis umkippt?" bekommt eine neue Bedeutung. Die innere Belastung, die innere Anspannung, der Stress nimmt ab – die Leichtigkeit nimmt zu. Wir schaffen in unserem Inneren neuen Platz für positive, aufbauende, erfreuliche, für glücklich machende Gedanken – für ein neues Leben.

Zum Abschluss der jeweiligen etwa 20minütigen Meditation können Sie diesen Prozess durch einzelne individuelle Wünsche, die ebenso auf feiner Ebene nur gedanklich formuliert werden, gut unterstützen. Geeignet sind Wünsche wie: Innere Ruhe, innerer Friede, Mitgefühl, Gelassenheit, glücklich sein, Freundlichkeit, Achtsamkeit oder ähnliches. Auch diese Wünsche – max. zwei bis drei – sollten nicht täglich wechseln, sondern über eine gewisse Zeit durch Wiederholungen in unserem Inneren verankert werden. Vielleicht ist Ihnen dieses Prinzip auch von der (Selbst-)Hypnose bekannt, wie sie z. B. – z. T. sogar auch mit Erfolgsgarantie – bei Raucherentwöhnungs- oder Gewichtsreduktionskursen üblich ist.

Was wir innerlich erreichen,
wird auch die äußere Wirklichkeit verändern.
– Plutarch –

An dieser Stelle weise ich aber ausdrücklich darauf hin, dass die regelmäßige Meditation bei schwierigen krankhaften Störungen lediglich begleitend zum Tragen kommen sollte. Kern eines erforderlichen Heilungsprozesses muss eine ärztliche oder therapeutische Behandlung sein.

Das Unterbewusstsein hat mehr Einfluss auf unser Verhalten als unser Bewusstsein. Wie sehr das der Fall ist, beschreibt folgende Geschichte anschaulich (Verfasser/in unbekannt). Sie zeigt auf, wie sehr wir durch unsere Prägungen in unserer Wahrnehmung im Alltag konditioniert sind und die Welt durch unsere spezifische Brille betrachten. Wir sehen nicht mehr, was da ist, sondern das, worauf wir „programmiert" sind. Es handelt sich offensichtlich sogar um kollektive „Programmierungen".

Der schwarze Punkt!

●

Eines Tages kam ein Professor in die Klasse und schlug einen Überraschungstest vor. Er verteilte sogleich das Aufgabenblatt, das wie üblich mit dem Text nach unten zeigte. Dann forderte er seine Studentinnen und Studenten auf, die Seite umzudrehen und zu beginnen. Zur Überraschung aller gab es keine Fragen – nur einen schwarzen Punkt in der Mitte der Seite. Nun erklärte der Professor Folgendes:
„Ich möchte Sie bitten, das aufzuschreiben, was Sie dort sehen."
Die Studentinnen und Studenten waren verwirrt, aber begannen mit ihrer Arbeit.

Am Ende der Stunde sammelte der Professor alle Antworten ein und begann sie laut vorzulesen. Alle Studentinnen und Studenten ohne Ausnahme hatten den schwarzen Punkt beschrieben – seine Position in der Mitte des Blattes, seine Lage im Raum, sein Größenverhältnis zum Papier etc.
Nun lächelte der Professor und sagte:
„Ich wollte Ihnen eine Aufgabe zum Nachdenken geben. Niemand hat etwas über den weißen Teil des Papiers geschrieben. Jeder konzentrierte sich auf den schwarzen Punkt – und das Gleiche geschieht in unserem Leben. Wir haben ein weißes Papier erhalten, um es zu nutzen und zu genießen, aber wir konzentrieren uns immer auf die dunklen Flecken. Unser Leben ist ein Geschenk, das wir mit Liebe und Sorgfalt hüten sollten und es gibt eigentlich immer einen Grund zum Feiern – die Natur erneuert sich jeden Tag, unsere Freundinnen und Freunde, unsere Familie, die Arbeit, die uns eine Existenz bietet, die Wunder, die wir jeden Tag sehen … Doch wir sind oft nur auf die dunklen Flecken konzentriert – die gesundheitlichen Probleme, der Mangel an Geld, die komplizierte Beziehung mit einem Familienmitglied, die Enttäuschung mit einem Freund, unsere nicht erfüllte Erwartungshaltung usw. Die dunklen Flecken sind sehr klein im Vergleich zu allem, was wir in unserem Leben haben, aber sie sind diejenigen, die unseren Geist beschäftigen und trüben. Nehmen Sie die schwarzen Punkte wahr, doch richten Sie ihre Aufmerksamkeit mehr auf das gesamte weiße Papier und damit auf die Möglichkeiten und glücklichen Momente in ihrem Leben und teilen Sie es mit anderen Menschen! Ich wünsche allen einen positiven Blick auf das Leben!"

Die regelmäßige Meditation führt uns über transzendente Erfahrungen frei von Prägungen zu unserer inneren Schatzkammer. „Das Ruhegebet führt zu einem leidenschaftslosen Zustand der ruhevollen Wachheit, in der der Meditierende weder sein Gebetswort wiederholt noch Gedanken, Vorstellungen oder Bilder seinen Geist erfüllen", so Peter Dyckhoff in „Geheimnis des Ruhegebets" (17), Seite 178 f … Der/die Meditierende erfährt in diesem Zustand das reine Sein, die Quelle allen Lebens.

Mit der regelmäßigen Meditation begeben wir uns auf diesen neuen Weg, auf dem zunächst einmal wieder Geduld zu lernen ist – Geduld erreicht alles! (Theresa von Avila). Langsam verstehen wir, dass nichts mit der Brechstange zu erreichen ist. Vertrauen in die Selbstheilungskräfte wächst zunächst langsam und ist erst im Laufe der Zeit spürbar, es handelt sich dabei eher um eine Art exponentielles Wachstum – bei dem das vorhandene Vertrauen um einen festen Faktor zunimmt. Je mehr wir Belastendes loslassen und so das Vertrauen in die eigenen Kräfte und die Zuversicht wieder Oberhand gewinnen, desto höher sind auch die weiteren Vertrauenszuwächse. Wir befreien uns Schritt für Schritt von belastenden Prägungen sowie einschränkenden Konditionierungen und kommen wieder ganz zu uns und unserem wahren Selbst! Wir erfahren das absolute reine Sein – das neue Leben beginnt! Es wird wieder möglich werden, nicht nur die schwarzen Punkte in unserem Leben wahrzunehmen sondern gleichzeitig die Aufmerksamkeit mehr auf das gesamte weiße Papier und damit auf die ungeahnten Möglichkeiten und kleinen und großen glücklichen Momente in unserem Leben zu richten und es mit anderen Menschen zu teilen! Glück breitet sich aus, wenn wir es teilen.

Schauen wir uns jetzt die Unterschiede zwischen den z. T. auch widersprüchlichen Prägungen, die innere Widersprüche nach sich ziehen und damit Stress auslösen und der Selbstverwirklichung genauer an.

Selbstverwirklichung – Egotrip oder spirituelle Orientierung?

Ich möchte Sie, liebe Leserin, lieber Leser, zunächst mit einer kurzen Herausforderung an Ihr Erinnerungsvermögen auf dieses Thema einstimmen. Eine kurze gedankliche Reise zurück in einige Phasen Ihres bisherigen Lebens. Kramen Sie doch bitte einmal in Ihrem riesigen Erinnerungsspeicher.

Machen Sie sich bitte einmal bewusst, was Sie in den genannten Phasen Ihres Lebens alles getan oder unterlassen haben, um als Mensch von Ihren Mitmenschen nicht nur nicht übersehen, sondern möglichst eindeutig wahr- und angenommen zu werden und um positive Rückmeldungen zu bekommen, um geliebt zu werden z. B. von Ihren Eltern/Geschwistern oder anderen wichtigen Personen in Ihrem Umfeld? Was haben Sie z. B. schon alles getan, um dazuzugehören: Zu ihrer Familie, eventuell zu einer Clique, einer Schulklasse oder zu anderen Menschen, die Ihnen wichtig waren? Erinnern Sie bitte folgende Phasen: 1. Wie haben Sie sich als kleines Kind (zusätzlich) Aufmerksamkeit gesichert? 2. Wie war das in der Zeit als Jugendliche/Jugendlicher? 3. Wie entwickelte sich das bei Ihnen als junge Erwachsene/junger Erwachsener? Und 4. Wie ist das heute als Erwachsene/Erwachsener, was tun Sie heute, um beachtet zu werden z. T. natürlich eher vorbewusst? Geben Sie bei der Suche nach Antworten nicht zu schnell auf, lassen Sie die Erinnerungen in sich auftauchen und machen Sie sich am besten zu jeder Phase drei bis vier Stichworte.

Für mich waren diese Fragen aus mehreren Gründen immer interessant. Schon als Kind glaubte ich, zu einem großen Teil natürlich auch zu Recht, dass es im Wesentlichen in diesem Leben darum geht, eigenen und fremden Ansprüchen und Erwartungen gerecht werden zu müssen! Genau das habe ich übrigens zum Teil schon als Jugendlicher als erste Schritte in Richtung

Selbstverleugnung empfunden! Mir kam es so vor, als müsse man in diesem Leben quasi bestimmte Bedingungen erfüllen, um als Mensch anerkannt zu werden, unabhängig davon, ob man diese Bedingungen selber akzeptiert oder nicht. Und schon seinerzeit erschien es mir so, als würde es neben den Erwartungen und Bedingungen, die in unserer Gesellschaft überwiegend gelten, auch solche geben, die von Person zu Person oder von Familie zu Familie sehr unterschiedlich sind. Wer sich auf wechselnde Erwartungen anderer Menschen immer wieder neu einstellt und entsprechend anpasst, trainiert zwar seine geistige Beweglichkeit und ggf. sein Verhaltensrepertoire, entfernt sich aber auch mehr und mehr von der Selbstverwirklichung. Eine gewisse Anpassungsbereitschaft ist zwar ohne Frage wichtig, aber die Selbstverwirklichung eben auch.

Und wieder kommt es sehr auf unsere inneren Stimmen an, die uns daran erinnern, welche Normen und Werte für uns gelten und welche nicht. Bekanntlich gibt es sehr unterschiedliche innere Stimmen und nicht alle meinen es gut mit uns. In den Abschnitten „Kräfte aus der Stille" und „Stress lass nach – den inneren Ankerplatz finden" habe ich bereits darauf hingewiesen. Mir geht es bei diesem Thema um folgende Fragen: Was steht der Selbstverwirklichung eigentlich im Wege? Welchen Wert hat die Selbstverwirklichung? Wieso ist Selbstverwirklichung für einige Menschen leicht und für andere eher schwer zu erreichen? Wie können wir in Sachen Selbstverwirklichung ggf. ein paar Schritte weiterkommen?

Was steht der Selbstverwirklichung eigentlich im Wege?

Ich komme auf meine zu Beginn dieses Kapitels gestellten Fragen zurück: Welche Erinnerungen haben Sie an die frühe Kindheit, um z. B. als artig, brav, vernünftig, witzig, möglichst schon groß, stark, ein „richtiger" Junge/ein „richtiges" Mädchen zu erscheinen? Für welches Verhalten wurden Sie ausdrücklich gelobt, welches Verhalten wurde korrigiert?

Welche Erinnerungen haben Sie an die Zeit als Jugendliche/Jugendlicher? Wie haben Sie für Ihre zusätzlichen Streicheleinheiten gesorgt z. B. in der Ausdrucksweise, im Jargon, in der Kleidung, in der Wahl der Musik, im Verhalten (hip sein, rauchen, trinken oder eher vernünftig sein und früh als erwachsen gelten)? Zu welcher Gruppe wollten

Sie eher gehören? Wie haben Sie sich angepasst? Durch welches Verhalten haben Sie Akzeptanz gefunden und was war Ihnen egal?

Welche Erinnerungen haben Sie an die Zeit als junge Erwachsene/junger Erwachsener, z. B. bezüglich Ihres Verhaltens, Ihrer Kleidung, Ihrer Freizeitbeschäftigung, Ihrer politischen Einstellung, der Wahl Ihrer Freunde z. B. während des Studiums oder der Berufsausbildung? Wie haben Sie sich angepasst in Sachen Mode, bei der Wahl Ihrer Hobbys, ggf. bei der Auswahl der Bücher, die Sie gelesen haben usw.?

Und was fällt Ihnen zu heute ein, um ggf. nicht aus dem gesellschaftlichen Rahmen zu fallen, welche Konventionen sind Ihnen wichtig und wie weit sind Sie heute bereit, sich bei Freundinnen und Freunden, Kolleginnen bzw. Kollegen und auch bei Ihrer Chefin oder Ihrem Chef anzupassen? Inwieweit fühlen Sie sich bisweilen auch zur Anpassung gezwungen, und machen „gute Miene zum bösen Spiel"?

Wann und wo ich diese Fragen auch immer stelle, die Antworten fallen häufig ähnlich aus und teilen sich grob in zwei Gruppen auf. Fast allen Menschen fallen zu diesen Fragen die entsprechenden Antworten ein – einige (die eher kleinere Gruppe) weist darauf hin, immer schon den eigenen Weg gegangen zu sein und ein hohes Maß an Selbstbestimmung und Selbstbehauptung gelebt zu haben, vielen aber wird deutlich, wie sehr Anpassung in Ihrem Leben eine Rolle spielt, manche erschrecken sich dabei sogar ein wenig. Ihre Antworten offenbaren ein relativ hohes Maß an Fremdbestimmung. Anderen Menschen geben wir gewissermaßen Macht über uns, passen uns deren tatsächlichen oder den von uns angenommenen Erwartungen, Ansprüchen und Bedingungen an. Selbstbestimmung, Unabhängigkeit, Selbstverwirklichung ist eher zweitrangig oder gar Fehlanzeige! Die dahinterstehende Selbstverleugnung geht im schlimmsten Fall völlig unter ebenso wie das Recht, unser eigenes Selbst, unsere Potentiale, unsere Neigungen, unsere Bestimmung zu verwirklichen und der Stimme unseres Herzens zu folgen. Und damit sind wir bereits bei der Frage: Welchen Wert hat die Selbstverwirklichung?

> Innerhalb der Grenzen der Gemeinschaft gilt es,
> den Freiraum zur persönlichen Entfaltung zu schaffen.
> – Josef Kirschner –

Welchen Wert hat die Selbstverwirklichung?

Zu einem großen Teil unserer Kindheit mussten wir Ansprüchen und Erwartungen u. a. der Eltern gerecht werden – ob wir wollten oder nicht. Das war aber nicht genug: Vermutlich haben auch Sie diese Ansprüche internalisiert, d. h. als Ansprüche an uns und andere so verinnerlicht, dass sie zu unseren eigenen Ansprüchen an uns selbst geworden sind. Natürlich wollten und mussten wir nicht nur den Ansprüchen unserer Bezugspersonen gerecht werden, wir hatten auch eigene Vorstellungen, wollten lernen, wollten groß werden, wollten uns etwas abgucken, wollten uns anpassen. Sprechen lernen, gehen lernen, denken lernen, eigene Vorstellungen entwickeln und viele andere Fähigkeiten gehörten dazu, das war uns wichtig! Herauszufinden, was wir wollten und was wir mussten, ist eine Aufgabe, die als Erwachsene/Erwachsener zu bewältigen ist, wenn man sich auf den Weg der Selbsterkenntnis begibt. Wenn Mädchen z. B. wie Jungen sein wollten – ist es sicher interessant, die Gründe herauszufinden. Wenn kleine Jungen schon wie richtige Männer sein wollten und sich dabei völlig überforderten, sicher auch.

> Wie du über dich selbst denkst,
> ist viel wichtiger als
> wie die anderen über dich denken.
>
> – Seneca –

Die Entstehung der Ansprüche durch andere an uns selbst ist zum großen Teil heute im Alltag vergessen. Ebenso unsere Ansprüche an andere Menschen, auch völlig überzogene, sie gehören zum ganz normalen alltäglichen Wahnsinn. Sie sind sogar dermaßen stark mit uns verwachsen, dass wir vielfach überhaupt nicht darauf kommen, uns zu fragen, ob wir überhaupt das Recht haben, derartige Ansprüche und Erwartungen an andere Menschen zu stellen. Ebenso wenig fragen wir uns, ob andere überhaupt das Recht haben, bestimmte Ansprüche an uns zu stellen. Wir haben gelernt, mit Ansprüchen an uns und unseren Ansprüchen an andere zu leben, als ginge das gar nicht anders. Wir suchen die sogenannte bedingte Anerkennung durch andere und gewähren sie anderen, wenn unsere Ansprüche, Erwartungen und Bedingungen erfüllt sind.

Für die Selbstverwirklichung blieb und bleibt von daher bisweilen wenig Raum! Auch übrigens deswegen, weil die Beachtung und Wertschätzung aufgrund der beschriebenen Anpassung nur relativ kurz war und nie von Dauer ist, d. h. sie wirkte, wenn überhaupt, nur vorübergehend. Wir wollten mehr und wir wollten es dauerhaft und kamen so in ein Hamsterrad – ein wenig vereinfacht ausgedrückt – in dem wir aber im Zweifel immer noch laufen! Ich vermute, nicht nur mir ergeht es so. Genau das ist für viele Menschen der fatale Aspekt, für den es aber keinen Beipackzettel gibt, aus dem diese Abhängigkeit hervorgeht! Er ist sogar die Grundlage für unseren Stress! Der Ankerplatz liegt im wahren Selbst!

Wir sind zum großen Teil durch die Erziehung aber auch durch uns selbst dauerhaft auf Anpassung konditioniert! Keiner hat uns das gesagt. Hätte man uns doch darauf aufmerksam gemacht! Theodor Fontane drückte es so aus:

> Es kann die Ehre dieser Welt dir keine Ehre geben.
> Was dich in Wahrheit hebt und hält, muss in dir selber leben.
>
> – Theodor Fontane –

Ein Leben ohne Selbstverwirklichung ist genau genommen wie ein Leben aus zweiter Hand. Wenn wir erst mit uns zufrieden sind, wenn andere es sind oder wir wenigstens annehmen oder uns einbilden können, dass sie es sind, wie können wir dann unseren inneren Frieden finden? Das geht nur über die Selbstverwirklichung und ein Leben aus erster Hand. Das Motto lautet: Leben und leben lassen! Mit sich selbst und mit anderen Menschen mehr und mehr dauerhaft einverstanden sein und sich bei anderen nicht in deren Lebenswirklichkeit einmischen! Es geht um die grundsätzliche, die bedingungslose Wertschätzung und Anerkennung als Mensch, ohne dass bestimmte Erwartungen und Ansprüche gestellt oder Leistungen erbracht werden. Auch unser Grundgesetz legt fest: „Die Würde des Menschen ist unantastbar."

Damit aber ist die wahre Bedeutung der Selbstverwirklichung noch nicht ansatzweise erläutert. Menschen, die den inneren, den spirituellen, kontemplativen Weg gehen, wissen, dass es von großer Bedeutung ist, sich für die transzendente Erfahrung empfänglich zu machen. Der Weg der Selbstverwirklichung führt über die Selbsterkenntnis zur Möglichkeit der

Gotteserkenntnis. Auch Abraham Maslow erweiterte seine bekannte Bedürfnispyramide später und setzte über die Stufe der Selbstverwirklichung als oberste Stufe noch das Bedürfnis nach Transzendenz (Manfred Bacher „Die Dimensionen des Seins entdecken", Seite 179ff.). Die Erfahrung des eigenen wahren Selbst – Selbsterkenntnis und Selbstverwirklichung – ist das enge Tor, das nach Matthaeus 7, 14 zum Leben führt. Und es heißt bei Matthaeus weiter: „Der Weg dahin ist schmal, und nur wenige finden ihn."

Bereits Bernhard von Clairvaux (1090-1153) beschreibt die innere Zusammengehörigkeit von Selbsterfahrung und Gotteserfahrung und er fordert die Menschen auf, Gott entgegen zu gehen.

> Geh' deinem Gott entgegen bis zu dir selbst.
> – Bernhard von Clairvaux –

Wie aber können wir uns Selbst entgegen gehen? Wie können wir unser wahres Selbst erspüren? Was hat das mit unserem Gott zu tun? Und wieso ist das für einige scheinbar leichter als für andere?

Wieso ist Selbstverwirklichung für einige Menschen eigentlich leicht und für andere eher schwer zu erreichen?

Selbstverwirklichung ist für große Teile unserer Gesellschaft tatsächlich nicht so einfach umzusetzen. Es kommt wie immer auf die Anlagen und die frühkindliche Prägung an. Vor der Selbstverwirklichung liegt Selbsterkenntnis und das ist für Menschen, die jahrzehntelang auf Anpassung und Anerkennung/Wertschätzung von außen und durch Dritte konditioniert wurden, nicht so einfach.

Unsere Mitmenschen und auch die Werbung gaukeln uns schließlich nachhaltig und täglich neu vor, wie glücklich wir (scheinbar) sein könnten, wenn wir die richtige Kleidung tragen, das richtige Auto fahren oder die richtigen Speisen und Getränke zu uns nehmen. Die Konsumwerbung führt uns in die Irre, erneuert unsere frühkindliche Prägung und wir lassen es zu und können uns so einfach nicht wehren, da auch unsere Mitmenschen dieses Spiel mitspielen. Nebenbei gesagt: Wenn wir an die Macht der Werbung denken und deren konsumauslösende Wirkung, drängt sich die Frage auf, wo steht unsere Gesellschaft mehrheitlich? Sicher nicht bei der Selbstverwirklichung (siehe „Wie Mystik und Spiritualität neue Orientierung geben können", Seite 31 ff.).

Und dennoch gibt es Hoffnung: Immer mehr Menschen sind zunehmend bereit, auf ihre innere Stimme zu hören, die aus dem wahren Selbst kommt. Sie gehen ihren Weg und haben keine Probleme damit, auch gesellschaftliche Konventionen in Frage zu stellen, wie schon seit einiger Zeit z. B. beim Theateroutfit, bei der Trauergarderobe, die es kaum noch gibt, und bei der sogenannten altersgerechten Kleidung. Das Maß an Individualität nimmt langsam zu. Als Kinder trugen wir noch besondere Sonntagskleidung – heute kaum noch vorstellbar. Ein Großteil dieser Menschen ist vermutlich in der Kindheit weniger auf Anpassung konditioniert worden, sie erhielten größere Freiräume für die eigene Entwicklung. Möglicherweise konnten sie schon früh erfahren, wie wertvoll es ist, den eigenen Weg zu ergründen und zu gehen. Sie haben so gelernt, auf ihre eigene innere Stimme zu hören und weniger auf das, was andere Menschen vorgeben. Es trifft sie auch nicht, wenn sie als Spinner, Außenseiter oder sogar als Egoisten bezeichnet werden, sie gehen mit zunehmender innerer Zufriedenheit ihren Weg und lassen Andere ihren Weg gehen.

Auch bei der Selbstverwirklichung gilt grundsätzlich: „Der Weg ist das Ziel!" Es geht darum, ein paar Schritte weiter zu kommen auf dem Weg zu sich selbst!

> Du musst dich selbst verwirklichen,
> sonst bist du nicht „wirklich" da.
> Lass ihn, der alles wirkt in allem,
> einwirken in dein Leben,
> damit du dich nicht selbst „verwirkst.
>
> – Elmar Gruber –

Wie aber können wir in Sachen Selbstverwirklichung Schritt für Schritt weiterkommen?

Dies ist m. E. die interessanteste Frage. „Norddeutsche Hobbyphilosophen" sagen bisweilen: „Ausleben den Schiet, die Fremdbestimmung lassen wir irgendwann nicht mehr in dem Maße zu!" Das stimmt, es hört irgendwann auf z. B. wenn der Leidensdruck groß genug wird oder wir aus anderen Gründen nicht mehr können oder wollen. Aber das reicht vielen nicht, sie wollen nicht so lange warten, sie wollen – wie man heute sagt – proaktiv lernen, aus Einsicht lernen und bewusst neue Schritte gehen.

Das (wahre) innere Selbst (die Selbstverwirklichung) spielt in allen Weltreligionen, auch in der Psychologie und in der Philosophie eine zentrale Rolle. Die Herangehensweisen sind ähnlich. Auch an dieser Stelle verweise ich auf die Kutschen in Abbildung 1, Seite 45. Es kann z. T. harter Tobak sein, wenn man sich bewusst macht, was häufig Grundlage unseres Handelns ist, wodurch wir motiviert sind und was uns antreibt oder, um im Bild zu bleiben, wodurch unsere Kutsche gezogen wird. Es kann schmerzlich sein, das zu erkennen, es kann aber auch sehr heilsam sein! Insofern kann ein Prozess ausgelöst werden, der Grundlage einer sanften Umorientierung ist … Die Zauberformel für das Weiterkommen heißt: Bewusstmachen und loslassen! Reflexion, sich um neue Erkenntnisse bemühen, sich selber und andere beobachten und lernen aus weiser Voraussicht. Die regelmäßige Meditation unterstützt diesen Prozess nicht nur, sie macht ihn vielfach erst möglich!

> Wenn du in die Stille gehst, wirst du das finden,
> was du eigentlich schon immer suchst: dich selbst.
>
> – Ruth Timm –

Und genau das ist der spirituelle Weg der Selbstverwirklichung mit einem guten Ziel – er führt zu einem Leben ohne inneren Druck! Er führt uns mehr und mehr weg von unserem Ego, weg von unseren Ängsten hin zu unserem wahren Selbst. Der meditative Weg dorthin, der meditative Weg nach innen ist lediglich Mittel zum Zweck! Meditierende lernen all das loszulassen, was sie eigentlich gar nicht mehr wollen und worüber sie sich ggf. auch schon lange ärgern – die Abhängigkeit von den inneren Antreibern, von den vielen Zwängen und Konventionen, insgesamt von der Fremdbestimmung, die uns weiter von uns weg führt statt zu unserem wahren Selbst. Mit der regelmäßigen Meditation finden wir uns selber wieder, können in uns ruhen wie ein Berg und mehr und mehr mit uns selbst in Frieden leben! In unserem Inneren gibt es so viel zu entdecken. Wie bei einem Eisberg, sehen wir nur das, was oberhalb des Wasserspiegels ist. Unterhalb des Wasserspiegels liegt der größere Teil. Wie bei einem Eisberg macht der verdeckte Teil mindestens zwei Drittel des gesamten Volumens aus. Mindestens zwei Drittel unseres Bewusstseins liegen danach im Unterbewussten, werden von uns ignoriert und schlummern ungenutzt vor sich hin, bzw. ängstigen oder verunsichern uns.

> Die Freude steckt nicht in den Dingen,
> sondern im Innersten unserer Seele.
> – Therese von Lisieux –

Mit dem spirituellen Weg der Selbstverwirklichung erschließen wir uns größere Teile unserer Persönlichkeit, finden eine neue, tieferliegende innere Mitte mit einer starken inneren Balance. Die inneren Gebetsformen nach dem Herzens- oder dem Ruhegebet sind von daher mehr als übliche, normale Wortgebete, psychologisch gesehen sind sie bei regelmäßiger Anwendung quasi permanente Updates für unsere so wichtige lebenslange Lernfähigkeit und damit sichern sie unsere Entscheidungs- und Überlebensfähigkeiten für und in einem gelingenden Leben!

> Es gibt auf der Welt einen einzigen Weg,
> welchen niemand gehen kann außer dir:
> Wohin er führt, frag nicht. GEH ihn!
> – Friedrich Nietsche –

Entscheidungen treffen – die tägliche Herausforderung

In diesem Abschnitt lade ich Sie zu Reflexionen darüber ein, auf welchen unterschiedlichen Wegen wir im Alltag zu Entscheidungen kommen, wie wir Entscheidungen treffen oder auch grundsätzlich entschieden sind. Im Mittelpunkt stehen dabei folgende Fragen: Welche inneren Prozesse laufen bei Entscheidungen ab, z. T. sogar automatisch? Welche inneren Stimmen melden sich zu Wort, und wie ist die Qualität unserer Entscheidungen abhängig von den unterschiedlichen inneren Stimmen in spezifischen Situationen einzuschätzen? In welchen Sackgassen können wir dabei landen? Und wie kommen wir ggf. aus diesen wieder heraus? Eventuell entdecken Sie auch bei diesem Thema einen wenig oder sogar nicht genutzten Raum in sich.

> Menschliches Verhalten wird nicht von Bedingungen diktiert, die der Mensch antrifft, sondern von Entscheidungen, die er selbst trifft.
>
> – Viktor Emil Frankl –

Die Psychologie geht davon aus, dass wir etwa 20.000 Mal pro Tag eine Wahl treffen müssen (Wirtschaftswoche Juli 2008). Andere Schätzungen liegen deutlich höher. Meistens geschieht dies unbewusst und ist Routine, z. B. woraus besteht heute mein Frühstück, esse ich ein Ei oder nicht oder auch, was ziehe ich heute an, was mache ich heute zuerst? Die Routine hilft uns weiter, ansonsten wären wir mit tausenden bewussten Entscheidungen völlig überfordert.

Größere Entscheidungen, wie die Urlaubsplanung benötigen meistens auch Recherche, Planung und Kommunikation. Sie ziehen sich oft länger hin und können auch Kopfzerbrechen verursachen. Manchmal bekommen wir bei schwierigeren Entscheidungen aber auch einen Tunnelblick und glauben, es gäbe nur zwei Möglichkeiten oder sogar nur eine. Wir sollten weitersuchen nach dem Motto: Wenn du die Wahl zwischen zwei Übeln hast, wähle keines von beiden.

Sich entscheiden heißt auch, an Leichtigkeit gewinnen. Das merkt man insbesondere, wenn man die Belastung vor schwierigen Entscheidungen spürt. Bisweilen haben Menschen direkt Angst, sich zu entscheiden, wollen u. a. nichts falsch machen, nichts verlieren oder fürchten schlimme Konsequenzen. Entscheidungen bestimmen unser Leben, können uns glücklicher, zufriedener machen und lassen uns sogar wieder erleichtert und optimistisch in die Zukunft schauen. Sie können aber auch zum genauen Gegenteil führen und uns Kopfzerbrechen und schlaflose Nächte bereiten. Das Spannende aber ist, es geht noch viel weiter, die Auswirkungen sind weitaus gravierender: Mit etwas Übung können wir sogar bewusst entscheiden, welchen Gedanken wir nachgehen und welchen nicht, welche Gefühle, welche Laune wir zulassen und welche nicht. Mit unseren Entscheidungen können wir endgültig Herr oder Frau unseres Lebens werden – davon später mehr.

Welche Entscheidungen empfinden wir als schwierig?

Beginnen wir mit den schwierigen Entscheidungen. Was sind überhaupt schwierige Entscheidungen? Eine wichtige Erkenntnis lautet: Entscheidungen sind überwiegend nicht generell schwierig, sondern werden individuell als schwierig empfunden. Beispielsweise können folgende Fragen als schwierig empfunden werden: „Wie lange lasse ich mir das noch von meiner Chefin/meinem Chef gefallen? Was kann ich tun, wenn ich es mir nicht mehr gefallen lassen will?" „Verändern wir jetzt im Alter unsere Wohnsituation und wenn ja, wie?" „Ziehe ich mit ihm oder ihr zusammen?" oder auch: „Beende ich die Beziehung zu meiner langjährigen Lebenspartnerin/meinem langjährigen Lebenspartner oder nicht?" Je länger wir übrigens manche Entscheidungen bewusst oder unbewusst hinausschieben, desto mehr können sich die Entscheidungsalternativen verringern, am Ende werden uns die Entscheidungen bisweilen sogar abgenommen, weil Situationen völlig an die Wand gefahren sind oder wir altersbedingt nicht mehr in der Lage sind, selber zu entscheiden. Eine Aufarbeitung der schwelenden oder längst offenen Konflikte ist dann in vielen Fällen nicht mehr möglich. Das trifft insbesondere für Beziehungskonflikte zu.

Und natürlich gibt es aber auch Entscheidungen, die überwiegend als schwierig oder sehr schwierig gelten. Denken wir z. B. nur an Pilotinnen und Piloten, Chirurginnen und Chirurgen, Politikerinnen und Politiker oder Topmanagergerinnen und Topmanager in Situationen mit besonderen Herausforderungen. In ihrer Haut möchte man als sogenannte Normalbürgerin oder sogenannter Normalbürger bisweilen nicht stecken. „Breche ich den Flug ab?" „Hat die Fortsetzung der Operation einen Sinn?" „Gebe ich der Erpresserin oder dem Erpresser nach?" Der ehemalige Bundeskanzler Helmut Schmidt stand nach der Entführung des damaligen Arbeitgeberpräsidenten Hanns-Martin Schleyer vor einer solch schweren Entscheidung, bei der es sogar um das Leben des Arbeitgeberpräsidenten ging.

Auch wenn es nicht immer Fragen mit derartigen Tragweiten sind, ist es offensichtlich für viele Menschen nicht so ganz einfach, für ihre sie persönlich betreffenden Fragen Antworten zu finden und Entscheidungen zu treffen. „Müssen wir wieder lernen, schwierige Entscheidungen für uns zu treffen?", fragt auch Cathrin Gilbert im Zeitmagazin Nr. 44 (22) (Oktober 2017).

> Wer das Ziel kennt, kann entscheiden,
> wer entscheidet, findet Ruhe,
> wer Ruhe findet, ist sicher,
> wer sicher ist, kann überlegen,
> wer überlegt, kann verbessern.
>
> – Konfuzius –

Entscheidungen werden meist dann als schwierig empfunden,
– wenn man sein Ziel nicht kennt!
– wenn man ungeübt ist und sich nicht traut, Entscheidungen zu treffen und Verantwortung zu übernehmen. Eventuell sind sie einem immer abgenommen worden!
– wenn es manchmal auf den ersten Blick mehrere gleich gute oder gleich schlechte Antworten gibt. Man sitzt (anscheinend) in einer Zwickmühle, in einem Dilemma zwischen Pest und Cholera oder zwischen sehr gut

und prima. Ggf. möchte man beides tun, man muss sich entscheiden. Man fragt sich, was ist das geringste Übel oder die bessere Alternative?
- wenn man zwischen Kopf (Verstand), Bauch (Gefühl) und Herz (Neigung, Intuition) hin- und hergerissen ist bzw. der Bauch dem Herzen oder dem Kopf nicht zustimmt! Man will z. B. vernünftig sein und nicht gegen eine wichtige oder scheinbar wichtige Norm oder einen Wert verstoßen und dennoch nicht so weitermachen wie bisher! Oder, was ebenfalls sehr häufig anzutreffen ist, wenn man seiner Intuition, seinem Herzen folgen möchte und der Bauch zögert und Ängste signalisiert, da andere Menschen und insbesondere die Lebenspartnerin oder der Lebenspartner direkt betroffen ist. Man weiß nicht weiter und steht vor einer inneren Blockade!
- wenn die Richtigkeit der Entscheidung vom Verlauf der Zukunft abhängt, die man bekanntlich nicht vorhersagen kann und dennoch kein Risiko eingehen will oder kann! Manche Entscheidungen sind nur schwer zu korrigieren oder auch gar nicht!
- wenn man „Nebenwirkungen" befürchtet, wie das z. B. bei einer anstehenden Klärung mit einer Kollegin oder einem Kollegen bisweilen der Fall ist: Die Beziehung zu ihr oder ihm könnte eventuell gefährdet sein, glaubt man, und das möchte man nicht!
- wenn man vor Fragen in persönlich völlig neuen Situationen steht! Wenn man keine Vorlage oder Erfahrung hat und auf keinen Fall Fehler machen will! Was nun?
- wenn man bei Entscheidungen mehr daran denkt, was man aufgeben muss, und nicht so sehr daran, was man gewinnt!

> Bei jeder Entscheidung gewinnt man etwas und gibt etwas auf.
>
> – Gerda Tackmann –

Und Entscheidungen sind immer dann schwierig, wenn wir zusätzlich ganz bestimmte Bedingungen bzw. Anforderungen damit verknüpfen und damit zusätzlich hohe Hürden aufbauen. Welche Entscheidung ist richtig, ...
- damit es in Zukunft wirklich ganz perfekt läuft?
- damit ich einen richtig guten Eindruck hinterlasse?
- damit ich bei anderen richtig gut ankomme?
- damit ich wirklich nichts falsch mache?

– damit ich in Zukunft sehr gut damit leben kann?
– damit alles möglichst so weiterlaufen kann wie bisher?

Wenn die Umsetzung von Entscheidungen zusätzlich mit neuer Disziplin, Umstellungen in der Lebensführung und/oder einem sonstigen größeren Aufwand verbunden sind und Trägheit, Bequemlichkeit oder mangelnde Motivation dies beeinträchtigen, bleibt bisweilen ebenfalls ein Dilemma zurück, mit dem man dann leben muss! Vielleicht ist in diesem Fall der Leidensdruck aber auch noch nicht hoch genug, die Entscheidung für das Neue noch nicht reif.

> Die bequemsten Lösungen sind selten die besten.
>
> – Indira Gandhi –

Natürlich sind Entscheidungen bisweilen auch schwierig, weil wir manchmal nicht gut drauf, gestresst, genervt oder eventuell krank sind, unter Druck stehen! In diesen Fällen lohnt es sich, einfach geduldig abzuwarten.

Manchmal sind Entscheidungen aber auch einfach noch nicht dran – anderes geht vor! Für manche Menschen sind aber gerade auch derartige Situationen unangenehm, weil sie Dinge nicht offen stehen lassen können. Das Motto „Kommt Zeit, kommt Rat" führt bei ihnen als ungeklärte Situation zu Gefühlen der Unsicherheit oder Unruhe. Sie brauchen möglichst immer ihre Klarheit.

Zu allem Übel kommt bei manchen Menschen ein weiteres Problem dazu. Wenn man beispielsweise ungeübt ist, selbstständig Entscheidungen zu treffen, sind Fragen wie: „Was soll ich jetzt (nur) machen?" „Soll ich oder soll ich nicht?" eher als Hilferufe zu verstehen und nicht als ernsthafte Fragen. Diese Fragen erweisen sich als zusätzliches Problem der Lösungsfindung! Mit „Was soll ich nur machen?" kommen wir ins Grübeln und treten auf der Stelle! Die Antwort wird immer abhängig sein von den Menschen, die wir fragen. Je mehr Menschen wir fragen, desto bunter sind die Antworten. Das Fatale ist: Wir machen uns schwierige Entscheidungsfindungen mit diesen Fragen selber noch schwieriger, als sie ohnehin schon sind! Wenn wir uns nach der durch unsere hilflosen Fragen ermittelten vermeintlichen Mehrheit richten, kann die Entscheidung individuell genauso falsch sein, wie eine Entscheidung, nach einer Empfehlung, die unser Bauchgefühl am liebsten hören wollte. Im schlimmsten Fall kann die Entscheidung für uns sogar unmöglich gemacht und damit auf unbestimmte Zeit verschoben werden!

Fragen sind immer dann zusätzlich schwierig bis unmöglich zu beantworten, wenn wir in uns die falsche Instanz fragen! Für die richtige Instanz in uns müssen wir innerlich aber einigermaßen klar sein. Sie kennen das Gefühl vermutlich alle, sich heute oder im Moment nicht entscheiden zu können! Entscheidungen reifen lassen heißt auch, sich selber, eventuell auch anderen die richtigen Fragen zu stellen! Die Frage „Was soll ich machen?" ist nur sinnvoll, wenn es um allgemeingültige Gepflogenheiten, Regeln oder Normen geht, die man nicht kennt, z. B. in einem anderen Land: „Darf man in Italien ohne Warnweste im Auto die Autobahn benutzen"? Oder wenn man auftragsbezogen arbeitet nach dem Motto: „Chefin/Chef, was soll ich jetzt machen?"

Wer dann nach einer offensichtlich falschen persönlichen Entscheidung weiter fragt: „Ja, was hätte ich denn sonst machen sollen?", steckt immer noch in seinem Tunnelblick. Damit begibt man sich weiter in die Sackgasse und nistet sich dort ein! Und mit „Ja, was hätte ich denn sonst machen sollen?" tut man so, als sei unsere Entscheidung alternativlos gewesen – und das ist sie vielfach nicht!

Sehen wir uns zunächst einen solchen Entscheidungsprozess an, mit dem wir garantiert in der Sackgasse landen. Stellen Sie sich vor, Sie hatten sich vorgenommen, heute dringende Arbeiten zu erledigen. Eine innere Stimme signalisiert Ihnen nun aber, dass Sie jetzt doch keine Lust haben. Sie wollen sich daher auch gerade Ihrem Lieblingsbuch zuwenden, als eine andere innere Stimme sich zu Wort meldet und mit Ihnen schimpft und Druck macht: „Die Arbeit macht sich nicht von allein. Wer soll das denn sonst machen? In den nächsten Tagen kommt doch weitere Arbeit hinzu, das weißt du genau. Es ist nicht die Zeit, um alles liegen zu lassen. Sei nicht so faul!" Sie kommen ins Grübeln. Die gute Lust auf Ihr Buch lässt nach, richtig auf den Inhalt konzentrieren können Sie sich nun nicht mehr. Fluchend stehen Sie auf, um sich für die Arbeit umzuziehen. Und dann, gerade als Sie fast bereit sind, um endlich anzufangen, meldet sich wieder eine andere Stimme. Eine Stimme, die es anscheinend gut mit Ihnen meint: „Mein Gott, lass dich nicht so antreiben. Du hast die Woche viel gearbeitet. Jetzt kannst du dich auch einmal ausruhen. Gönn' dir ein paar Stunden der

Muße! Was du heute nicht schaffst, machst du morgen! Du musst auch an deine Gesundheit denken." Wieder kommen Sie ins Grübeln. Lust auf die Arbeit – sowieso schon Fehlanzeige, jetzt ist die Energie völlig dahin. Die Arbeit wird Ihnen nicht flott von der Hand gehen. Sie wissen auch gar nicht mehr, wie Sie anfangen sollten! Ratlos stehen Sie da. In der Psychologie, genauer gesagt in der NLP (Neurolinguistische Programme) trägt dieser festgefahrene Zustand der inneren Blockade und Ratlosigkeit die Bezeichnung „Stuck State" (NLP-Lexikon).

Nun erscheint Ihre Partnerin bzw. Ihr Partner auf der Bildfläche und sieht Ihnen Ihre Ratlosigkeit sofort an. Auf die Frage, was los ist, antworten Sie wahrheitsgemäß: „Ich weiß nicht, was ich machen soll, ich bin hin- und hergerissen!"

Egal, welche Variante Ihre Partnerin/Ihr Partner jetzt empfiehlt, ob sie oder er Ihren inneren Antreiber unterstützt und Ihren inneren Druck verstärkt oder ob sie oder er Sie beruhigt und zum Chillen rät, die Entscheidung kommt nicht mehr von ihnen, sie wird ihnen abgenommen. Was das für ihre Zufriedenheit bedeutet, ist fraglich. Nicht selten kommt es im Nachhinein zu Vorwürfen an die Partnerin oder den Partner: „Du hattest ja gesagt, ich solle das tun!" oder auch: „Du wolltest es ja so!"

„Was soll ich nur machen?" „Soll ich oder soll ich nicht?" So kommen wir der Lösung nicht näher! Wen fragen wir da eigentlich? Wie ist unsere Verfassung, wenn wir so fragen? Wann fragen wir so? Streng genommen, fühlen und verhalten wir uns mit dieser Frage gerade wie hilflose Kinder, die die Eltern fragen und sich wundern, wenn sie unterschiedliche Antworten bekommen und die Eltern sich zu guter Letzt auch noch streiten, was denn richtiger sei. Was nun? Wir wissen nicht weiter, wollen gern wissen, was richtig und falsch wäre, was der Norm entspricht, was erwartet wird, was die perfekte Variante ist oder ähnliches. Aber wir sind keine Kinder mehr.

Sobald wir ernsthaft fragen, sind wir der Lösung schon selbst auf der Spur.

– Wolfgang Letz –

Was heißt denn aber, ernsthaft fragen? Auffällig ist bei Beispielen dieser Art, dass unser Verstand an dem gesamten, eben dargestellten Prozess nicht beteiligt war. Der Verstand wurde von den anderen inneren Stimmen und zu guter Letzt von einem Dritten dominiert und blockiert. Um den Verstand einzuschalten, benötigen wir zunächst das Bewusstsein dafür, dass er im Moment ausgeschaltet ist. Die Frage: „Stopp, was ist mit mir los?" kann weiterhelfen, wenn man die Antwort langsam in sich auftauchen lässt. Aber auf die Frage muss man in derartigen Situationen erst einmal kommen. Die/der Dritte, in unserem Fall die Partnerin bzw. der Partner, würde in einer solchen Situation alles richtig machen, wenn sie oder er stellvertretend für uns diese Frage stellen würde. Fragen dieser Art sind der Powerschalter für unseren Verstand, er kann wieder lernen, die gegebene Situation wirkungsvoll zu hinterfragen. Der „Stuck State" wird unterbrochen mit dem Ziel, wieder in einen kraftvollen Zustand (Ressource State) zu kommen. In dieser Verfassung verfügen wir über alle unsere persönlichen Fähigkeiten und positiven Energien, was in der Regel auch mit Zuversicht und Selbstsicherheit verbunden ist. Die Reflexion, die Analyse kann beginnen.

> Die Qualität der Fragen,
> die wir uns stellen,
> bestimmt die Qualität unseres Lebens.
> – Anthony Robbins –

Ihr Verstand, stellvertretend auch die Partnerin oder der Partner, könnte beispielsweise die aufgeführten Fragen stellen:

Was ist passiert, dass ich/du jetzt so unentschieden bin/bist?
Was ist mir/dir jetzt wirklich wichtig?
Wie erholungsbedürftig bin ich/bist du wirklich?
Wie viel Sinn macht es, wenn ich jetzt noch arbeite?
Wie lange dauert die Arbeit?
Wie wichtig ist die Arbeit?
Wie dringend ist die Arbeit?
Wie zufrieden werde ich hinterher/wirst du hinterher sein, wenn die Arbeit getan ist?
Wie zufrieden werde ich hinterher/wirst du hinterher sein, wenn ich lese/du liest und die Arbeit liegen bleibt?

Je mehr Sie wieder direkten Kontakt zu sich erhalten, desto mehr werden Sie übrigens innerlich in der Ich-Form sprechen bzw. denken. Eine mögliche einfache Alternative, mit der alle inneren Stimmen ggf. einverstanden sind, könnte je nach Situation sein, zunächst z. B. eine Stunde auszuruhen, zu entspannen, es langsam anzugehen und dann mit der Arbeit zu beginnen. So einfach, wie es in diesem Fall scheint, ist es natürlich nicht immer.

Schauen wir uns an, welche Möglichkeiten es überhaupt gibt, zu Entscheidungen zu kommen. So unterschiedlich die Ergebnisse von Entscheidungen auch sind, die Wege dorthin, die die Psychologie u. a. durch das Modell der Transaktionsanalyse beschreibt (u. a. Werner Rautenberg und Rüdiger Rogoll (23)), sind begrenzt. Genau genommen gibt es sieben „innere Wege", um zu Entscheidungen zu kommen. Diese inneren Wege entsprechen den unterschiedlichen Verfassungen, in der Transaktionsanalyse „Ich-Zustände" genannt, die man entweder von sich kennt oder sich relativ schnell bewusst machen kann. Alle haben ihren Wert und entsprechen quasi inneren Entscheidungsinstanzen. Zur Wahrheit gehört aber auch, dass nicht jeder Weg für alle Entscheidungslagen geeignet ist – es gibt gewissermaßen untere und höhere Instanzen (Ich-Zustände). Aufgrund der Beschaffenheit der unterschiedlichen Wege/Instanzen sind mit ihnen ganz bestimmte Vor- und Nachteile verbunden und so lassen sich einige grundsätzliche Feststellungen über die jeweils eher geeigneteren Wege treffen. Letztlich aber muss jede und jeder für sich herausfinden, welcher innere Weg bzw. welche innere Instanz in welchem Fall wirklich hilfreich und zielführend für sie oder ihn ist. Möglich ist auch, dass die eine oder andere Instanz bei manchen Menschen derzeit nicht mehr oder nicht mehr vollständig zur Verfügung steht, da sie nie angerufen oder benutzt wurde und somit in Vergessenheit geraten ist. In dem Fall ist es wichtig, sich dieser Instanz wieder zu erinnern und sie ggf. auch neu einzuüben. Das gesamte Modell ist relativ leicht verständlich und so auch für Laien sehr gut nachvollziehbar.

Die 7 inneren Entscheidungsinstanzen

1. Entscheidungen, die mit unserer „guten Kinderstube", mit unseren erlernten Normen, Benimmregeln und Werten übereinstimmen – der Aufpasser oder Ankläger in uns hat das Sagen

Dieser Aufpasser trägt in der Transaktionsanalyse den Namen „Kritisches Eltern-Ich". Eine ganze Reihe von Entscheidungen im Alltag wird von unserem inneren Aufpasser im Rahmen der von uns erlernten Ge- und Verbote getroffen. Solange die Normen zeitgemäß und wirklich bedeutungsvoll sind und zur jeweiligen Situation passen, ist dagegen auch nichts zu sagen. Wirkliche individuelle Entscheidungen sind das allerdings i. d. R. nicht, müssen es aber auch nicht alle sein. Sie sind in uns quasi angelegt und vorgegeben durch unsere Prägung bzw. Konditionierung. Die in uns durch Erziehung und Bildung gesetzten Werte und Normen werden bei Bedarf vielfach mehr oder weniger automatisch aktiviert. Sie ermöglichen uns in manchen Lebenslagen die schnelle Orientierung, z. B. im zivilisierten Sozialverhalten der Menschen. Freundlichkeit und angemessene Umgangsformen erleichtern das Zusammenleben.

Aus den eingefahrenen Mustern gibt es aber leider kein Entkommen, wenn der Ankläger in uns das letzte Wort hat! Bei offenen Entscheidungen dominiert dann immer die innere Stimme, die uns daran erinnert, dass etwas verboten ist, dass man etwas Bestimmtes nicht macht, dass etwas Bestimmtes unmöglich ist etc. Der Verstand wird in diesem Ich-Zustand im Zweifel völlig blockiert. Hintergrund dieser Entscheidungen sind letztlich das gespeicherte Grundprinzip und das gute Gefühl, ein besserer Mensch in Sachen Normeneinhaltung zu sein, auch wenn die Norm einer anderen Zeit angehört und längst überholt und unsinnig ist.

Wir handeln so, wie wir immer schon gehandelt haben. Unser Vorgehen ist in diesen Punkten zur Gewohnheit geworden. Man hat es halt schon immer so gemacht! Beispiele dafür gibt es genug: Man hat sonntags immer in die Kirche zu gehen oder nie schneller zu fahren als erlaubt, auch nicht kurz zum Überholen bei freier Strecke, man hat als Mitarbeiterin oder Mitarbeiter nicht der Chefin oder dem Chef zu widersprechen, auch nicht bei offensichtlichen Ungerechtigkeiten, man hat nicht „nein" zu sagen, wenn man um etwas gebeten wird, auch nicht, wenn vieles dafür spricht, Geld darf nicht unnötig ausgegeben werden und ähnliches mehr. Man probiert nichts Neues in den entsprechenden Bereichen aus, darf man auch nicht, eine solche Erlaubnis gibt es für Personen mit starken inneren Aufpassern nicht. Manche Menschen sind dadurch sehr, sehr streng zu sich. Und damit verändert sich nichts – was natürlich bei einer eventuell aufkommenden Lust am Ladendiebstahl und anderen Vergehen oder Rechtsbrüchen auch gut und unbedingt notwendig ist. Ohne die Akzeptanz eines rechtlichen Regelwerkes wäre ein friedliches Zusammenleben von Menschen unmöglich.

Das gilt aber nicht für alle Alltagssituationen. Viele individuelle Normen mit Ergänzungen wie „immer", „nie", „niemals" oder „auf keinen Fall" sind schlichtweg übertrieben und schränken unseren Handlungsspielraum stark ein und langfristig vermutlich auch unsere Zufriedenheit. Je stärker die Prägung ist, desto schwieriger ist eine Um- oder Neuentscheidung, im schlimmsten Fall schafft man es ohne professionelle Hilfe gar nicht. Man ist dann generell sehr streng und kritisch mit sich und nebenbei gesagt auch mit anderen. Verständnis und Mitgefühl kennt der Aufpasser und Ankläger in uns nicht. Man erlaubt weder sich noch anderen eine Ausnahme. Der Ankläger in uns ist empört, wenn andere sich dennoch etwas herausnehmen, was ihm missfällt und was man sich selber auf keinen Fall zugestehen würde, um keinen Ärger mit ihm zu bekommen. Solchen Menschen haben, wenn es nicht gut geht, im Zweifel selber Schuld an der entstandenen Situation, warum machen sie so etwas auch. Eines der häufigsten Gesprächsthemen von Menschen mit starken inneren Aufpassern/Anklägern ist übrigens der Austausch über solches „Fehlverhalten" anderer, nicht anwesender Menschen.

Wenn Entscheidungen überwiegend durch diese mahnende, innere Stimme beeinflusst werden, entwickelt sich nicht selten geradezu eine Art Verfolgersyndrom. Menschen mit einem Verfolgersyndrom sind quasi unbewusst auf der Suche nach Personen, die sie kritisieren können. Zwischen Vergehen und Rechtsbrüchen auf der einen Seite und so manchen Benimmregeln und gesellschaftlichen Konventionen auf der anderen Seite machen Menschen mit einem Verfolgersyndrom zu wenig bis gar keine Unterschiede.

Im schlimmsten Fall ist bei ihnen auch auf der individuellen Ebene alles vorgegeben. Man wurde quasi bereits durch die Erziehung auf eine Schiene gesetzt (Studium, Beruf, Familie, Lebenskonzept etc.). Derartige Entscheidungen sind auch im Nachhinein schwer zu überprüfen. Die ratlose Frage: „Was hätte ich auch sonst machen sollen?" oder auch „Ich konnte nicht anders!" machen das Dilemma deutlich. Man hat sich selber zum „Opfer" gemacht. Davon gleich mehr. Hin und wieder hört man aber doch: „Hätte ich das doch schon früher mal probiert!" Offensichtlich hat sich dann gerade jemand aus einem inneren Zwang befreit.

Wer viele Entscheidungen gemäß seiner Prägung aus der Verfassung des „kritischen Eltern-Ichs" heraus trifft, kommt übrigens auch in Schwierigkeiten, wenn es für Entscheidungen keine entsprechende Vorlage oder aber sich widersprechende Vorlagen gibt, wie in dem Eingangsbeispiel mit dem Gebot, die anstehende Arbeit zu erledigen und der Erlaubnis, auch an sich zu denken und das Lieblingsbuch weiter zu lesen!

2. Entscheidungen, bei denen unsere Fürsorgepflicht das letzte Wort hat – die mitfühlende, hilfsbereite Stimme in uns setzt sich durch

Die mitfühlende Stimme, die Güte, der Verteidiger in uns trägt in der Sprache der Transaktionsanalyse die Bezeichnung „Fürsorgliches Eltern-Ich". Wohl dem, der bei sich und anderen sprichwörtlich auch fünfe gerade sein lassen kann, auch wenn rational im Einzelfall etwas dagegen sprechen sollte. Unser mitfühlendes, tröstendes, beruhigendes, unterstützendes, einfühlendes Verhalten entspringt dieser Quelle. In diesem Ich-Zustand ist es uns nicht möglich, streng zu sein. Fürsorgliches Verhalten und fürsorgliche Entscheidungen haben ihre Wurzeln entweder in einer entsprechenden Prägung – Man hat schließlich so zu sein! – oder kommen aus dem Herzen mit wirklichem Mitgefühl. Je mehr diese innere Stimme Teil der Prägung ist, desto eher kann sich allerdings bisweilen auch eine Art Rettersyndrom entwickeln. In diesen Fällen erhält die entsprechende innere Stimme ein zu starkes Gewicht und die Hilfsbereitschaft wird übertrieben und zum Zwang, man sucht unbewusst förmlich Menschen in seiner Umgebung, denen man helfen könnte und die sich gemäß ihrer Prägung auch helfen lassen wollen, unabhängig davon, ob das auch wirklich gut für sie ist. Das Ergebnis ist in vielen Fällen eine unangemessene Einmischung in persönliche Angelegenheiten und eine nicht sinnvolle Übernahme von Verantwortung für eine/einen anderen.

Auch eine solche Prägung schränkt unseren Handlungsspielraum stark ein, ich habe schon mehrfach darauf hingewiesen. Diese Stimme sagt mehr oder weniger ständig: „Da muss man doch helfen. Da muss man doch was tun. Da kannst du nicht zusehen! Überfordere dich und andere nicht und pass auf, dass es Dritte auch nicht tun! Springe für andere ein, unterstütze sie, verteidige sie!" u. u. u. Der Verstand wird im Zweifel auch durch diese innere Stimme blockiert, so dass wir nicht mehr einschätzen können, inwieweit unser Verhalten angemessen und situationsgerecht ist.

Die mahnende innere Stimme, der innere Ankläger und die fürsorgliche innere Stimme, der innere Verteidiger sind häufig im inneren Streitgespräch verstrickt – wie vor Gericht und wie in dem Eingangsbeispiel mit der anstehenden Arbeit. Die Folge ist vorübergehende Ratlosigkeit und entsprechende Unzufriedenheit, da der Richter (die höhere innere Instanz) – unser eigener Verstand oder unsere Intuition – blockiert ist. Beide inneren Stimmen, der Ankläger und der Verteidiger, nehmen für sich im schlimmsten Fall ein völliges Alleinvertretungsrecht in Anspruch. Obwohl sie genau dieses Recht nicht haben, sehen sie ihren vermeintlichen Anspruch in dem Moment in Gefahr und liegen deswegen im Streit um den größeren Einfluss auf uns. Und dann ist sie wieder da, die Frage: „Was soll ich nur machen?"

3. Entscheidungen, bei denen sich unser Interesse, unsere Lust auf etwas, unsere Experimentierfreude, unsere Neugier im wohlverstandenen Sinne, unser Lerneifer, unsere individuellen Bedürfnisse durchsetzen – der Abenteurer in uns und unser Ego brauchen ihr Recht

Diese Stimme in uns und der entsprechende Ich-Zustand werden in der Transaktionsanalyse als „Freies/natürliches Kind-Ich" bezeichnet. Auch unser starkes Interesse an Dingen und Themen spricht bei Entscheidungen ein gehöriges Wörtchen mit und setzt sich ggf. auch mit breiten Ellenbogen durch. Wer diese Stimme in sich hört und sich entsprechend von ihr leiten lässt, verfügt einerseits über einen großen Schatz. Lernen macht in den eigenen Interessenbereichen besonderen Spaß, der Beruf kann zur Berufung werden, solche Menschen empfinden die Tätigkeit nicht als Arbeit, in der Freizeit fällt ihnen nicht sprichwörtlich die Decke auf den Kopf, fast immer haben sie Lust auf etwas. Die Entwicklung dieser inneren Stimme ist zumindest durch unsere Erziehung nicht gänzlich eingeschränkt, eventuell ist sie sogar gefördert worden.

Allerdings kann auch diese Stimme in einer Weise überhandnehmen, die weder für uns noch für andere gut ist. Wer nur egoistisch an sich und seine Bedürfnisse denkt, gar egozentrisch wird, provoziert Konflikte in vielen Lebenslagen oder neigt dazu, sich zu viel herauszunehmen. Der Spruch: „Brave Mädchen kommen in den Himmel – andere kommen überall hin!" verdeutlicht die eigene Überschätzung. Auch diese innere Stimme liegt daher bisweilen im inneren Konflikt mit den bereits beschriebenen Kräften des Anklägers oder Verteidigers. Gerade diese beiden Stimmen in uns fühlen sich häufig genötigt einzugreifen, wenn der Abenteurer in uns das Wort zu massiv oder zu häufig ergreift. Während von der mitfühlenden, fürsorglichen Stimme Unterstützung zu erwarten ist, kommt der Ankläger uns mit Vorwürfen. Wieder kann sich Ratlosigkeit breit machen. Wieder ist eine höhere innere Instanz gefragt.

4. Entscheidungen, bei denen sich unsere Ängste, Befürchtungen, Unsicherheiten durchsetzen – wir trauen uns wenig zu, das Selbstvertrauen fehlt

In der Transaktionsanalyse wird in diesem Zusammenhang vom „Angepassten Kind-Ich" gesprochen. Vorsicht, Umsicht sind in vielen Lebenslagen für diese innere Stimme von großer Bedeutung. Die eigenen Kräfte realistisch einschätzen, wer wollte das nicht können? Dieser Ich-Zustand und die damit verbundenen Gefühle der Ängstlichkeit und Vorsicht bewahren uns davor, zu hohe Risiken einzugehen und z. B. unsere Gesundheit aufs Spiel zu setzen. Er bewahrt uns vor Strafen und vorm Versagen.

Wenn dieser Ich-Zustand in unserem Leben aber zu viel Gewicht bekommt und diese Stimme Oberhand gewinnt, ist unser Handlungsspielraum allerdings wiederum stark eingeschränkt und es entwickelt sich im schlimmsten Fall eine Art Opfersyndrom. Die Ängste vorm Versagen, vor Strafe, die Ängste davor, Fehler zu machen, die Ängste, unangenehm aufzufallen und viele andere mehr werden zu ständigen Begleitern und die Selbstsicherheit und das Selbstvertrauen bleiben damit auf der Strecke. Am Ende ist nur noch Angst zu spüren!

Peter Dyckhoff schreibt dazu, in „Das Ruhegebet im Alltag" (24), Seite 140: „Es gibt Menschen, die scheuen davor zurück, erwachsen zu werden. Alles Wichtige in ihrem Leben lassen sie andere tun, und sie treffen niemals aus sich heraus eine Entscheidung. Vielleicht haben sie Angst, einen wesentlichen Schritt in ihrem Leben allein zu entscheiden und ihn dann auch zu gehen. Diese Menschen ordnen sich aus einem Minderwertigkeitsgefühl unter und lassen andere Menschen die Fragen ihres eigenen Lebens beantworten."

Dyckhoff beschreibt genau das völlig unangebrachte Verhalten, das aus dem ängstlichen angepassten Kind-Ich entsteht. In dieser Verfassung sind wir im schlimmsten Fall entscheidungsunfähig. Wir drehen uns gedanklich im Kreis und finden keinen Ausweg – Grübeln ist der Weg tiefer in die Sackgasse.

> Grübelst du noch – oder entscheidest du schon?
>
> – Autor/in unbekannt –

Wie unangenehm das Grübeln empfunden wird, sieht man u. a. daran, dass bisweilen – nur um das Grübeln zu beenden – entschieden wird nach dem Motto: „Ich mache das jetzt einfach so, wird schon nicht so schlimm sein!" Man kann nur hoffen, dass die oder der Betroffene wenigstens das geringere Übel gewählt hat. Auf jeden Fall sind Entscheidungen in ängstlicher Verfassung quasi vorprogrammiert und fallen entsprechend mutlos und zögerlich aus, das Verhalten wird eher artig, brav und zurückhaltend, auf keinen Fall erwachsen und reif sein. In dieser ängstlichen Verfassung sind wir nicht in der Lage, klare Gedanken zu fassen. Bisweilen lassen Menschen in dieser Verfassung andere für sich entscheiden oder fragen ständig. „Was soll ich nur machen?" in der Hoffnung, diejenigen würden schon wissen, was für einen selbst gut und richtig ist. In dieser Phase der Mutlosigkeit kann auch die Einstellung wachsen: Lieber gar nicht entscheiden, als falsch entscheiden.

Die Bereitschaft und die Lust, Dinge auszuprobieren, zu experimentieren sind mit wenig Selbstvertrauen naturgemäß nicht besonders ausgeprägt. Man hat völlig vergessen, dass ohne den Mut, Neues auszuprobieren und ohne Experimentierfreudigkeit die Menschheit heute noch in Höhlen oder Hütten wohnte, neue Erkenntnisse wären Fehlanzeige. Nur durch Ausprobieren lernen und entwickeln wir uns weiter. Nur wer solche konstruktiven Gedanken kräftig aus seinem Inneren wahrnimmt, befindet sich nicht in der Verfassung des angepassten Kindes, sondern im sogenannten freien/natürlichen Kind.

Die Frage, inwiefern ein Mensch anlagebedingt mit weniger Selbstvertrauen ausgestattet ist, beantworten Wissenschaftlerinnen und Wissenschaftler unterschiedlich. Sicher scheint aber zu sein, dass die Entwicklung eigener Potenziale und Fähigkeiten in Kindheit und Jugend nicht oder zu wenig gefördert wurden. Umso wichtiger ist es, die Gründe für tiefsitzende Ängste ggf. mit professioneller Hilfe zu ermitteln.

5. Entscheidungen aus unserer widerspenstigen Seite

Eine andere Variante des „angepassten Kind-Ichs" ist das sogenannte „Rebellische Kind" in uns. Diese innere Stimme ruft uns zum totalen Widerstand und Widerspruch gegen Autoritäten auf. Als Kinder und Jugendliche haben wir, wenn diese Stimme sich stark meldete, genau das Gegenteil von dem getan, was von uns verlangt wurde. Wenn es z.B. hieß: „Du machst jetzt Schularbeiten!", dann haben wir uns gerade jetzt geweigert, auch wenn wir wussten, dass wir uns damit selber schadeten. Auch in diesem Fall passen wir uns an, d. h. die Anweisung ist der Maßstab, wir machen aber dann eher genau das Gegenteil. Auch eine solche Entscheidung ist nicht erwachsen, nicht reif, die Opferrolle wird eher manifestiert, aber auch das ist einem in dem Moment egal. Hauptsache ist, die oder der Anweisende bekommt nicht sein Recht und wir behalten ein gewisses Maß an Eigenständigkeit. Der Selbstschutz geht im Moment vor, wir haben z. B. Angst, unsere Würde zu verlieren. Das kann insbesondere dann der Fall sein, wenn Menschen zu autoritär erzogen wurden und Freiräume durch die Strenge gänzlich wegfielen. In der Phase der Abnabelung als Jugendliche bzw. Jugendlicher gehört diese Phase i. d. R. zum Reifeprozess dazu. Aber wer will schon sein Leben lang eine rebellische Jugendliche oder ein rebellischer Jugendlicher sein?

Wer diesen Teil der inneren Stimme – die Rebellin oder den Rebell in sich – auch im Erwachsenenalter immer wieder in sich wahrnimmt, kann sich nur schwer in Beruf oder Familie einordnen und anpassen. Ggf. ist es dann ratsam, auch hier mit professioneller Hilfe auf Spurensuche zu gehen, um das rebellische Kind in sich zu beruhigen.

> Menschliche Reife ist, das Richtige zu tun,
> selbst wenn es die Eltern empfohlen haben.
> – Paul Watzlawick –

6. Entscheidungen, bei denen der Kopf, der Verstand, unser Intellekt nüchtern das Sagen hat, rationelle Sachentscheidungen – es geht um die Sache

Wohl dem, der auch seinen Kopf benutzen kann. Schon Immanuel Kant forderte:

> Sapere aude – Habe Mut, dich deines Verstandes zu bedienen.
> – Immanuel Kant –

Derjenige, der sich seines Verstandes bedient, handelt in der Sprache der Transaktionsanalyse aus seinem „Erwachsenen-Ich". Entscheidungen des Verstandes sind im engeren Sinn, wirkliche Entscheidungen zwischen zwei oder mehreren Alternativen. Hier dominieren ausschließlich Fakten, Einschätzungen von Wahrscheinlichkeiten und logische Zusammenhänge. Für manche Entscheidungen benötigen wir umfangreiches Fachwissen und Erfahrungen oder müssen uns auf die Empfehlung eines Fachmannes, einer Fachfrau verlassen. Sie sind das Ergebnis eines häufig auch längeren Informations-, Analyse-, Überzeugungs- und Entscheidungsprozesses und können sehr komplex sein. Situationsbeschreibungen, Suche nach Alternativen, Vor- und Nachteile derselben, Kosten und Nutzen, Aufwand und Ertrag, Pro und Contra werden beleuchtet. Hierfür stehen inzwischen längst Computerprogramme zu unserer Unterstützung zur Verfügung. Wir beschäftigen uns manchmal lange mit einem Problem und überlegen und durchdenken es gut. Rationale Entscheidungen brauchen Zeit. Unser Verstand kann wie ein Computer arbeiten, ist aber deutlich langsamer. Auch hier benötigen wir die richtige innere Verfassung und einen klaren Kopf.

Hier geht es um eine konstruktive Alternative zur Ratlosigkeit und zur Frage: „Was soll ich nur machen?"

Auch bei nüchternen, rationellen Entscheidungen ist es allerdings ratsam, auf das innere Gespür zu achten und eventuelle Bedenken zu berücksichtigen. Insgesamt sollte der Verstand den Überblick behalten, um einschätzen zu können, welches Verhalten gerade situationsgerecht ist und insofern einen Blick darauf haben, welches Gewicht die übrigen inneren Stimmen und deren Entscheidungen in unserem Leben haben. Selten geht es nur um die Sache.

Unser Verstand hat auch die Fähigkeit, die innere Standortbestimmung vorzunehmen, wenn uns klar wird, dass wir mit unseren Überlegungen nicht weiter kommen und in einer Sackgasse gelandet sind oder wenn uns klar wird, dass wir uns sprichwörtlich wieder einmal verrannt haben und unsere Pferde wieder einmal mit uns durchgegangen sind. Die bewusste Frage: „Wo stehe ich eigentlich gerade?" ist der Beginn einer notwendigen Klärung. Nicht nur schwierige Entscheidungen, sondern auch innere Klärungen sind für den Verstand nicht zeitpunktbezogen möglich, auch sie sind das Ergebnis eines z. T. längeren Überlegungs- und Entscheidungsprozesses.

Zu dieser Klärung gehört auch die Frage: In welcher Stufe des Überlegens- und Entscheidungsprozesses stehe ich eigentlich? Wer noch nicht ausreichend motiviert ist, eine endgültige Entscheidung zu treffen, erlebt eventuell zwar eine gewisse Unzufriedenheit, weil sie oder er die Klarheit möchte, hat aber den gesamten Überlegens- und Entscheidungsprozess noch vor sich. Und dieser ganze Prozess besteht aus vielen einzelnen kleinen oder auch großen Einzelentscheidungen. Erst wenn man weiß, wo man steht, kann der Prozess gezielt fortgesetzt werden. Für feste, durchdachte Überzeugungen brauchen wir Zeit!

Die Frage ist der Königsweg des Denkens, so der deutsche Soziologe und Philosoph Hermann Müller (1924-1995). Mit folgenden Fragen z. B. gewinnen wir wieder den Überblick über die Stufen des Entscheidungsprozesses und/oder kommen wieder leichter in eine andere, entscheidungsfreudigere Verfassung:

1. Bin ich überhaupt ausreichend motiviert für eine Entscheidung, wie ist meine Motivationslage? Was motiviert mich? Was lässt mich zögern? Welches Problem habe ich? Was stört mich? Was möchte ich ändern?
2. Welche persönlichen Interessen und Ziele sind mir in diesem Zusammenhang wichtig? Was darf nicht passieren? Was will ich auf keinen Fall? Worauf lege ich Wert?
3. Welche Informationen benötige ich? Welche Alternativen gibt es? Wie sind die Bedingungen der Alternativen?
4. Wie bewerte ich die einzelnen Alternativen? Erst in dieser Stufe können die in Frage kommenden Möglichkeiten mit den eigenen Normen, Interessen, Zielen, Gefühlen und Bedenken bewertet/abgewogen und bis ins Detail durchdacht/verglichen werden.
5. Eine Endgültige Entscheidung treffen!
6. Die Entscheidung nachwirken lassen, überschlafen, systemisch überprüfen.

> Erwachsen ist jemand, der nicht mehr auf sich selbst hereinfällt.
>
> – Heimito von Doderer –

Der Intellekt übernimmt die innere Führung über den inneren Dialog unseres Verstandes mit den übrigen inneren Stimmen. Erst wenn die ersten vier Fragen vollständig beantwortet werden können, sind wir wirklich entscheidungsreif. Mit etwas Übung bei inneren Klärungen, kommen wir mehr und mehr zu eigenständigen und selbstverantwortlichen Entscheidungen. Wir können mit unserem Intellekt alle Instanzen in uns über Fragen in den Entscheidungsprozess einbeziehen und die Antworten in uns erspüren:

Fragen an das Erwachsenen-Ich und an das Freie Kind-Ich: Was will ich erreichen? Was ist in mir? Was ist mein Ziel? Was passt zu meinen Potenzialen, zu meinen langfristigen Zielen/Visionen? Was möchte mein Herz? Was liegt mir am Herzen? Was ist meine Herzensangelegenheit?
Fragen an das Angepasste Kind-Ich: Wie frei bin ich in meiner Entscheidung? Welche Zwänge/Ängste/Sorgen/Schuldgefühle habe ich? Welchen Preis bin ich bereit zu zahlen? Ist es mir das wert? Bin ich bereit, den Preis zu zahlen? Ggf. auch: Warum zögert mein Bauch? Und: Was würde mir später einmal leidtun?

Fragen an das Kritische Eltern-Ich: Was darf nicht passieren? Welche Normen und Werte sind mir wichtig?
Fragen an das Fürsorgliche Eltern-Ich: Wovor sollte ich mich schützen? Welche Gefahren bestehen? Was darf nicht passieren?

Unser Verstand, das „Erwachsenen-Ich", wird alle Informationen sammeln, bewerten und eine Entscheidung vorschlagen. Unser Intellekt ist auch im Stande, eine systemische Betrachtung vorzunehmen. Wie passt meine Entscheidung zu meinem persönlichen Umfeld, zu meiner Familie, meiner Partnerin/meinem Partner usw.? Was mute ich meinem persönlichen Lebensumfeld mit meiner Entscheidung zu? Was bedeutet diese Entscheidung für die Menschen, mit denen ich zusammenlebe? Damit ist natürlich nicht die Frage gemeint: Was sollen die Leute bloß von mir denken? Diese Frage käme wieder aus unserem Angstspeicher und wäre unangemessen. Welche Leute sind mit der letzten Frage eigentlich gemeint?

> Du bist nie zu alt, um erwachsen zu werden.
>
> – Shirley Conran –

7. Intuitive Entscheidungen, innere Impulse, Vorgaben aus der Tiefe unseres Seins, Entscheidungen aus dem Herzen – wir machen automatisch das Richtige

Diese ganz besondere innere Stimme ist in der Sprache der Transaktionsanalyse am ehesten dem „Kleinen Professor" in uns zuzuordnen. Der sogenannte „Kleine Professor" wird ebenfalls dem „Kind-Ich" zugeordnet. Albert Einstein drückt es so aus:

> Der intuitive Geist ist ein heiliges Geschenk,
> der rationale Geist ist ein treuer Diener.
> Wir haben eine Welt geschaffen,
> die den Diener ehrt und das Geschenk vergessen hat.
>
> – Albert Einstein –

Leider sind der intuitive Geist und die kreative Intelligenz bei vielen Menschen in der Kindheit und Jugend nicht besonders gefördert worden. Es gab im Elternhaus, in der Schule, während der Ausbildung oder dem Studium eher überwiegend Vorgaben darüber, was richtig und was falsch ist und was man machen muss und sollte. Zu sich kommen, in sich gehen, herausfinden, was in einem ist, was wirklich situationsgerecht ist, dem eigenen Herzen folgen, das war kaum angesagt. Auf das Unterbewusstsein zu hören trat hinter dem Intellekt und hinter den verinnerlichten Normen zurück.

Dabei entspringt aus dieser Quelle auch der fast allen Menschen bekannte Schutzengel, der uns bisweilen veranlasst, genau das Richtige zu tun. Wenn z. B. im Straßenverkehr keine Zeit für Überlegungen bleibt und wir wie durch ein Wunder perfekt handeln.

Aber auch in anderen Lebenslagen, wenn manche Menschen lange überlegen müssen, was sie jetzt machen wollen, kann es sein, dass uns, über diesen Weg intuitiv, urplötzlich und spontan klar wird, wonach wir immer gesucht haben, was zu tun ist, was uns gefehlt hat, welchen Weg wir weitergehen wollen und wo unsere Zukunft liegt. Intuitionen, innere Eingebungen sind in Nanosekunden gefallen und leuchten uns unmittelbar ein. Uns ist das berühmte Licht aufgegangen – welch ein Segen. In solchen Situationen empfinden wir absolute Klarheit und sind fern aller Zweifel.

Durch unsere Inspirationen und Intuitionen, unsere inneren Eingebungen erhalten wir im Idealfall auch die entscheidenden Impulse, wenn unser Verstand die gesamte Tiefe einer bestimmten Situation nicht erfassen kann. Wesentliches von Unwesentlichem zu trennen, bei manchen Dingen ist das für unseren Intellekt kein Problem. Was ist aber für uns wesentlich, z. B. bei der Berufswahl? Unkündbarkeit, Verdienstmöglichkeiten, Arbeitsplatzsicherheit, Aufstiegsmöglichkeiten, gute Sozialleistungen, die Familientradition? Zu einigen Kriterien würde unser Verstand sicher sofort ja sagen. Aber das ist natürlich nicht alles. Wie ist es mit Spaß und Freude am Tun, Interessengebieten, eigenen Potenzialen, Talenten, Neigungen, auch die wird unser Verstand nicht für unwichtig erklären. Aber wer trifft letztlich die richtige Entscheidung? In manchen Fällen trifft der Kopf eine Vorauswahl, wenn es dann aber ernst wird, plädiere ich für die innere Eingebung, für die Intuition. Genau dafür haben wir den inneren Kompass in der Tiefe unseres Unterbewusstseins. Er weiß, was für uns das Beste ist. Intuition, Kreativität, innere Eingebungen stellen sich aber nicht auf Knopfdruck ein.

> Kreativität auf Knopfdruck erzeugt Kopfdruck.
> – Sabrina Masek –

Für intuitive Impulse benötigen wir Ruhe, Entspannung, Kontakt mit uns selbst und Vertrauen in unser Unterbewusstes. Deswegen ist es ratsam, auch mit dem Kopf gefasste Entschlüsse zu überschlafen und so reifen zu lassen. Intuitive Entscheidungen sind Entscheidungen aus dem wahren Selbst – die höchste Instanz in uns! Die Kunst liegt darin, zu erkennen, was uns wirklich weiterhilft. Leider wird diese göttliche Quelle allzu oft durch die anderen, häufig zu lauten und zu dominanten inneren Stimmen blockiert. Würfeln oder Pendeln sind übrigens immer Versuche, Zugang zum Unterbewusstsein zu bekommen.

Bauch- oder Herzensentscheidungen, der Unterschied ist von Bedeutung

Landauf, landab werden intuitive Entscheidungen übrigens häufig als Bauchentscheidungen benannt. Ich halte diese Bezeichnung für irreführend. Intuitive Entscheidungen sind m. E. Herzensentscheidungen. Allerdings ist es für uns nicht immer leicht möglich, hier eine klare Unterscheidung zu treffen. Klassische Bauchentscheidungen sind solche, die aus dem kritischen Eltern-Ich (unserem inneren Aufpasser), dem fürsorglichen Eltern-Ich (unserem inneren Verteidiger), dem freien Kind-Ich (unserem Ego) und aus dem angepassten Kind-Ich (dem braven Teil in uns) heraus getroffen werden, sie hinterlassen – vielfach sachlich völlig unbegründet – die bekannten guten oder schlechten Bauchgefühle. Kopfentscheidungen treffen wir im Erwachsenen-Ich. Herzensentscheidungen sind am ehesten dem „kleinen Professor" in uns zuzuordnen.

80 % unserer Kaufentscheidungen, so heißt es, sind klassische Bauchentscheidungen. Man will etwas besitzen, manchmal auch, ohne es wirklich zu benötigen. Es macht uns dennoch ein gutes Gefühl. Bauchentscheidungen nach dieser Definition sind im Nachhinein bisweilen daran zu erkennen, dass man sich über derartige Käufe nicht selten ärgert oder sie umfassend sachlich zu begründen versucht. Die Pferde sind mal wieder mit einem durchgegangen (s. Abb. 1, Seite 45). Das heißt aber nicht, dass

derartige Bauchentscheidungen generell als schlecht zu bezeichnen wären. Manchmal braucht man halt diese Handlungsmöglichkeit – mindestens bis man sie durchschaut hat. Ein Unterdrücken der Bauchentscheidungen kann zu großer Unzufriedenheit und anderen psychologischen Problemen führen. Genau genommen brauchen wir sie so lange, bis wir bessere Wege für unsere Zufriedenheit gefunden haben.

Bauchentscheidungen stehen sehr stark mit unserer gesamten Prägung im Zusammenhang. Frustkäufe, Belohnungskäufe, Käufe aus Langeweile, Käufe, um das Ego zu beruhigen, Käufe, um das Image aufzupolieren, Käufe aus Lust und Laune usw. sind nicht sachlich begründet, insofern sind es keine klassischen, durchdachten Kopfentscheidungen, auch wenn man sich im Nachhinein bisweilen stark bemüht, eine vernünftige Begründung zu finden, und sie sind auch nicht aus dem Herzen heraus entstanden. Unser Herz und unser wahres Selbst befassen sich ganz sicher nicht mit Imagefragen eines Produktes.

Unserer Intuition können wir immer vertrauen. Herzensentscheidungen sind immer auch vernünftig im Sinne des eigenen Lebensweges, auch wenn sie für Außenstehende im ersten Moment nicht so erscheinen mögen. Gute Beispiele hierfür sind Berufswünsche junger Menschen, die sich nicht selten von ihren Eltern anhören dürfen: „Erst lernst oder studierst du aber etwas Vernünftiges!"

Im bereits erwähnten Zeitmagazin Nr. 44 beschreibt Cathrin Gilbert unter der Überschrift „Wie wir lernen können, Entscheidungen zu treffen?" (22) die Bedeutung der Intuition für situativ richtige Entscheidungen. Sie behandelt die brisante Frage: „Wie gelingt es uns, verantwortungsvolle Entscheidungen zu treffen, wenn Zeit und Informationen begrenzt sind und die Zukunft ungewiss?"

Wagen Sie mehr spirituelle Innerlichkeit für vernünftige Lebensentscheidungen.

– Pater Johannes Naton –

Die regelmäßige Meditation, die regelmäßige spirituelle Innerlichkeit bringt Ordnung in den inneren „Funkverkehr". Die inneren Stimmen kommen mehr und mehr zur Ruhe, unsere Bedürfnisse kommen angemessen zur Geltung, uns wird bewusst, wenn wir in psychologische Rollen als Verfolger, Retter oder Opfer verstrickt sind. Mit der regelmäßigen Meditation lernen wir, die Reset-Taste zu betätigen und zum Anfang einer Situation zurückzukehren.

Wer sich mit dem intuitiven Geist intensiver beschäftigen möchte und wieder lernen will, mit dem Herzen zu entscheiden, findet im Internet zahlreiche entsprechende Angebote, z. B.: „Ein erfüllendes Leben aus dem Herzen führen. Wie Entscheidungen aus dem Herzen zu einem zufriedenen Leben führen können?"

> Kommt die Kreativität aus dem Herzen, gelingt fast alles.
> Kommt sie aus dem Kopf, fast nichts.
>
> – Marc Chagall –

Sollten im speziellen Fall weder Kopf noch Bauch oder auch der intuitive Geist klare Impulse geben, brauchen wir einfach mehr Zeit, um alles reifen zu lassen. In solchen Situationen oder auch quasi als Test bei nicht eindeutigen Entscheidungslagen kann es sich lohnen, einen Weg probeweise zu gehen, also eine Alternative auszuprobieren, übrigens auch mental. Das ist u. a. möglich, wenn man nicht genau weiß, ob eine ausgeschriebene zu besetzende Position oder Stelle zu einem passt. Schauen Sie, was passiert: Wie geht es Ihnen bei der Formulierung der Bewerbung? Macht es Spaß, geht es leicht von der Hand oder grübeln Sie, ringen Sie um Formulierungen? Das alles können Zeichen sein, inwiefern alles für Sie richtig zusammenpasst. Beobachten Sie sich selbst. Wie fühlen Sie sich?

> Die Stille ist göttlich – in ihr hat alles seinen Ursprung.
>
> – Eileen Caddy –

Wenn Sie, liebe Leserin, lieber Leser jetzt klären möchten, wie Sie im Alltag üblicherweise zu Entscheidungen kommen, empfehle ich Ihnen, sich z. B. einen Monat lang selbst zu beobachten und entsprechende Aufzeichnungen zu machen. Erstellen Sie sich eine Tabelle mit den sieben Entscheidungsinstanzen/Ich-Zuständen und nutzen Sie diese für eine zu erstellende Strichliste. Verändern Sie Ihre üblichen Entscheidungsinstanzen dabei möglichst nicht, sondern markieren Sie im Nachhinein jeweils am Abend eines jeden Tages, welche Entscheidungsinstanz Sie wie häufig genutzt haben. Eine solche Übersicht sagt allerdings noch wenig aus über die Qualität und die Sinnhaftigkeit Ihrer Entscheidung bzw. der Entscheidungsinstanz, dazu bedarf es einer genaueren Betrachtung. Sollten Sie allerdings feststellen, lediglich zwei oder drei Instanzen zu nutzen, empfiehlt sich eine genauere Reflexion und ggf. ein Übungsweg unterstützt durch regelmäßige Meditationen. Wer z. B. üblicherweise aus dem „kritischen Eltern-Ich", dem „angepassten" und dem „rebellischen Kind-Ich" heraus entscheidet, geht derzeit einen sehr einseitigen Weg und nutzt nicht die vielfältigen Möglichkeiten, die sich im Leben bieten. In dem Fall ist es unbedingt empfehlenswert, sich noch einmal genauer mit den Vor- und Nachteilen der einzelnen Entscheidungsmöglichkeiten auseinanderzusetzen, um sich zu verdeutlichen, wie sehr man in seiner Prägung und Gewohnheit gefangen ist.

Die tägliche Entscheidung für ein glückliches Dasein

> Freude fällt uns nicht in den Schoß. Wir müssen Freude wählen, jeden Tag aufs Neue wählen.
>
> – Henri Nouwen –

Zum Abschluss dieses Teils lege ich Ihnen noch eine kleine Aufgabe ans Herz. Bitte entscheiden Sie sich spontan für **einen** der folgenden Satzanfänge und vervollständigen Sie diesen ebenfalls spontan; lesen Sie dann erst weiter:
Ich bin glücklich, wenn ...
Ich bin glücklich, weil ...
Eventuell springt Ihnen der Unterschied zwischen diesen beiden Satzanfängen sofort ins Auge. Mit „wenn" formulieren Sie eigene Bedingungen an Ihr Glücklichsein, mit „weil" begründen Sie Ihre derzeitige glückliche Verfassung. Wenn Sie den ersten Satz vervollständigt haben, überlegen Sie doch einmal, welche dieser Bedingungen wirklich Voraussetzung für ihr Glück sind und welche dieser selbstgewählten Bedingungen quasi völlig unnötige „Glückshürden" sind? Warum bauen Sie sie auf? Welche Konditionierung steckt ggf. dahinter? Sie können sich jetzt entscheiden, ohne diese Bedingung glücklich zu sein. Was spricht wirklich dagegen, sofort glücklich zu sein? Henri J. M. Nouwen schreibt dazu, in „Was mir am Herzen liegt" (25), Seite 25: „Es mag seltsam klingen, wenn ich sage, dass Freude das Ergebnis unserer Entscheidungen ist. Es ist wichtig, sich bewusstzumachen, dass jeder Augenblick unseres Lebens eine Gelegenheit

bietet, die Freude zu wählen." Die regelmäßige Meditation wird Sie dabei unterstützen. Glücklichsein hat auch etwas mit innerer Ausgeglichenheit und guten Nerven zu tun. Glücklichsein ist nichts für schwache Nerven. Ängstliche Menschen sind selten wirklich glücklich.

Sollten Sie den zweiten Satzanfang vervollständigt haben, überlegen Sie bitte einmal, ob Sie nicht glücklich bleiben könnten, wenn die Begründung wegfällt oder wegfallen sollte. Sie könnten sich jetzt dafür entscheiden, glücklich zu bleiben. Glücklichsein erfordert keine weiteren Gründe, Glücklichsein kann unser Grundzustand sein. Die regelmäßige Meditation wird Sie bei der Umsetzung dieser Erkenntnis unterstützen.

> Die Qualität des Tages zu beeinflussen, ist die höchste Kunst.
> – Henry David Thoreau –

Vielleicht gehören Sie aber auch zu den begnadeten Menschen, die sagen können: „Ja, ich bin häufig glücklich und weiß oft gar nicht warum. Es passt manchmal gar nicht so richtig zu meinen jeweiligen Rahmenbedingungen, ist aber dennoch so, ohne dass ich mich ausdrücklich darum bemühe. Ich wache bisweilen einfach morgens glücklich auf!" Die regelmäßige Meditation wird diesen inneren Zustand stabilisieren. Sie trägt nach und nach zur weiteren Reduzierung und Auflösung unverarbeiteter Ängste und Unsicherheiten bei und löst damit die inneren Probleme an der Wurzel auf. Die Folge ist eine erhöhte Selbstsicherheit, Vertrauen in das Leben und eine tiefere innere Ruhe. Ihr angespanntes Nervensystem erhält Entlastung.

> Kannst du dein Schicksal nicht ändern, dann ändere deine Haltung.
> – Amy Tan –

Gerald Hüther, einer der renommiertesten Hirnforscher Deutschlands, beschreibt in seinem Buch „Raus aus der Demenzfalle – Wie es gelingen kann, die Selbstheilungskräfte des Gehirns rechtzeitig zu aktivieren" (26). Er befasst sich in seinem Buch u. a. intensiv mit dem Thema Angst und seinen unglücklich machenden Auswirkungen. Seite 60 f. erläutert er die seiner Meinung nach wirkungsvollste Form der notwendigen angstauflösenden Veränderungen: „Nur wenigen Menschen gelingt eine dritte (Anm. des Verfassers: die höchste) Form der Veränderung, die sich als Bewusstseinswandel manifestiert. Auf dieser Stufe wird weder eine Veränderung der (Anm. des Verfassers: angstauslösenden) Verhältnisse noch des eigenen Verhaltens als wichtigste Voraussetzung zur Überwindung der Angst betrachtet, sondern eine andere Bewertung des im Außen erlebten Geschehens im eigenen Inneren angestrebt. Als Folge dieser neuen Bewertung entsteht dann auch eine veränderte innere Haltung, eine andere Einstellung gegenüber dem Leben und dem, worauf es im Leben wirklich ankommt. Hier geht es also eher um das Wiederfinden von etwas, das man angesichts von Leistungsdruck und Erfolgsstreben oder durch eingefahrene Gewohnheiten und Alltagsroutinen verloren hat. So gesehen erweist sich die Angst als eine in unserem Gehirn und in unserem Körper ausgelöste Reaktion, die uns zu einer eigenen Weiterentwicklung zwingt. Wer dagegen", so Hüther bereits auf Seite 47, „in einer sich verändernden Welt so zu bleiben versucht, wie sie oder er ist, gerät zwangsläufig in eine zunehmend stärker werdende Inkohärenz." Unter Inkohärenz ist eine Art inneren Ungleichgewichts zu verstehen, verbunden mit einer Einschränkung von geordneten Denkabläufen als Ausdruck formaler Denkstörung.

Die Bedeutung kohärenter Gehirnwellen hat die Bewegung der Transzendentalen Meditation (TM) bereits in den 80er Jahren des vorherigen Jahrhunderts wissenschaftlich nachgewiesen. „Immer wenn ein Bereich unseres Gehirns aktiv ist, kann die elektrische Aktivität mittels Elektroenzephalographie (EEG) gemessen und in Wellenform anschaulich dargestellt werden. Heutzutage ist es einfach, verschiedene Messpunkte der elektrischen Gehirnaktivität über Computer zu analysieren und zu zeigen, wie synchron oder kohärent die Gehirnwellen verlaufen. Ein hohes Maß an Kohärenz bedeutet, dass verschiedene Bereiche des Gehirns als Ganzes zusammenarbeiten. Je öfter Sie diese EEG-Kohärenz erfahren, desto mehr gewöhnt sich Ihr Gehirn an optimales Funktionieren und weist auch im Alltag außerhalb der Meditation EEG-Kohärenz auf. Höhere EEG-Kohärenz geht einher mit höherem IQ, mehr Kreativität, mehr emotionaler Stabilität, besseren Reflexen, ethischerem Denken und vielem mehr." Mehr dazu finden Sie unter Transzendentale Meditation Deutschland, Erfurt (www.meditation.de).

Je optimaler unser Gehirn funktioniert und alle Bereiche als Ganzes zusammenarbeiten, desto besser sind unsere Entscheidungen. Die regelmäßige Meditation befördert in uns nicht nur eine höhere Kohärenz der Gehirnwellen, sondern auch den von Gerald Hüther so dringend empfohlenen Bewusstseinswandel und die persönliche Weiterentwicklung. Sie schafft einen Zugang zu unserer inneren Tiefe, zu unseren Potenzialen und Ressourcen, die trotz mancher Schwierigkeiten in uns angelegt und unzerstörbar in uns vorhanden sind und sie verhindert damit mehr und mehr die vorübergehende Blockade unseres Verstandes. Wir erkunden mit der regelmäßigen Meditation unsere innere Schatzkammer und können verborgene Kostbarkeiten entdecken.

Hüther greift noch etwas Grundsätzliches auf. Er schreibt unter der Überschrift „Wer sich nicht entscheidet, wofür er leben will, kann sich nur verirren" auf Seite 108 f.: „Eng verbunden mit einem übergeordneten Metakonzept, einem inneren Bild davon, was für ein Mensch jemand sein oder werden will, ist ein zweites, das ebenso Orientierung für die eigene Lebensgestaltung bietet. Auch das entsteht von ganz allein im Gehirn. Es kann wiederum nur als eigene Orientierungshilfe wirksam werden, wenn sich eine Person bewusst dafür entscheidet, es anzunehmen und im täglichen Leben umzusetzen. Dazu müsste sie für sich die Frage beantworten, wofür sie das Leben, das ihr geschenkt worden ist, eigentlich nutzen will. Sie müsste also bewusst versuchen, ihrem Dasein einen Sinn zu verleihen."

Wenn wir also bewusst die Frage beantworten, was unserem Dasein und unserem Tun im Alltag einen Sinn verleiht – auch unabhängig von einem übergeordneten Lebenssinn –, wissen wir, wohin wir wollen und lassen uns nicht so leicht von unserem Weg abbringen. Diejenigen unter Ihnen, liebe Leserin, lieber Leser, die einen solchen Sinn in Ihrem Dasein, in Ihrem Alltag empfinden, können ganz sicher nachvollziehen, was Gerald Hüther hier anspricht. Für die Werbestrateginnen/Werbestrategen und „Aufmerksamkeitsheischer" der Konsumgüterindustrie mit ihren endlosen Verführungen werden wir so nebenbei gesagt – Gott sei Dank – zu einem Totalausfall. (Siehe hierzu „Ökonomie – wie Mystik und Spiritualität neue Orientierung geben können", Seite 31 ff.) Wahres Glücklichsein erfordert weder Markenartikel, noch Karriere, Ruhm oder andere Mittel bzw. Aktivitäten, die unser Selbstbewusstsein und Image aufpolieren. Wahres Glücklichsein kommt von innen und ist kein zufälliges Ereignis. Der innere Weg muss nur wieder freigelegt werden. Alles andere kommt dann von selbst.

> Viele Menschen wissen, dass sie unglücklich sind.
> Aber mehr wissen nicht, dass sie glücklich sein könnten.
>
> – Albert Schweitzer –

Wie unabhängig sind wir eigentlich wirklich in unserem Verhalten?

Welchen inneren Zwängen wir bisweilen unterliegen, wurde durch die Beschreibung der unterschiedlichen inneren Stimmen vermutlich deutlich. Die Stimme, die sich im inneren Machtkampf durchgesetzt und in uns gerade das Sagen hat, bestimmt über unsere innere Verfassung und setzt sich bei Entscheidungen entsprechend durch, wenn wir sie nicht hinterfragen und über den inneren Dialog den Ausgleich und die Klärung suchen. Diese Machtkämpfe in unserem Inneren resultieren überwiegend – wie beschrieben – aus unserer Prägung und die Auflösung dieser Machtkämpfe ist so schwer, weil die segensreichen Kräfte aus der Stille mehr oder weniger vollständig blockiert sind (siehe „Kräfte aus der Stille", Seite 49). Soweit noch einmal zu unseren inneren Abhängigkeiten und zu unseren inneren Zwängen. Aber das ist nicht alles.

Die inneren Machtkämpfe sind auch Ursachen für die vielen Machtkämpfe in der Außenwelt. Die inneren Stimmen finden in der Außenwelt immer genügend Stellvertreter, die uns innerlich herausfordern und immer wieder provozieren. Diese äußeren Abhängigkeiten, gemeint sind weniger wirtschaftliche, sondern mehr emotionale, psychologische Abhängigkeiten von anderen Menschen, egal ob sie noch leben oder bereits verstorben sind, führen uns immer wieder in die bekannten Sackgassen.

Auch die äußeren Abhängigkeiten stehen im Zusammenhang mit den gerade wirksamen inneren Stimmen in uns und der damit verbundenen inneren Verfassung. Wer sich z. B. häufig sehr unsicher, schwach, hilflos und mutlos fühlt, braucht unbedingt wieder innere Sicherheit. Gerade dann haben Menschen, die Sicherheit ausstrahlen, besonderen Einfluss auf uns. Wenn allerdings zu der inneren Unsicherheit noch eine gewisse Gutgläubigkeit und Naivität kommt, ist die Tür geöffnet für negative Einflüsse durch Menschen, die geradezu auf der Suche sind nach Opfern, die sie mit Vorliebe ausnutzen können. Die bekannten Enkeltricks funktionieren auf dieser Basis. Gerade eher einsame, gutgläubige Menschen laufen offensichtlich Gefahr, auf derartige Böswilligkeiten hereinzufallen. Je besser der Trick, desto größer die Gefahr, in die Falle zu tappen und fatale Entscheidungen zu treffen.

Wer hat eventuell großen Einfluss auf Sie, auf ihr Leben? Und welcher Einfluss ist gut für Sie? Lassen Sie diese Fragen doch einmal auf sich wirken. Eventuell haben Sie Lust, sich ein paar Notizen zu machen. Ihnen werden sicher einige Menschen einfallen, möglicherweise auch bereits verstorbene. Vergessen Sie aber bei diesen Fragen auf keinen Fall, dass auch diejenigen Menschen indirekt großen Einfluss auf uns haben, die wir nicht mögen, die wir beneiden, ablehnen, ignorieren, verachten oder gar hassen und die, denen wir etwas nicht gönnen, über die wir uns (immer wieder) ärgern oder vor denen wir Angst haben – kurz gesagt, diejenigen, denen wir gegenüber zum Teil auch ungewollt als Verfolger, Retter oder auch Opfer auftreten, also in psychologische Rollen schlüpfen und so unser natürliches Verhalten verlieren. Diese Menschen beeinflussen schließlich in großem Stil unsere innere Verfassung. Auch wenn wir unsere innere Haltung diesen Menschen gegenüber nicht offenbaren wollen und den Schein der Freundlichkeit und Höflichkeit wahren, ist der negative Einfluss auf unsere innere Zufriedenheit vorhanden, eventuell noch stärker, da der Versuch, die innere Haltung zu überspielen, zusätzliche Kraft kostet. Denken Sie nur daran, wie häufig und wie lange Sie sich schon im Nachhinein über andere Menschen geärgert haben und zu welchen zum Teil absurden Entscheidungen das ggf. auch geführt hat oder führen kann. Es kann sehr lange dauern, bis nach einem solchen Ärger die innere Mitte und Ausgeglichenheit wieder erlangt wird.

> Der Mensch braucht lange, bis er einsieht,
> was ihn zerstört.
> Und er braucht noch länger,
> bis er etwas dagegen tut.
>
> – Ernst R. Hauschka –

Die Frage, welcher Einfluss für uns persönlich gut und förderlich für ist, ist schon schwieriger zu beantworten. Wer unsere Energie bindet oder raubt, wer uns runterzieht, wer uns unselbstständig werden lässt, uns zum Opfer macht, uns den Mut nimmt, uns abhängig macht, uns dominieren, demotivieren will, uns quasi zur Unterordnung zwingt, wer uns von unserem inneren Selbst ablenkt, der hat keinen guten Einfluss auf uns. Wer hingegen uns aufbaut, uns Energie verschafft, uns Mut macht, unsere Selbstständigkeit fördert, fair, respektvoll und partnerschaftlich mit uns umgeht und uns hilft, zu uns selber zu kommen und unsere eigenen Entscheidungen zu finden, der hat einen guten Einfluss auf uns.

Eine grundsätzliche Frage lautet immer: Wer beeinflusst wen und auf welche Art? Im Idealfall lassen wir uns nicht runterziehen und ziehen unsererseits andere nicht runter. Im Idealfall lassen wir uns bei Bedarf so weit wie möglich aufbauen und bauen unsererseits andere bei deren Bedarf so weit wie möglich auf. Wie aber sieht die Realität aus?

Kennen Sie, liebe Leserin, lieber Leser auch das Problem, dass sich in manchen Gruppen Menschen, vorzugsweise auch Kolleginnen und Kollegen oder Familienmitglieder immer wieder gegenseitig demotivieren und von negativer Stimmung anstecken lassen? Vielleicht gehören Sie manchmal auch selber zu ihnen? Dazu passt folgende Geschichte (Verfasser/in unbekannt):

> *Es war einmal eine Gruppe von Fröschen, die einen Wettlauf machen wollten. Ihr Ziel war es, die Spitze eines hohen Berges zu erklimmen. Viele Zuschauer hatten sich versammelt, um diesen Wettlauf der „spinnenden" Frösche zu sehen. Schon zu Beginn des Rennens konnte man an den skeptischen Blicken der Zuschauer erkennen, dass niemand so recht glaubte, dass die Frösche diesen hohen Gipfel erreichen würden. Alles, was man hören konnte, waren Sprüche wie: „Ach, wie anstrengend muss das sein! Die kommen nie an!" Oder „Das können die doch gar nicht schaffen! Der Berg ist viel zu hoch!"*
>
> *Einige Frösche begannen daraufhin, schnell zu resignieren und gaben auf. Die Zuschauer sahen sich bestätigt, verlachten die Frösche und riefen immer lauter: „Das haben wir doch gleich gesagt, das kann man nicht schaffen!" Immer mehr Frösche verließ die Kraft und einer nach dem anderen stieg erschöpft aus dem Rennen aus. Ein Frosch aber schien sich nicht beirren zu lassen und kletterte immer weiter. Mittlerweile war er der einzi-*

ge, der noch im Rennen war. Unermüdlich erklomm er einen Absatz nach dem anderen, bis er schließlich den Gipfel erreichte! Der Frosch war unglaublich stolz, dass er sein Ziel erreicht hatte und seine Kräfte ihn nicht verlassen hatten. Jetzt wollten alle natürlich wissen, wie er das schaffen konnte. Man ging auf ihn zu, um zu fragen, was sein Geheimnis war, diese enorme Leistung zu erbringen und ans Ziel zu kommen. Der Frosch aber konnte die Fragen gar nicht hören – er war t a u b! Einige Zuschauer machten sich beklommen von dannen, andere feierten den Gewinner ob seiner inneren Kräfte. Der Glaube an sich selbst kann Berge versetzen.

Fazit: Offensichtlich kann es von Vorteil sein, wenn man zumindest zeitweise auf einem bestimmten Ohr taub ist!

Wie aber kann ich mich von negativem Einfluss lösen und mich mehr und mehr unabhängig machen? Wie bekomme ich es hin, zeitweise mindestens auf einem Ohr taub zu sein? Zunächst einmal ist das eine Frage des Bewusstseins. Negativer Einfluss auf andere durch bestimmte Menschen wird uns als Außenstehende oder Außenstehender schneller klar, wenn wir mitkriegen, was mit ihnen gerade passiert. Betroffenen selber fehlt bisweilen die Erkenntnis, eventuell kennen Sie das auch aus der eigenen Vergangenheit. Erst später, hoffentlich nicht zu spät, spürt man, dass man sich gerade auf einem Irrweg befindet. Insofern ist die Frage: „Wer hat welchen Einfluss auf mich und wieso eigentlich?" der erste Schritt zu neuen Erkenntnissen in diesem Bereich. Wir sollten bei dieser Frage nicht vergessen, bereits verstorbene Menschen mit einzubeziehen.

Wichtig ist auch, die Frage immer wieder zu stellen, sie auf sich wirken zu lassen und sich für die Antwort genügend Zeit zu lassen, um diese quasi in sich zu erspüren und zu ergründen. Schließlich geht es letztlich um Antworten auf wichtige Fragen: Wer hat Einfluss auf mich? Ist der Einfluss eher gut oder eher schlecht für mich z. B. dadurch, dass ich mich gerade mehr und mehr isoliere, auf warnende Stimmen von Freundinnen und Freunden oder Bekannten nicht mehr höre oder mir selber egal wird, welche negativen Nebenwirkungen zu erwarten sind? Wieso lasse ich mich derart beeinflussen bzw. welches Einfallstor liefere ich für diesen Einfluss? Woher kommt diese empfundene emotionale Abhängigkeit? Es gilt also, sich intensiv zu hinterfragen und der Sache wirklich auf den Grund zu gehen.

> Niemand füllt eines anderen Leben.
>
> – Thomas Lehr –

Gleichzeitig ist es ratsam, sich mit möglichst vielen Menschen auszutauschen, sich zu öffnen, zuzuhören, nach weiteren Möglichkeiten Ausschau zu halten und so seinen Denkrahmen zu erweitern. Allmählich kann einem klar werden, dass der Einfluss auf uns in der Vergangenheit im Zweifel zu einseitig und durch Fremdinteressen gesteuert ausgefallen ist. Die Neuorientierung kann langsam wachsen und schließt die Reduzierung oder auch den Abbruch langjähriger Beziehungen ein.

Eine wichtige Regel lautet: Wenn du Beraterinnen und Berater oder Begleiterinnen und Begleiter in speziellen Fragen benötigst, verlasse dich nicht auf eine oder einen! Wie bei der Geldanlage, sollten es mindestens drei verschiedene Beraterinnen oder Berater sein. Die Gefahr manipuliert zu werden nimmt mit der Anzahl der Beraterinnen und Berater ab. Weiter ist es von großer Bedeutung, wieder zu lernen, sich auf seine innere intuitive Stimme zu verlassen und Empfehlungen Dritter konsequent daraufhin zu prüfen, welche positiven und negativen Auswirkungen zu erwarten sind und was sie für uns bedeuten. Eine Beraterin bzw. ein Berater allein bedeutet immer Einseitigkeit. Im Nachhinein, hoffentlich nicht erst wenn es zu spät ist, wird einem selber meistens auch klar, dass man beeinflussbar war und beeinflusst wurde, weil man bestimmte Dinge eventuell auch unbewusst hören wollte. Wenn das Kind sprichwörtlich in den Brunnen gefallen ist, muss man wohl mit den Konsequenzen leben und die Suppe, die man sich eingebrockt hat, auslöffeln. Auch das ist dann eine Form des Lernens, wenn auch eine sehr schmerzhafte. Wir müssen und dürfen lernen, unser eigenes Leben zu füllen.

> Warmherzige Hingebung erwirbt Freunde,
> maßvolle Haltung bewahrt sie.
>
> – Berthold Auerbach –

Positiven Einfluss durch andere Menschen erkennt man daran, dass einem geholfen wird, zu eigenen Entscheidungen zu kommen und wieder auf eigenen Füßen zu stehen, dass wir nicht bedrängt, sondern mehr befragt werden. Und zu positivem Einfluss gehört auch, ausgewogenes Feedback, ungeschminkte, z. T. schmerzhafte Wahrnehmungen anderer, die sich Sorgen machen, anzunehmen. Positiver Einfluss berücksichtigt nicht oder weniger, was wir gerade hören wollen. Im Gegenteil, positiver Einfluss ist vermutlich dann gegeben, wenn wir wach gerüttelt werden und wieder zu uns kommen. Zumindest dann, wenn wir dieses Feedback auf uns wirken lassen und erste innere Abwehrmechanismen überwunden haben. Feedback sollten wir nachhaltig auf uns wirken lassen. Feedback sollten wir überschlafen, auch wenn es im Moment wehtut. Aber Vorsicht, wir können auch beim Wachrütteln manipuliert werden.

Etwas einfacher scheint es zu sein, sich bewusst zu machen, über wen man sich immer wieder ärgert – auch im Nachhinein, auf wen man neidisch ist, wem man etwas nicht gönnt, wen man verachtet, ablehnt, ignoriert oder sogar hasst etc. Natürlich ist es dann hilfreich, diese inneren Reaktionen bei sich zu hinterfragen. Leider besteht die Gefahr, dass man sich bei diesem Hinterfragen immer wieder im Kreis dreht. Zwischen dem Gespür, dass derartige Gefühle einen runterziehen, was man doch eigentlich nicht will und womit man sich selber nur schadet, und dem Gefühl der Ungerechtigkeit und dem Eindruck, dass die- oder derjenige, der oder dem man etwas nicht gönnt, es nach eigener subjektiver Einschätzung auch nicht verdient hat, ist es nicht leicht, den Ausweg zu finden. Im Gegenteil, vielfach arbeiten wir uns ohne neue Perspektiven tiefer in den Teufelskreis und in die Verstrickung hinein und damit nehmen die negativen Gefühle weiter zu, man denkt sich mehr und mehr in Rage. Am Ende könnte man sprichwörtlich die Wände hochgehen.

Auch hier hilft der Abstand, den man durch die regelmäßige Meditation gewinnt. Nur mit dem nötigen Abstand, die Dinge aus einer gewissen Perspektive betrachtend, gewinnen wir neue Erkenntnisse. In der Meditation lernen wir mehr und mehr, diesen Abstand zu gewinnen und erfahren, dass Loslassen uns befreit. Wir werden von den bekannten und belastenden negativen Gefühlen wie Neid, Missgunst, Rachegelüsten, Ärger, Wut etc. weniger berührt, am Ende treten diese Gefühle gar nicht mehr auf, und wir lernen im Laufe der Zeit, auch die kleine Welt um uns herum, so wie sie ist, zu akzeptieren. Es wächst die Einsicht, dass es uns z. B. meistens nicht zusteht zu beurteilen, wer in dieser Welt was verdient hat. Sich von negativem Einfluss und Projektionen zu befreien, schafft neue Räume für positive Einflüsse. Am Ende stellen wir fest, dass wir uns durch konstruktive, uns befreiende Gedanken selber positiv beeinflussen können.

Die regelmäßige Meditation ist, wie beschrieben, bei diesem Prozess in mehrfacher Hinsicht ausgesprochen hilfreich. In der Meditation finden wir die Ruhe und die Stille, sodass Antworten auf ernsthaft gestellte Fragen in uns langsam auftauchen können. Es fällt deutlich leichter, sich auch schmerzhafte Wahrheiten einzugestehen insbesondere deswegen, weil die neuen Erkenntnisse sich in der Regel in kleinen eher leicht zu verarbeitenden Portionen zu erkennen geben und dennoch so klar sind, dass sie nicht ignoriert werden können und gleichzeitig neue Möglichkeiten vor unserem geistigen Auge auftauchen. Außerdem fördert die regelmäßige Meditation das Vertrauen in die eigenen Kräfte, Potenziale und inneren Eingebungen für den ganz eigenen Lebensweg. Sie befreit uns aus den zum Teil engen Grenzen unseres Denkens und stärkt unsere Immunität gegenüber äußeren Einflüssen, die für uns nicht förderlich sind, sie prallen förmlich mehr und mehr an uns ab. Und sie stärkt unsere Persönlichkeit, sodass wir zunehmend auch unbewusst, d. h. ohne es ausdrücklich anzustreben, positiven Einfluss auf andere haben, ohne diese von uns abhängig zu machen.

Suche nicht in der Ferne, was du seit ewiger Zeit in deinem Herzen trägst.
Ersehne dein Glück nicht aus der Meinung anderer,
sondern achte auf deine innere Balance.
Bewahre dir die Vision deines Herzens
und erlaube dir, sie zu leben.
Höre auf den Engel, der in deinem Innersten wohnt
und den göttlichen Samen in dir bewacht, liebevoll und aufmerksam.
Denke immer daran, dass du es bist, und nur du,
der dein Leben zu verantworten hat.
Und wisse, dass jede Entscheidung,
mag sie auch noch so klein sein, Bewegung auslöst.
So wie der kleine Stein, den du ins Wasser wirfst, weite Kreise zieht.

– Helga Franziska Noack –

Das Geheimnis ganzheitlicher Kommunikation – Kommunikation ist mehr als nur reden!

Und damit sind wir bei der wohl wichtigsten und alltäglichen Möglichkeit bzw. Notwendigkeit, mit anderen Menschen in Kontakt zu treten und uns auszutauschen – bei der Kommunikation.

Bei Wikipedia wird der Begriff Kommunikation als der Austausch oder die Übertragung von Informationen beschrieben. Sehen wir uns das einmal genauer an, was dazu gehört: „„Information" ist in diesem Zusammenhang eine zusammenfassende Bezeichnung für Wissen, Erkenntnis, Erfahrung, Gefühle oder Empathie. Mit „Austausch" ist ein gegenseitiges Geben und Nehmen gemeint; „Übertragung" ist die Beschreibung dafür, dass dabei Distanzen überwunden werden können, oder es ist eine Vorstellung gemeint, dass Gedanken, Vorstellungen, Meinungen und anderes ein Individuum „verlassen" und in ein anderes „hineingelangen". Dies sollte als eine bestimmte Sichtweise und metaphorische Beschreibung für den Alltag verstanden werden", so heißt es bei Wikipedia weiter.

Kommunikation in diesem Sinne schließt demnach immer Gefühle oder Empathie ein und hat also grundsätzlich damit zu tun, sich selber und andere besser zu verstehen. Hält diese Definition dem Alltag stand? Was macht Gespräche im Alltag häufig aus und was könnte die Kommunikation bereichern und vertiefen?

> Wer mit mir reden will, der darf nicht bloß seine eigene Meinung hören wollen.
>
> – Wilhelm Raabe –

Nach eher oberflächlichen Gesprächen kann man bisweilen Sätze hören wie: „Na toll, dass wir darüber gesprochen haben!" Derartige Sätze werden i. d. R. mit verdrehten Augen ausgesprochen, was wohl heißen soll, wir sind kein Stück weiter gekommen, das hätten wir uns schenken können. In solchen „Gesprächen" wird am Ende nur noch darüber gestritten, wer die „bessere" Meinung und die besseren Argumente hat. Überzeugen lässt sich dann keiner mehr. Im schlimmsten Fall heißt es dann nur noch: „Mit der oder dem kann man darüber nicht reden!" Entscheidend sind aber im Wesentlichen wir selber, entscheidend ist auch die eigene kommunikative Grundhaltung. Sprechen wir, um andere zu überzeugen, um gut dazustehen, unsere Überlegenheit auszudrücken, uns zu rechtfertigen oder sprechen wir, um zu verstehen, um des Austausches Willen und um dazuzulernen. Zu jeder Kommunikation gehört Wohlwollen am besten von allen Beteiligten. Aber auch Wohlwollen auf nur einer Seite kann sehr viel erreichen. Wer bei Kommunikationsstörungen nur die Schuld bei anderen sucht, übersieht oft, dass auch das eigene Wohlwollen gegenüber der Gesprächspartnerin oder dem Gesprächspartner in dem Moment möglicherweise begrenzt war.

Und wieder sind wir bei unseren inneren Stimmen. Sie haben naturgemäß einen großen Einfluss darauf, wie und worüber wir reden und worüber nicht! Die Stimme, die sich im inneren Dialog oder Streitgespräch durchsetzt, bestimmt, worüber wir weiter nachdenken wollen und was wir auf keinen Fall noch einmal zur Disposition stellen wollen, ob und worüber wir ins Grübeln kommen, was uns auf der Zunge liegt, was wir unbedingt loswerden wollen bzw. was wir glauben, auf keinen Fall preisgeben zu dürfen, zu können oder zu wollen. Abhängig davon ist auch, ob wir überhaupt bereit sind zuzuhören, was wir im Moment hören möchten und was nicht. Wonach uns ist und wonach uns nicht ist? Worüber wir uns mit anderen austauschen wollen und worüber nicht? Grundlage all dessen ist die Grundhaltung uns und anderen gegenüber und die Stimmung, die die inneren Stimmen in Form unserer Gedanken in uns auslöst.

Auf die inneren Stimmen kommt es an

Und damit sind wir bereits bei einem ersten Geheimnis ganzheitlicher, authentischer Kommunikation. Im Idealfall machen wir uns diese innere Stimmung immer wieder bewusst und legen sie anderen gegenüber wenn möglich auch offen, z. B. durch Hinweise wie: Ich bin heute vermutlich ein wenig kritisch/ein wenig übermütig/richtig happy/nicht so besonders gut drauf/schwach/ein wenig melancholisch/sehr nachdenklich/irgendwie sauer/wütend/besonders gut drauf/ausgesprochen großzügig/irgendwie unter Druck/sehr belastet/im Stress/genervt u. u. u.

> Der Gedanke ist alles, der Gedanke ist der Anfang von allem.
> Und Gedanken lassen sich lenken.
> Daher ist das Wichtigste: Die Arbeit an den Gedanken.
>
> – Leo Tolstoi –

Machen wir uns nichts vor, wenn wir unsere innere Verfassung nicht selber wahrnehmen und nicht offenlegen oder manchmal auch nicht offenlegen wollen, hat es u. a. damit zu tun, dass wir ein bestimmtes Bild von uns nicht wahrhaben wollen oder nicht nach außen tragen und z. B. bestimmte Gefühle nicht zeigen wollen, die wir und eventuell auch andere unserer Meinung nach als Schwäche empfinden. Und genau damit beginnt die nicht authentische Kommunikation. Wir „spielen" anderen z. B. vor, zufrieden, erfolgreich, stark, unbeschwert zu sein, obwohl es in unserem Inneren anders aussieht.

In vielen Fällen wird man uns aber doch anmerken, dass etwas nicht stimmig ist. Und unsere Stimmung wird in der Regel nicht besser, wenn wir von Dritten ohne Vorwarnung gefragt werden: „Sag mal, bist du heute nicht gut drauf?" Möglicherweise werden wir durch derartige Fragen auch erst auf Dinge aufmerksam, die uns bis zu diesem Moment nicht bewusst waren. In der Psychologie spricht man von „blinden Flecken". Wenn blinde Flecken angesprochen werden, ist das in der Regel nicht angenehm für uns, da offensichtlich etwas zum Ausdruck gekommen ist, was wir nicht zum Ausdruck bringen wollten, sondern lieber im Verborgenen gelassen hätten.

Auf der anderen Seite kann man es auch so sehen: Wenn blinde Flecken angesprochen werden, kann sich für uns ein Fenster in unsere verborgene Innenwelt öffnen. Wir können uns bewusst machen, was gerade in uns vorgeht oder vorgegangen ist. Wir hätten dann jetzt nach kurzer Innenschau die Chance zu sagen: „Ich glaube, du hast Recht." Das wäre dann vermutlich ehrlich und glaubwürdig. Stattdessen haben Sie sich eventuell auch schon einmal sagen hören: „Nee, wieso?" Die Reflexion bleibt dann aus.

> Unsere blinden Flecken sind das Fenster zum Verborgenen in uns.
>
> – Autor/in unbekannt –

Woran erkennen wir und andere eigentlich, ob Kommunikationsverhalten stimmig ist? Was geben wir alles unbewusst preis, wenn wir den Mund aufmachen? Was verraten unser Gesichtsausdruck, unsere Mimik, unsere Gestik, unser Blick, die Körperhaltung, unsere Wortwahl, unsere Übersprungshandlungen, unser Tonfall über uns im Alltag? Übersprungshandlungen sind übrigens i. d. R. unbewusste Verhaltensweisen aufgrund von bewusst verschwiegenen Dingen, z. B. fehlender Blickkontakt oder eine nicht zur Wortwahl passende Mimik bei bewussten Lügen oder Halbwahrheiten. Wir müssten in der Beherrschung von Mimik und Gestik und in der Schauspielkunst schon sehr weit fortgeschritten sein, um solche Signale vermeiden zu können bzw. unsere wirkliche Stimmung zu überspielen.

Dazu ein einfaches Beispiel: Sie fragen Ihre Kollegin/Ihren Kollegen ehrlich interessiert, ob sie/er heute mit Ihnen zum Essen geht und erhalten die brüske Antwort: „Auf gar keinen Fall!" Was sagt die Kollegin/der Kollege in der Sache? Was sagt sie/er damit über sich selbst? Was sagt sie/er über die Beziehung zu Ihnen? Und welcher Appell an Sie ist mit dieser Antwort verbunden? Selbstverständlich können wir nur mutmaßen, aber welche Eindrücke drängen sich Ihnen auf?

Die Aussage auf der Sachebene lautet: Ich gehe heute auf keinen Fall mit dir essen! Über sich selbst könnte sie/er durch den Tonfall zu verstehen geben: Ich bin genervt, gestresst! Eventuell meint sie/er auf der Beziehungsebene: Mit dir auf keinen Fall! Der Appell an Sie könnte lauten: Lass mich in Ruhe! Oder sogar: Frage mich nie wieder!

Eventuell hören Sie aber auch etwas ganz anderes heraus. Was wir nämlich aus einer solchen Antwort heraushören, liegt ausschließlich an uns, der Zuhörerin/dem Zuhörer. Wir haben unsere speziellen (empfindlichen) Ohren und unsere speziellen Interpretationsmuster. Da wir aber nie ganz sicher sein können, was die Sprecherin oder der Sprecher gerade wirklich meinte oder sagen wollte, ist es in den meisten Fällen ratsam, nachzufragen, um nicht Opfer der eigenen Phantasie bzw. seiner spontanen Annahmen oder Interpretationen zu werden.

Die inneren Stimmen wollen ernst genommen werden

Das Geheimnis ganzheitlicher Kommunikation liegt, wie dieses Beispiel zeigt, in der Bewusstheit bzw. in der Achtsamkeit für die Vorgänge im eigenen Inneren, und zwar als Sprecherin oder Sprecher und als Zuhörerin oder Zuhörer, und im Mut, diese inneren Wahrnehmungen respektvoll zu hinterfragen und in die Kommunikation einzubeziehen. Ganzheitliche Kommunikation bezieht die innere Kommunikation der verschiedenen Stimmen in uns in die Kommunikation mit der Außenwelt, mit anderen Menschen ein. Die Kommunikation in der Außenwelt ist vollständig abhängig von der Art und Weise, wie unsere inneren Stimmen miteinander umgehen. Wer sich dessen nicht bewusst ist, übersieht potentielle Konfliktfelder in und mit sich selbst sowie mit anderen.

> Nur der Mensch, der wahrhaft mit sich selbst umgeht,
> vermag es auch gegen andere zu sein.
> – Karl Christian Ernst von Bentzel-Sternau –

Mit der Reise nach innen wird uns mehr und mehr bewusst: Wer sich selber z. B. unter Druck setzt und sehr kritisch mit sich ist, sich eventuell selber beschimpft, läuft immer Gefahr, es mit anderen Menschen in vergleichbaren Situationen auch zu tun. Wer ständig in seinem Inneren unter Vorwürfen leidet, sich innerlich nicht wehren kann, sich innerlich beschimpfen lässt, Angst vor der eigenen Courage hat, wer ständig wie ein Kaninchen vor der (inneren) Schlange sitzt, der wird auch in der äußeren Welt große Schwierigkeiten haben, sich zu wehren, auf sich aufzupassen und seine Belange und Rechte durchzusetzen. Wer ständig einen inneren Zwiespalt spürt, hin- und hergerissen ist, sich nicht entscheiden kann, wem schnell alles zu viel ist, wer eine starke Belastung spürt, weil innere Ansprüche und Widersprüche sie/ihn lähmen, die oder der wird auch in Gesprächen mit anderen Menschen keine klaren Positionen einnehmen können.

> Nur wer innerlich klar ist, kann nach außen überzeugen.
> – Sabine Fasse –

Respektvolle, faire, gleichberechtigte Gespräche mit anderen Menschen setzen respektvolle, faire, gleichberechtigte innere Dialoge voraus. Wer sich selbst ernst nimmt, innere Stimmen ausreden lässt und versucht, einen inneren Ausgleich zu finden, wird sich auch im Alltag in vergleichbaren Situationen mit anderen Menschen entsprechend verhalten. Wer von Gesprächspartnern wirklich verstanden werden möchte, wird auch eher in Vorleistung gehen und versuchen, seine Gesprächspartner zu verstehen und sich dafür gedanklich in deren Welt begeben, nachfragen, zuhören, hineindenken, nachvollziehen. Mit einem solchen wachsenden Verständnis für die Welt des anderen ist es in der Regel eher möglich, Verständnis für eigene Anschauungen und Denkweisen zu bekommen.

Einen Konflikt zwischen Gesprächspartnern kann man als Widerstreit zwischen deren derzeitigen Bedürfnissen definieren. Wer kommt jetzt zu seinem Recht bzw. wessen Bedürfnisse kommen jetzt zu ihrem Recht? Wer sich seiner inneren Bedürfnisse bewusst ist und die Bedürfnisse anderer erfragt oder erspürt, kann in einen Dialog einsteigen und wird nicht anderen Menschen die Schuld dafür geben, wenn die eigenen Bedürfnisse zu kurz kommen, sondern sich selber aktiv um deren Befriedigung kümmern.

Wenn wir beispielsweise gerade jetzt mehr Zuwendung, Beachtung, Wertschätzung oder Anerkennung benötigen und wir uns das zunächst einmal selbst eingestehen, können wir nach Lösungen schauen. Bisweilen tun wir nämlich im Alltag unglaubliche Dinge und gehen weite Umwege, um zu unseren Streicheleinheiten zu kommen. Auch wenn wir es uns selten eingestehen, aber nahezu alle Menschen versuchen in einem mehr oder weniger großen Maß mit einem versteckten Plan ihre inneren Ziele und Hoffnungen zu erreichen. Wir sagen in der Regel nicht geradeheraus, was wir brauchen und was wir denken. Dazu gehört z. B. auch, dass Menschen in Scharen freiwillig in eine Art Hamsterrad steigen, nur weil es ihnen von innen betrachtet wie eine Karriereleiter vorkommt (Graffito) und sie sich die ersehnte innere Anerkennung und das ersehnte innere Selbstwertgefühl davon versprechen. Wie schön erscheint es doch, wenn man glaubt, sich besser vorkommen zu können als andere Menschen im eigenen Umfeld.

Genauso absurd wäre es, wenn beispielsweise eine Filmleinwand, die ja nur Projektionsfläche ist, sich als etwas Besseres vorkommen würde, nur weil auf ihr im Vergleich mit einer anderen Filmleinwand, die wertvollen, mit Preisen versehenen Filme präsentiert werden und nicht die einfachen, z. T. auch schlechten, billigen Filme spielen und sie sich aus diesem Grund genau darum bemühen würde, dass auf ihr nur die wertvollen Filme präsentiert werden. Beide Leinwände sind im Zweifel von gleicher Qualität. Zu ihren jeweiligen Einsatz können und konnten sie nichts beitragen.

So ähnlich ist es auch mit dem inneren Wert von Menschen. Vor Gott sind alle gleich!

Henri J. M. Nouwen schreibt dazu in „Was mir am Herzen liegt" (25), Seite 130: „Die drei Antworten, nach denen wir im Allgemeinen – aber nicht notwendigerweise – leben, lauten: Wir sind, was wir tun. Wir sind, was andere über uns sagen, und wir sind, was wir haben. Oder anders gesagt. Wir sind unser Erfolg, wir sind unser Ansehen, wir sind unsere Macht. Es ist wichtig, sich die Zerbrechlichkeit und Anfälligkeit eines Lebens, das von Erfolg, Ansehen und Macht abhängt, vor Augen zu halten." Und weiter: „Der Verlust unseres Arbeitsplatzes, unseres Ansehens, unserer Gesundheit hängt vielfach mit Gegebenheiten zusammen, die sich unserer Kontrolle entziehen." Mit anderen Worten: Wir sind mehr als das, wozu die Welt uns macht. Wir sind mehr als das, wozu wir uns in der Welt machen oder machen lassen.

Das Hamsterrad macht einen kaputt, scheinbar attraktive Lebensziele fordern einen hohen Preis: Den Verlust des Selbst! Durch den Weg nach innen entdecken wir zunehmend, dass wir selbst über eine innere Stimme und über das Potenzial verfügen, uns selbst zu trösten, aufzubauen und wertzuschätzen. Diese Stimme ist leider manchmal vorübergehend verschüttet und muss wieder freigelegt werden.

Das meiste, was uns fehlt, finden wir in uns selbst.

– Norbert Stoffel –

Selbstverständlich können wir Menschen in unserer Umgebung auch direkt bitten, uns sprichwörtlich oder wirklich in den Arm zu nehmen. Wir dürfen uns dafür nur nicht zu schade sein. Umarmungen sind – übrigens auch bei Politikerinnen/Politikern – könnte man (fast) sagen, der neue Handschlag, wenn Menschen Sympathie zeigen wollen. Auf die Bedeutung von Umarmungen wollen auch Menschen hinweisen, die z. B. auf öffentlichen Plätzen mit großen Schildern „kostenlose Umarmungen" anbieten. Psychologinnen und Psychologen sowie Medizinerinnen und Mediziner weisen mehr und mehr darauf hin, dass Umarmungen dem Immunsystem helfen, Depressionen lindern und Stress reduzieren. Vermutlich haben viele Menschen gerade in Stresssituationen die heilsame Wirkung von Umarmungen auch bereits erlebt. Entweder als Umarmende/Umarmender oder als Umarmte/Umarmter.

Viel unangenehmer ist es dagegen, wenn z. B. Meinungsgleichheit oder die erwünschte Zustimmung zur eigenen Meinung durch uns mit rhetorischen Mitteln und körpersprachlichen Signalen erzwungen werden soll. Bei Suggestivfragen und offensichtlichem Buhlen um Zustimmung wehren wir uns fast automatisch.

Wer sich selbst ernst nimmt und vertraut, kann auch wieder lernen, sich auf andere „Welten" einzulassen

Wer sich selbst ernst nimmt und vertraut, kann auch wieder lernen, sich auf andere „Welten" einzulassen. Um wie vieles spannender, aufschlussreicher und gehaltvoller wären viele Gespräche und um wie vieles tiefer wären manche Kontakte und Beziehungen, wenn wir uns auf uns und auf andere stärker einlassen könnten? In diesem Zusammenhang verweise ich auf den Abschnitt „Kräfte aus der Stille" in diesem Buch, Seite 49, insbesondere auf den Themenbereich des situationsgerechten Verhaltens.

Mit Selbstempathie können wir uns unsere eigenen Bedürfnisse bewusst machen. Fremdempathisch können wir die Bedürfnisse der/des anderen hinter ihrem/seinem Verhalten erspüren. Nur so können wir bewusst entscheiden und miteinander erörtern, was jetzt angesagt ist. Gespräche bekommen wieder eine Ebene, auf der alle Gesprächspartner mehr zu ihrem Recht kommen. Probieren Sie doch einmal aus, wie Ihre Freunde, Bekannten oder auch Familienmitglieder reagieren, wenn Sie ehrlich interessiert Fragen stellen wie:

„Was hat dir als Kind besonderen Spaß gemacht? Was hat dich die Zeit und alles um dich herum vergessen lassen?"

„Was hat dir Angst gemacht, dich verunsichert oder auch irritiert als Kind? Gab es etwas, was du unbedingt ein zweites Mal vermeiden wolltest?"

„Wovon hast du als Kind geträumt? In welchen Rollen oder Situationen hast du dich als Erwachsene/Erwachsener gesehen?" „Was hat dich geprägt? Wer war ein Vorbild für dich?"

„Welchen Teil deiner Prägung empfindest du als positiv und welcher Teil behindert dich deiner Meinung nach heute eher?"

„Wofür würdest du dich heute am ehesten in Politik, Kirche oder Gesellschaft engagieren?"

Wenn Sie sich selbst in die Antworten einbeziehen oder auch anfangen, von sich zu erzählen, können sich sehr interessante, aufschlussreiche Gespräche entwickeln. Karin Seethaler beschreibt in „Zum Einklang finden mit sich und anderen" (20) auf Seite 161 eine wichtige Kommunikationsregel: „Der, der spricht, spricht von sich. Diese Regel gewährleistet, dass der Sprecher tatsächlich bei sich und seinen Empfindungen bleibt. Er lässt an seinem inneren Erleben teilhaben, so wie er selbst möchte und kann. Es gibt dabei kein richtig oder falsch."

Nähe, Wärme, Anteilnahme entstehen in einer Weise, wie es bei oberflächlichen Gesprächen nicht möglich ist. Wir begeben uns als Zuhörerin bzw. Zuhörer vorübergehend in die Welt des Sprechers und lassen uns auf ihre bzw. seine Welt ein. Das ist die wichtigste Voraussetzung, uns selbst und andere Menschen weiter kennen und verstehen zu lernen. Wenn wir uns wirklich auf Gespräche einlassen, werden wir nicht dieselben bleiben, dann wird auch an uns Veränderung geschehen. Nähe, Wärme, Anteilnahme, Verständnis werden zunehmen und wir erkennen, wie häufig wir bereits voreilig geurteilt haben.

Die regelmäßige Meditation macht all das leicht möglich, wenn wir uns genügend Zeit geben. Wie soll es auch anders gehen? Wenn wir unsere Haltung uns selbst gegenüber nicht verändern, wird sich für uns auch in unserer Außenwahrnehmung und Außenwirkung nichts ändern. Mit dem regelmäßigen spirituellen Weg nach innen, ändern sich die Dinge in uns Schritt für Schritt so, wie es möglich ist und nicht so, wie wir es uns gerade jetzt in einer speziellen Situation vorstellen. Wer sich selbst beobachtet wird feststellen, dass sich die Wünsche an einen selbst täglich ändern (können). Die jeweils neuen Wünsche lassen die wichtigen Wünsche von gestern sofort wieder in Vergessenheit geraten, siehe dazu „Kräfte aus der Stille", Seite 49. Wir steigen quasi raus aus dem Hamsterrad und rauf auf die Himmelsleiter! Uns wird bewusst, wo wir stehen und welchen neuen Weg wir vor uns haben. Franz von Sales formulierte es so:

> Eine halbe Stunde Meditation ist absolut notwendig – außer wenn man sehr beschäftigt ist.
> Dann braucht man eine ganze Stunde.
> – Franz von Sales –

O. M. Aivanhov (1900-1986), bulgarischer Weisheitslehrer formulierte es so: „Um sich selbst zu erkennen und zu wissen, wo man steht, ist es ein gutes Kriterium, die eigenen Worte zu überprüfen: „Plaudere ich leichtfertig? Ist das Gesagte zusammenhanglos, übertrieben, selbstsüchtig oder böswillig? Nachdem ihr euch so selbst analysiert habt, überwacht euch. Bevor ihr sprecht, fragt euch, aus welchem Grund ihr den Mund öffnet: Ist es um wohl zu tun oder um jemanden irrezuführen, mit ihm abzurechnen, ihn zu demütigen und damit die Begierden der niederen Natur zu befriedigen? Wenn Letzteres zutrifft, schweigt lieber! Ganz allgemein ist es besser, weniger zu reden als zu viel. Oft werden die Menschen durch das gesprochene Wort auf niederen Entwicklungsstufen festgehalten."

Die regelmäßige Meditation ist der Weg und das Ziel! In Übereinstimmung mit der inneren Verfassung ist es leichter, die richtigen Worte zu finden, unabhängig davon, ob man von sich und seiner Verfassung spricht, im Gespräch auf andere Menschen eingeht oder ihnen Feedback anbieten möchte. Schon Max Frisch schrieb:

> Man sollte die Wahrheit dem anderen wie einen Mantel hinhalten,
> dass er hineinschlüpfen kann –
> nicht wie ein nasses Tuch um den Kopf schlagen.
> – Max Frisch –

Wer in diesem Sinne in Übereinstimmung mit seiner inneren Verfassung spricht, braucht Feedbackregeln, wie z.B.: „Sprich in Ich- nicht in Du-Botschaften" und andere, nicht mühsam auswendig zu lernen oder deren Anwendung zu trainieren, er oder sie wendet diese quasi automatisch und ganz natürlich an. Er oder sie sagt dann zum Beispiel in aller Ruhe: „Ich fühle mich jetzt unfair behandelt!" und nicht: „Du bist unfair!". Die Aussage „Du bist unfair" beinhaltet einen Vorwurf und provoziert den Widerspruch oder eine Rechtfertigung, während die erste Formulierung Offenheit über die innere Wirkung signalisiert und die sogenannte Schuldfrage außen vor lässt.

> Wahrheit ohne Mitgefühl kann Liebe zerstören.
>
> – Haim Ginott –

Lassen Sie folgende Geschichte abschließend auf sich wirken, sie zeigt die Zusammenhänge großartig auf (Verfasser/in unbekannt).

Ein alter Mann saß vor den Toren einer Stadt. Alle Menschen, die in die Stadt gingen, kamen an ihm vorbei. Ein Fremder blieb stehen und fragte den alten Mann: „Du kannst mir sicher sagen, wie die Menschen in dieser Stadt sind?" Der Alte sah ihn freundlich an: „Wie waren sie dort, wo du zuletzt warst?" „Freundlich, hilfsbereit und großzügig. Sehr angenehme Menschen.", antwortete der Fremde. „Genau so sind sie auch in dieser Stadt!" Das freute den Fremden und mit einem Lächeln ging er durch das Stadttor. Später kam ein anderer Fremder zum alten Mann. „Sag mir Alter, wie sind die Menschen in dieser Stadt?" Der Alte fragte auch ihn: „Wie waren sie dort, wo du zuletzt warst?" „Furchtbar! Unfreundlich und arrogant." Der alte Mann antwortete: „Ich fürchte, so sind sie auch in dieser Stadt!"

Die Menschen um uns, scheinen eine Art Spiegel für unsere eigene Verfassung zu sein. Im Grunde sieht man immer nur sich selber. Und das gilt generell auch z. B. für Bücher, die man liest.

> Jeder Leser ist, wenn er liest, ein Leser nur seiner selbst.
>
> – Marcel Proust –

Bücher scheinen manche Menschen nur dann zu interessieren und für sie gut zu sein, bzw. von ihnen als gut bewertet zu werden, wenn sie ihre eigenen Meinungen, Ansichten oder Ahnungen bestätigen und/oder sie sich mindestens nicht persönlich angegriffen oder provoziert fühlen, auch wenn sie in ihren Umwegen und Sackgassen bestätigt werden. Und das gilt auch für das große Buch des Lebens. Umwege und Sackgassen sind im Leben nicht ausgeschlossen, auch sie können schließlich helfen, den richtigen Weg zu finden. Mit der regelmäßigen Meditation sind neue Erkenntnisse nicht mehr zu verhindern.

Und das ist das eigentliche höhere Ziel der Kommunikation: zu weiteren Erkenntnissen zu kommen und das gerade auch in Konfliktsituationen!

Konstruktive Konfliktlösungen – In der Dialog treten statt im Dreieck springen!

Wie häufig sind Sie, liebe Leserin, lieber Leser schon im Dreieck gesprungen? Wer im Dreieck springt ist nach landläufiger Meinung wütend, empört, ist hin- und hergerissen, ist ein Stück weit außer sich oder jedenfalls kurz davor oder könnte sprichwörtlich „verrückt werden". Und damit sind wir bei dem eher als unangenehm empfundenen Teil der Kommunikation.

Aber woher kommt der Ausdruck „im Dreieck springen" genau und was ist damit gemeint? Laut diverser Hinweise im Internet soll diese Redewendung auf einen speziellen Gefängnisbau von Friedrich Wilhelm IV. Mitte des 19. Jahrhunderts zurückgehen. Dieser Gefängnisbau sah so ganz anders aus, als alle anderen bisher. Hier durften die Gefangenen nicht in Gemeinschaftsräumen zusammentreffen. Für den Freiluftgang hatte jede und jeder Gefangene seinen eigenen, separaten dreieckigen Innenhof. In der Psychologie finden wir allerdings noch eine weitere Antwort bzw. Begründung für die Redewendung, genauer gesagt in der Transaktionsanalyse.

Dort spricht man im Zusammenhang mit Konflikten und destruktivem Konfliktverhalten sogar vom Dramadreieck, um zu verdeutlichen, dass es typische Verhaltensmuster gibt, die nicht nur nicht zu Lösungen in Konflikten beitragen, sondern die Sache verschlimmern und erst zu einem richtigen Drama und auch zum Chaos führen können. Sehen wir uns das – stark verkürzt – an einem praktischen Beispiel aus dem Familienleben an.

Der ohnehin schon genervte Vater platzt nach einem offensichtlichem Versehen seines gerade schulpflichtigen Kindes mit der brüsken Bemerkung heraus: „Mensch, pass doch auf, jetzt hast du alles verschüttet!" Psychologisch nimmt der Vater mit diesem Vorwurf die Verfolgerrolle ein, das Kind läuft weinend in sein Zimmer und wird damit psychologisch in dieser Situation zum Opfer. Der Einstieg in das Dramadreieck ist „gelungen". Zwei Rollen sind vorerst besetzt.

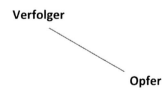

Nun lassen wir die Mutter erscheinen, die nur das weinende Kind sieht, sich kümmert, in den Arm nimmt und tröstet. Die Mutter übernimmt damit die Retterrolle, das Kind bleibt in der Opferrolle.

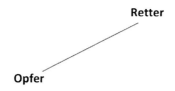

Alle drei Rollen des Dramadreiecks sind nun belegt, das Drama nimmt seinen Lauf. Nachdem die Mutter den Sachverhalt aus Sicht des Kindes erfasst und sich das Kind durch die tröstenden Worte und ein paar Süßigkeiten wieder etwas beruhigt hat, nimmt sich die Mutter den Vater entrüstet vor, z. B. durch Vorwürfe wie: „Wie kannst du mit dem Kind so schimpfen? Ist dir noch nie etwas Ähnliches passiert? Du bist unmöglich!" Mit diesen Vorwürfen wird die eben noch tröstende Mutter von der Retterin des Kindes zur Verfolgerin des Vaters. Und der Vater, eben noch Verfolger des Kindes, wird zum Opfer. Der erste Rollenwechsel hat stattgefunden. Das Drama steht vor seinem Höhepunkt.

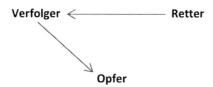

Jetzt erscheint das Kind wieder und erkennt, was mit dem Vater passiert. Einen traurigen Vater möchte das Kind auch nicht sehen, daher tröstet das Kind den Papa z. B. mit den Worten: „Ach Papa, sei nicht traurig, so schlimm war es doch gar nicht und Mutti hat das auch nicht so gemeint!" Damit wird das Kind zum Retter des Vaters, der Vater bleibt Opfer. Und damit der finale Rollenwechsel perfekt ist, bekommt die Mutter von ihrem Kind auch noch ein paar Takte mit auf den Weg, z. B.: „Wie konntest du mit Papa so schimpfen, das solltest du nicht. So schlimm war es doch auch nicht!" Das Kind wird zum Verfolger der Mutter und diese landet in der Opferrolle.

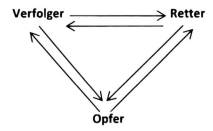

Abb. 2: Dramadreieck

Im schlimmsten Fall beginnt das Spiel nun von vorne, der Vater tröstet die Mutter und korrigiert, ermahnt das Kind, doch so nicht mit der Mutter zu sprechen.

Verhalten im Dramadreieck (Abbildung 2) ist gegeben, wenn alle drei psychologischen Rollen besetzt sind und schnelle wiederholte Rollenwechsel stattfinden. Die Beteiligten springen im Dreieck: Der Vater, zunächst Verfolger des Kindes, wird zum Opfer der Mutter, als solches dann vom Kind gerettet und schließlich zum Retter der Mutter und zum erneuten Verfolger des Kindes. Die Mutter, zunächst Retterin des Kindes, wird zur Verfolgerin des Vaters und schließlich, durch die Vorwürfe des Kindes, selbst zum Opfer. Das Kind, zuerst Opfer, wird zum Retter des Vaters und dann zum Verfolger der Mutter.

Dieses einfache Beispiel macht deutlich, dass in das Dramadreieck nicht nur Wut und Ärger führen, sondern auch das Gegenteil davon, nämlich Niedergeschlagenheit, Hilflosigkeit und beleidigt sein ebenso wie unangemessene und übertriebene Hilfsbereitschaft. „Ich wollte doch nur helfen!" drückt eine bekannte Form der (vorübergehenden) Ratlosigkeit aus. Es ist wichtig, darauf hinzuweisen, dass alle drei Rollen destruktives Verhalten bedeuten. Die Wahrscheinlichkeit ist sehr groß, das am Ende alle Beteiligten vorübergehend gar nicht mehr miteinander sprechen – alle sind Opfer geworden – insbesondere, wenn man sich vorstellt, dass in konkreten Fällen, anders als in dem Beispiel nur kurz ausgeführt, nicht nur einzelne Sätze fallen, sondern diese verstärkt werden durch Äußerungen wie: „Immer dasselbe mit dir! Immer du! Genau wie dein Vater/deine Mutter! Ich habe dir das schon hundert Mal gesagt! Es hat keinen Zweck mit dir! Du bist und bleibst unmöglich!" u. u. u. – eine Provokation führt zur nächsten, es eskaliert – das bekannte Null-Summen-Spiel.

Es ist in der Realität auch völlig gleichgültig, ob man mitbekommt, warum mit jemandem geschimpft wird. Wenn die Verfolger- und die Opferrolle besetzt sind, bleibt einem hinzukommenden Dritten, wenn er nicht aufpasst, nur die Retterrolle und damit beginnt das Spiel im Dramadreieck. Vorsicht ist geboten, wenn zwei sich streiten, sicherheitshalber sollte man sich heraushalten. Nicht selten haben sich sogenannte Streithähne urplötzlich schon mit einander verbunden, wenn sich ein Dritter einzuschalten versucht. Der Retter, der versucht als Schlichter zu wirken, wird Teil des Konfliktes und läuft Gefahr, zum Opfer zu werden.

> Wenn zwei sich streiten, sollte der Dritte gehen.
>
> – Anke Maggauer-Kirsche –

Beispiele dieser Art haben, auch wenn sie so aus jeglichem Zusammenhang herausgerissen geschildert werden, doch eine Vorgeschichte, die man nicht außer Acht lassen darf. Der Vater war vermutlich bereits genervt – warum auch immer – das Kind wollte eventuell nur helfen und zeigen, was es schon kann, um gelobt, beachtet, geliebt zu werden und die Mutter war möglicherweise auch bereits im Stress, eventuell sogar mit dem Vater. Insofern kam ihr der Streit zwischen Vater und Kind eventuell gerade recht, da sie nun weiter Ärger gegenüber dem Vater abbauen konnte. Zur Vorgeschichte gehört vermutlich auch, dass wir diese Konfliktverläufe und die Rollen in Konfliktsituationen bereits von Kind an von unseren Eltern und aus der Schule kennen, damit verinnerlicht haben und geprägt sind und eben diese Prägung nicht so einfach ablegen können. Ebenso hat das Kind in dem Beispiel das typische Rollenverhalten vermutlich nicht das erste Mal erlebt und wird es mit der Zeit verinnerlichen, wenn das nicht bereits geschehen ist.

Aufgestaute Gefühle, die wir im Zweifel wie innere Rabattmarken „geklebt" haben, Wut, Traurigkeit etc. brauchen irgendwann ein Ventil. Der letzte Tropfen bringt das Fass sprichwörtlich zum Überlaufen. Anders ausgedrückt: Es menschelt, es menschelt überall und wir leiden selber am stärksten darunter. Verfolger ärgern sich nicht selten hinterher über sich selbst, Opfer wollen Genugtuung, werden zu Rächern und … ärgern sich hinterher ebenfalls. Rettern ergeht es nicht anders. Auch sie werden in ihrer Retterrolle dem einen gegenüber fast zwangsläufig zu Verfolgern anderen gegenüber und ärgern sich am Ende genauso, weil sie sich „dummerweise" eingemischt haben. „Warum habe ich mich überhaupt eingemischt?" „Ich habe es doch nur gut gemeint!" ist eine nicht selten zu hörende, verzweifelte Frage bzw. Rechtfertigung.

> Nichts zeigt die Größe eines Menschen so sehr,
> wie sein Verhalten zu den Sünden anderer.
> – Aurelius Augustinus –

Hinterher, wenn sich alles beruhigt hat, weiß man i. d. R. selbst, dass „die Pferde wieder mit einem durchgegangen sind" und dass man unüberlegt gehandelt hat. Hinterher ist einem fast immer klar, dass man als Vater hätte anders reagieren können und müssen – Kinder wollen und müssen Dinge ausprobieren und dabei geht nicht immer alles gut – oder dass man als Mutter ebenfalls andere Handlungsalternativen nutzen sollte – trösten heißt nicht zwangsläufig, mit anderen zu schimpfen und diese ins Unrecht zu setzen. Theoretisch wissen wir fast alle, „jemandem Fehler und Verschulden vorzuhalten, baut fast immer eine unüberwindliche Mauer auf", so Henri Nouwen, „Leben hier und jetzt", (25), Seite 392. Theoretisch kann zumindest jede und jeder Erwachsene aus dem Dramadreieck aussteigen und deeskalierend wirken, theoretisch kann es jede und jeder! Was aber in der Theorie so einfach klingt, ist für Menschen, die auf Kampf und Flucht konditioniert sind, im wirklichen Leben nicht nur nicht so einfach, sondern nahezu unmöglich. Scheidungsraten, Kündigungen aus Frustration heraus, Brüche in Freundschaften, bei Nachbarinnen und Nachbarn und innerhalb der Verwandtschaft sprechen eine deutliche Sprache.

Konstruktives Verhalten in Konfliktsituationen beginnt mit Einsicht, mit Bewusstheit für eigene Anteile an eskalierenden Konfliktverläufen. Konstruktives Verhalten in Konfliktsituationen beginnt mit der Achtsamkeit für die aufgestauten Gefühle in einem selbst. Angst, Ärger, Wut, bittere Enttäuschungen, Verletzungen etc. verhindern reifes, ausgewogenes und wirklich situationsgerechtes Verhalten und können über den Kopf nicht gesteuert werden. Die Ursachen für die beschriebenen Dramen sitzen tiefer in uns. Lösungsansätze sind blockiert, rechtzeitiges Intervenieren bleibt aus, die eigene Haltung wird nicht oder zu wenig überdacht und reflektiert, das nachhaltige in sich Gehen bleibt auf der Strecke bzw. muss auf der Strecke bleiben. Mit unseren Gedanken erreichen wir nicht die notwendige Tiefe und wirkungsvollen Einsichten.

Dialogisches Gesprächsverhalten, sich in die andere oder den anderen hineinversetzen, verstehen wollen, Verständnis und Mitgefühl zeigen, selber ruhig aus dem Herzen sprechen ist nicht möglich, wenn unsere Nerven angespannt, wir in Rage sind und uns der Kragen platzt. Erst wenn Adrenalin und andere Stresshormone wieder abgebaut sind, können wir in Ruhe einigermaßen offen über alles reden. Wenn das Kind in den Brunnen gefallen ist, bleibt nur die nachträgliche Schadensbegrenzung, die Bitte um Nachsicht und der Vorsatz: „Das passiert mir nicht noch einmal!" Und es passiert doch, es passiert immer wieder. Wer in Rage ist, kann den Kopf nicht einschalten und schon gar nicht die Regeln dialogischen Gesprächsverhaltens einhalten. Gerade diese Regeln erfordern Selbstbeobachtung und Bewusstsein für das eigene Tun, Empathie, Achtsamkeit und Wohlwollen. Wer in Rage ist, nimmt keine Rücksicht mehr, kann nur noch schimpfen, angreifen, kämpfen (siehe auch: „Stress lass nach – den inneren Ankerplatz finden", Seite 73).

> Wir scheitern nicht an den Unzulänglichkeiten des anderen,
> sondern an unseren eigenen.
>
> – Walter Gunz –

Theresa von Avila schrieb zum Thema „Selbsterkenntnis und Selbstverständnis", in „Ich bin ein Weib – und obendrein kein gutes" (28), Seite 35: „Richten wir den Blick auf eigene Fehler und nicht auf die anderer; es ist immer eine Gefahr sehr rechtschaffender Personen, dass sie an allem Anstoß nehmen. Dabei könnten wir oft in wichtigen Dingen viel von dem lernen, über den wir uns aufhalten, mögen wir ihm auch in Haltung und Umgangsformen überlegen sein." Und weiter auf Seite 36: „Es wäre aber kein geringer Schaden und höchst bedauerlich, wenn wir versäumten, uns selbst zu erkennen und nicht wüssten, wer wir sind."

Was uns bleibt, ist die regelmäßige Meditation. Meditieren heißt Loslassen und meditieren heißt auch: Lernen, sich in Konfliktsituationen zurückzunehmen! Woher sollten Gelassenheit, Ausgeglichenheit und innere

Ruhe auch kommen, wenn wir unser Leben nach unrealistischen Glaubenssätzen wie zum Beispiel: „So etwas darf oder sollte nicht passieren!" „Man kann oder muss doch aufpassen!" „Mir passiert so etwas nie!" „Es gibt Dinge, die sind nun mal unmöglich!" ausrichten.

Durch die regelmäßige Tiefenentspannung in der Meditation kommen wir mehr und mehr zu uns selbst. Wir erfahren, dass wir loslassen können und dennoch getragen, gehalten bzw. wie eine Trapezkünstlerin oder ein Trapezkünstler im richtigen Moment aufgefangen werden. Wer durch die regelmäßige Meditation den Grund seines Seins erfährt, glaubt nicht mehr nur, er erfährt, dass wir dem Fänger vertrauen können (so Henri Nouwen in „Leben hier und jetzt" (27), Seite 22). Wir erfahren, dass wir aufgefangen werden und geborgen sind und unsere unrealistischen Glaubenssätze, die uns ersatzweise tragen und scheinbar Halt geben, getrost über Bord schmeißen können. Gerade dadurch nehmen wir mehr und mehr Gelassenheit, Ausgeglichenheit, Vertrauen und innere Ruhe mit in das Leben und in den Alltag. Wir lernen intuitiv Wesentliches von Unwesentlichem zu unterscheiden sowie situationsgerecht mit Herz und Verstand zu reagieren. Und wir erkennen die in den Konflikten liegenden, aber im Alltag schnell zu übersehenden, verborgenen Chancen der Selbsterkenntnis und der Weiterentwicklung. Selbsterkenntnis ist der erste Schritt zur Besserung. Unser Leben kann sich mit neuen Perspektiven auf einer höheren Ebene weiterentwickeln.

> Wenn Gegensätze eine Verbindung finden,
> entsteht eine besondere Einheit.
>
> – Karin Janke –

Unser Fenster zur Welt – Sehschlitz oder Panoramablick?

Unbestritten ist in der Psychologie, dass unsere Prägungen und Konditionierungen unsere Handlungsalternativen im Leben verengen oder weiten, ich habe bereits mehrfach darauf hingewiesen. Gebote, Verbote, Tabus und sogar unser generalisiertes Desinteresse bzw. unsere Ignoranz gegenüber bestimmten Themen, Dingen und Sachverhalten in der Welt machen uns gewissermaßen blind und führen dazu, dass wir manches nicht oder nicht vollständig wahrnehmen.

Sie können selber einen Test machen. Lesen Sie und mindestens drei weitere Personen eine bestimmte Zeitung eines genau festgelegten Erscheinungsdatums zum Beispiel genau 30 Minuten lang oder gehen Sie gemeinsam durch die Fußgängerzone ihrer Stadt und dann vergleichen Sie, was Sie entdeckt haben, was Sie angesprochen bzw. berührt hat und was bei ihnen Ärger ausgelöst hat. Sie werden feststellen, dass ihre Wahrnehmungen sehr individuell sind. Bezogen auf die Zeitungslektüre wird es eine Reihe von Überschriften, Anzeigen, Artikeln, Kommentaren, Bildern etc. geben, die Sie alle gelesen oder gesehen haben. Sie werden aber auch feststellen, dass jede bzw. jeder einzelne Wahrnehmungen hat, die anderen nicht aufgefallen sind. Eventuell wundern Sie sich sogar darüber und bringen das zum Ausdruck: „Was, das hast du nicht gesehen?" Wundern Sie sich nicht. Sie haben anderes dafür nicht im Blick gehabt. Interesse steuert nun einmal die Wahrnehmung. Wir sehen nur, was wir sehen wollen oder können.

Tatsächlich ist es aber nicht nur unser Interesse, das unsere Aufmerksamkeit unbewusst steuert. Es ist unsere gesamte Prägung. So wie uns individuell Artikel und Überschriften in einer Zeitung auffallen, so stolpern wir oft wie durch ein Wunder über alte und neue Buchtitel, über Filme, Worte, Menschen, Plakate, Vorträge, Lesungen, Fernsehsendungen, Kunstausstellungen, Urlaubsangebote, Aufsteller in der Fußgängerzone, neue Sportangebote u. u. u. Auf der anderen Seite übersehen wir so unendlich viel. Unsere innere Prägung steuert uns, sie funktioniert quasi wie eine innere Programmierung und sorgt für den Wahrnehmungsfilter. Im schlimmsten Fall ist der Filter so gewaltig, dass für die intuitive Wahrnehmung zu wenig oder gar kein Raum bleibt. Und wir benötigen beide Wahrnehmungen bzw. Steuerungen, die intuitive und die durch Interessen und Prägung erlernte, um uns im Leben schnell und problemlos zurechtzufinden.

Die Weite unseres Blickes ist durch unseren Filter sehr unterschiedlich. Kinder sehen noch sehr viel mehr. Alles ist neu für sie. Sie stolpern über Kleinigkeiten, die wir als Erwachsene nicht mehr wahrnehmen. Und sie machen uns aufmerksam und fragen nach. Irgendwann ist uns die offene Sicht verloren gegangen. Bei manchen Menschen mehr, sie betrachten die

Welt gewissermaßen wie durch einen Sehschlitz, bei manchen weniger, sie konnten sich im Idealfall sogar den Panoramablick erhalten.

Dabei hat der Blick wie durch einen Briefkastenschlitz nach draußen für manche Menschen scheinbar durchaus Vorteile. Wer nichts Neues sieht, braucht sich mit Neuem nicht auseinanderzusetzen, wird durch neue Informationen und Eindrücke nicht verunsichert, muss nichts dazu lernen, kann sich in seiner kleinen Welt einrichten und es sich scheinbar gemütlich machen. Es ist wie in einer persönlichen Komfortzone, wir fühlen uns sicher – aber es wird im Laufe der Zeit immer enger! Die Gefahren geschlossener Weltbilder bestehen in gravierendem Realitätsverlust. Man wendet sich von großen Teilen der Außenwelt ab und sieht nur noch die Dinge, in denen man Bestätigung findet. Die eigene Wirklichkeit, die sich bekanntlich bei jedem Menschen von der Realität unterscheidet, wird vollständig zu einem eigenen Märchen. Dieser enge Blick führt auf Dauer zu einem Weg in ein inneres Gefängnis, in dem auch dann die Gedanken endgültig nicht mehr frei sind. Die Verschlossenheit erlebt ihre Vollendung.

> Die Welt ist nicht größer als das Fenster,
> das du ihr öffnest.
>
> – Weisheit aus Deutschland –

Und das gilt sowohl für das äußere wie das innere Fenster. Der offene Panoramablick dagegen nimmt umfassend wahr mit einem großen Interesse, ohne Ängste und ohne Vorbehalte aufnahmebereit für das, was die innere und die äußere Welt einem selbst bietet. Hinter dem Panoramablick steht ein entsprechend offener Geist und das Bewusstsein, dass es noch viel zu lernen und Interessantes zu unternehmen gibt und die innere Landkarte vervollständigt, ergänzt und auch berichtigt und von Irrtümern befreit werden muss. Mit einem offenen Geist und einem offenen Blick sehen wir vor allen Dingen nicht nur die jeweiligen negativen Gegebenheiten, sondern auch die positiven. Was aber noch wichtiger ist, wir sehen nicht nur die Gegebenheiten, sondern auch die unzähligen Möglichkeiten und Gelegenheiten um uns herum.

Das ist der entscheidende Unterschied: Die Welt ist fast immer voller Möglichkeiten, wir müssen sie nur wahrnehmen. Wer die Welt der vielen Möglichkeiten nicht sieht, dem steht nur der bereits eingeschlagene

Weg zur Verfügung. Und dieser eingefahrene Weg besteht im Wesentlichen aus der täglichen Routine und darin, wenn eine solche nicht vorhanden ist, bei Neuem z. B. die jeweiligen Gegebenheiten zu beschreiben und im schlimmsten Fall auch noch negativ zu kommentieren. Neue Handlungsmöglichkeiten und große Chancen bleiben im Verborgenen und werden vergeben. Nicht selten landet man endgültig in einer Sackgasse und es bleibt nur die Variante, die negativen Gegebenheiten zu beklagen, zu lamentieren und unter ihnen zu leiden. Wie in der Geschichte „Der schwarze Punkt" (siehe Seite 83) wird der Raum der ungenutzten Möglichkeiten nicht wahrgenommen. Man hält das durch seinen Sehschlitz Wahrgenommene für die gesamte Welt. Es gilt wieder zu lernen, den Blick zu weiten und die Welt neu zu betrachten.

Den Schlüssel dazu haben wir mit der regelmäßigen Meditation in unseren Händen. Wir müssen uns nur noch die Erlaubnis geben, diesen Schlüssel zu benutzen. Das christliche Ruhegebet oder das Herzensgebet reißen den Vorhang dabei nicht auf einmal komplett hoch, sondern nur Stück für Stück, damit wir uns langsam an die neue Sicht gewöhnen können! Und dieser Schlüssel funktioniert auch noch im höheren Alter. Wer in der zweiten Lebenshälfte entdeckt, was sie bzw. er in der ersten Lebenshälfte nicht wahrgenommen hat, kann sich von Irrtümern befreien und Schritt für Schritt quasi ein neues Leben beginnen. Dieses neue Leben wird bisweilen wie ein richtiges Erwachen beschrieben, man versteht selber nicht mehr, wie man bisher so blind sein konnte.

Meditierende erkennen leichter eingefahrene Denk- und Interpretationsmuster sowie übernommene, stark einschränkende Glaubenssätze und irrige Annahmen und die sich daraus ergebenen Denkfallen. Und sie erkennen Lösungen, die zunächst hinter den Problemen und dem alten Denken versteckt schienen. Auch im Alter wirken neue Erkenntnisse entlastend und befreiend. Meditierende bleiben länger lernfähig (siehe Manfred Bacher „Die Dimensionen des Seins entdecken" (3)). Mit einem offenen Geist und einem offenen Blick sehen wir weitaus mehr und es ergeben sich neue Handlungsmöglichkeiten. Die scheinbare Wahl zwischen zwei schlechten Alternativen ist leider manchmal auch auf einen zu engen Blick zurückzuführen. Fragen wie: Was soll ich nur machen? oder: Was hätte ich denn machen sollen? stellen sich dann nicht mehr.

Durch die regelmäßige Meditation erweitern wir unseren Blickwinkel und reduzieren den verhängnisvollen toten Winkel, den wir als Autofahrerin oder Autofahrer alle kennen. Wir verhindern dadurch brenzlige Situationen und schwere Unfälle, meistern den Alltag, kommen stressfreier ans Ziel und bereichern und erleichtern unser Leben mit neuen Erkenntnissen und neuen Handlungsmöglichkeiten. Und damit komme ich zum nächsten Thema – zu den Chancen der Lebensübergänge. Wer mit Lebensübergängen starke Probleme bekommt, hat in der Vergangenheit vermutlich auch einen zu engen Blick auf das Leben gehabt. Auch wenn es möglicherweise provozierend wirkt, bei Lebensübergängen haben wir die Chance, psychologisch zu wachsen.

Und plötzlich weißt du:
Es ist Zeit, etwas Neues zu beginnen
und dem Zauber des Anfangs zu vertrauen.

– Meister Eckhart –

Lebensübergänge fordern uns heraus

*Nicht so sehr auf die Übergänge kommt es an,
sondern auf die Menschen und deren Fähigkeiten,
mit Übergängen umzugehen.*

– Ars Vivendi (Lebenskunst) –

Im Rahmen der Thematik Lebensübergänge und Umgang mit Veränderungen werden in der Psychologie üblicherweise zwei Grundtypen unterschieden: risikominimierende Menschen und chancensuchende Menschen. Die einen bauen Deiche, wenn die Winde der Veränderung drohen, sie lehnen Veränderungen ab, befürchten eher Verschlechterungen, sehen überwiegend Risiken und halten an dem aus ihrer Sicht Bewährten fest – sogenannte Bewahrer – die anderen, die chancensuchenden Menschen bauen Windmühlen, um die Winde der Veränderung zu nutzen, streben Verbesserungen, Erneuerungen an und verstehen sich als Motoren des Fortschritts – sogenannte Veränderer.

Der Unterschied liegt in der Einstellung dieser Menschen und damit verbunden, in ihrer jeweiligen Denkweise. In der Psychologie, genauer gesagt, in der kognitiven Verhaltenstherapie, gilt der Satz: Es sind nicht die Dinge an sich, die unsere Gefühle auslösen, sondern unsere jeweiligen Gedanken in dem Zusammenhang! Ich habe ihn bereits mehrfach zitiert. Was wir denken, bestimmt unser Gemüt und unsere Verfassung. Bei den chancenorientierten Menschen finden wir eher Gedanken des Aufbruchs und Haltungen wie ...

> Nichts ist so beständig wie der Wandel.
>
> – Heraklit von Ephesus –
>
> Auf der Welt gibt es nichts, was sich nicht verändert,
> nichts bleibt (ewig) so, wie es (einst) war.
>
> – Dschuang Dsi –
>
> Genau in dem Moment, als die Raupe dachte, die Welt geht unter,
> wurde sie zum Schmetterling.
>
> – Peter Benary –
>
> Die Schlange, welche sich nicht häuten kann, geht zugrunde.
> Ebenso die Geister, welche man verhindert, ihre Meinungen zu wechseln;
> sie hören auf, Geist zu sein.
>
> – Friedrich Wilhelm Nietzsche –

Das ganze Leben ist für chancensuchende Menschen voller Veränderungen. Übergänge sind das Leben, sind geregelte und geplante, bewusste Schritte von einer Lebensphase in eine andere. Sie sind erwünscht, auch herbeigesehnt, z. B. der Schulabschluss, der Beginn der Berufsphase, des Studiums, die Hochzeit, die Familiengründung, der Auszug der Kinder aus dem Elternhaus, das altersbedingte Ende der Berufsphase! Übergänge sind für diese Menschen Chancen zu einem neuen, spannenden Aufbruch in eine neue Zeit, in eine neue Welt voller ungeahnter Möglichkeiten, auf den sie sich ganz besonders freuen. Stillstand ist für sie Langeweile. Sie leben nach dem Motto: „Höre niemals auf, anzufangen und fange niemals an aufzuhören!"

Anders verhält es sich mit abrupten Übergängen, mit sogenannten Lebenseinbrüchen, mit unvorhergesehenen Schicksalsschlägen, z. B. lange unverschuldete Arbeitslosigkeit insbesondere im etwas höherem Alter, Tod einer Angehörigen oder eines Angehörigen, Scheidung, schwerer Unfall oder schwere Krankheit. Sie werden verständlicherweise als Katastrophe, Einbruch, als Ende, als Abschluss erlebt! Die Welt bleibt für Betroffene stehen! Die Frage lautet, wie soll es weiter gehen? Auch mit diesen Situationen kommen allerdings chancenorientierte Menschen vielfach besser zurecht!

Die Haltung von risikominimierenden Menschen ist vollkommen anders. Sie haben eher Angst vor Veränderungen, bewahren lieber das Vorhandene mit den auch ggf. erlebten Nachteilen, denn es könnte ja noch schlimmer kommen! Sie erleben daher auch die vorhersehbaren Lebensübergänge eher als (Ein-)Brüche, hatten oder haben eher Angst vor der Einschulung, vor dem Beginn der Berufsphase, vor Bindung und später vor dem Auszug der Kinder aus dem Elternhaus oder dem Ende der Berufstätigkeit bei Erreichung der Altersgrenze. Risikominimierende Menschen unterscheiden weniger nach Übergängen und (wirklichen) Schicksalsschlägen bzw. subjektiv erlebten Lebenseinbrüchen. Sie benötigen in beiden Situationen neuen Halt und Stärkung sowohl in der Phase großer Trauer oder Niedergeschlagenheit als auch danach. Bei ihnen finden wir eher warnende Stimmen und Haltungen wie …

> Das Leben ist voller Risiken, Übergänge sind Stationen vor dem freien Fall.
>
> – Autor/in unbekannt –
>
> Ich dachte, es wird schlimm und es kam noch schlimmer.
>
> – Autor/in unbekannt –
>
> Schlangen, die sich zu häufig häuten, sterben ebenfalls.
>
> – Autor/in unbekannt –

Unabhängig davon, welche Vor- und Nachteile diese verschiedenen Einstellungen zu Veränderungen mit ihren unterschiedlichen Ausprägungsgraden für die Einzelne oder den Einzelnen haben, sind beide Ausrichtungen für die Gesellschaft insgesamt von großer Bedeutung. Gäbe es ausschließlich typische chancensuchende Menschen, würden ständige Neuerungen und Veränderungen eine Gesellschaft vermutlich völlig überfordern, auch die Verwaltungen kämen nicht hinterher, wahrscheinlich gäbe es gar keine. Ein geordnetes Miteinander wäre kaum möglich. Auf der anderen Seite würde eine Gesellschaft mit ausschließlich risikominimierenden Menschen sich nicht oder kaum weiterentwickeln. Neuerungen würden weitaus weniger umgesetzt, die Gesellschaft träte auf der Stelle. Gerade die Auseinandersetzung zwischen chancensuchenden und risikominimierenden Menschen trägt vermutlich zur einigermaßen ausgeglichenen Entwicklung bei. Für die risikominimierenden Menschen ist sie vermutlich immer noch zu schnell und zu unüberlegt, für chancensuchende Menschen vermutlich zu langsam, zu zögerlich und zu vorsichtig. Die Konflikte zwischen diesen unterschiedlichen Ansätzen ziehen sich gleichermaßen durch das Privatleben der Menschen und bestimmen ebenso die Auseinandersetzung in Politik und Gesellschaft.

> Die ganze Menschheit teilt sich in drei Klassen:
> Menschen, die unbeweglich sind, die beweglich sind,
> und die sich bewegen.
>
> – Sprichwort aus Arabien –

Wer erlebt auch Übergänge eher als Einbrüche?

An den Lebensübergängen werden die Unterschiede deutlich. Welche Menschen sind eher gefährdet, auch Übergänge als Einbrüche zu erleben? Nach meinen Erfahrungen sind es drei Konstellationen, die zusammen eine Gefährdung bewirken. Sehen wir uns das am Beispiel der Erreichung der berufsbezogenen Altersgrenze an – die Rente/Pension rückt näher:

Zunächst sind eher Menschen betroffen, denen Strukturen im Leben, also Aufgaben, Pflichten, Ziele, Regeln, Ordnung und Sicherheit wichtiger sind als die Dynamik des Lebens, z. B. Freiheiten, Chancen, Herausforderungen, Wahlmöglichkeiten, alternative Wege zum Ziel. Typische Halt gebenden Strukturen entfallen gerade auch bei Erreichung der berufsbezogenen Altersgrenze, was nun? Unvorbereitete risikominimierende Menschen erwachen nach der Berufsphase fast zwangsläufig in einer Situation, in der sie sich als Opfer empfinden, niedergeschlagen, traurig, planlos, nicht wissend, wie es nun weiter gehen soll. Besonders betroffen sind häufig Alleinstehende. Manchen Menschen ist das aber auch bereits am Ende der Berufsphase bewusst. Loslassen fällt ihnen sehr schwer.

Dann trifft es auch pflichtbewusste, angepasste, „artige", fremdgesteuerte Menschen. Sie fliegen typischerweise aus ihrer Komfortzone, weil es ihnen im Arbeitsleben besonders wichtig war, nach klaren Vorschriften zu arbeiten bzw. alles gesagt bzw. vorgegeben zu bekommen. Ihre Schlüsselfrage lautete: „Sage mir, was ich soll – nicht was ich könnte! Die Verantwortung hast nämlich am Ende du!" Sie brauchen i. d. R. Vorgaben und Anweisungen und scheuen eher davor oder lehnen es sogar ab, selber Verantwortung zu übernehmen.

Und dann sind da die Menschen, die ich als Einfach-Fallschirmspringer bezeichne, weil sie in ihrem Leben lediglich mit einem Fallschirm unterwegs sind. Sie haben in ihrem bisherigen Dasein z. B. ausschließlich festen Halt durch ihre berufliche Rolle und Aufgabe gefunden. Weiteren Halt u. a. durch die Familie, durch Freunde und Bekannte, durch Hobbys/Aufgaben, Pflichten und sonstige Interessen oder durch den Glauben gab es nicht oder kaum bzw. spielte keine entscheidende Rolle. Nun fehlt der eine Fallschirm – was nun? Der freie Fall droht, der Boden scheint unter den Füssen weggerissen zu sein. Freundliche Hinweise wie: „Mach doch erst einmal eine Reise, suche dir eine andere Beschäftigung, gehe in einen Verein." fallen zunächst kaum auf fruchtbaren Boden.

> Wer mit seiner Arbeit verheiratet ist, geht im Alter nicht nur in Rente, sondern verliert gleichzeitig noch seinen langjährigen Liebespartner.
>
> – Autor/in unbekannt –

Wer freut sich eher auf neue Lebensphasen?

Welche Menschen sind eher weniger gefährdet, bzw. bei welchen Menschen ist eine eventuelle Trauerphase i. d. R. deutlich kürzer?

Da sind zunächst die gestaltenden, kreativen, neugierigen, interessierten, positiv denkenden Menschen zu nennen. In der Transaktionsanalyse sind das die bereits genannten Menschen mit einem ausgeprägten freien „Kind-Ich". Sie suchen die neuen Chancen, nutzen die neuen Möglichkeiten, sind eher Lebenskünstlerinnen oder Lebenskünstler, haben Muße, Spaß am Leben, sind lebensbejahend, teilweise auch etwas chaotisch, können sprichwörtlich „fünfe gerade sein lassen", sehen die Welt voller Möglichkeiten, sind immer bereit, etwas Neues anzufangen. Sie haben immer wieder gute Ideen und keine Angst vor Langeweile – 70 ist das neue 50, können alles auf sich zukommen lassen, können loslassen, können sich manchmal aber auch schwerer einordnen.

Auch typische Verstandesmenschen nehmen die neue Herausforderung eher an, wägen ab, überlegen, orientieren sich, probieren aus, lassen sich inspirieren, bereiten sich auf die neue Lebensphase vor. Sie übernehmen auch in dieser neuen Situation die Verantwortung für sich selbst.

Kaum Probleme mit Lebensübergängen haben auch die Menschen, die in ihrem Leben ständig gleichzeitig mit mehreren Fallschirmen unterwegs sind, die sogenannten Spezial-Fallschirmspringer – sie haben nicht nur Reservefallschirme dabei, sondern werden immer gleichzeitig von mehreren Hauptfallschirmen getragen – übrigens auch nicht, wenn es eher pflichtbewusste, angepasste, fremdgesteuerte Menschen sind. Sie haben neben dem beruflichen Halt auch weiteren inneren Halt z. B. durch Aufgaben und Pflichten in der Familie, sie haben ihre Hobbys und weiteren Interessen, sie haben Freunde und Bekannte, all das gibt auch äußere Sicherheit. Möglicherweise haben sie auch ihren Glauben, und damit besondere innere Werte, innere Zuversicht, und Vorstellungen von der Zukunft und auch von dem Ende ihres Lebens. Sie freuen sich auf die Chancen einer neuen Lebensphase. In jedem Fall gilt im übertragenen Sinn: Je mehr Fallschirme desto besser!

Wenn wir an dieser Stelle eine statistische Normalverteilung unterstellen, ist vereinfacht vermutlich von folgender Verteilung in unserer Gesellschaft auszugehen: Bis zu einem Drittel der Betroffenen haben entweder ein hohes Maß an Selbstverantwortung und/oder gehören zu den sogenannten Sonntagskindern bzw. sind geübte Spezial-Fallschirmflieger. Ein weiteres Drittel ca. kommt irgendwie zurecht, schafft es auf seine Art, bereitet sich mehr oder weniger vor oder erfolgreich nach. Das verbleibende Drittel schafft es nach einer gewissen Durststrecke zum Teil auch mit fremder Hilfe. Nur ein geringer Teil dieser Gruppe, vermutlich unter 10 %, hat große Probleme, verliert seine innere Mitte, greift z. T. auch zum Alkohol und braucht wirklich professionelle Hilfe.

Was kann Menschen in Übergängen stärken?

Was kann Menschen in Übergängen stärken? Was können sie selber für sich oder als Freundin bzw. Freund, Bekannte bzw. Bekannter oder Familienangehörige bzw. Familienangehöriger tun, um andere Menschen aufzufangen? Wichtig ist hier noch einmal der Hinweis: Nicht jeder oder jedem kann ohne Therapie geholfen werden, der Anteil liegt vermutlich aber unter 10%, und auch Therapien helfen nicht immer.

Sollten Sie, liebe Leserin, lieber Leser Hilfe benötigen, sprechen Sie mit Menschen, die sie stärken, Ihnen Hilfen zur Selbsthilfe geben können, gehen Sie im Zweifel zum Arzt. Auch wenn es zunächst hart klingt, die Verantwortung haben Sie als Betroffene/Betroffener, nicht eine eventuell helfende Begleiterin oder ein eventuell helfender Begleiter!

Als helfende Begleiterin/helfender Begleiter sollte man sich unbedingt vergegenwärtigen: Betroffene stärken heißt, ihnen helfen, sich selber wieder zu fangen und zu stabilisieren. Natürlich ist es besonders erfüllend, wenn die/der Betroffene sich wieder fängt und sie ihr bzw. er sein neues Leben in die eigene Hand nimmt. Aber auch wenn das im Einzelfall nicht gelingt, haben Sie als Begleiterin/Begleiter nicht versagt. Vor den sogenannten psychologischen Rollen als Retter, Verfolger oder Opfer muss gewarnt werden. Ehepartner sind für Retter-, Opfer- oder Verfolgerrolle besonders anfällig, erst kümmert man sich, dann hagelt es Vorwürfe, am Ende bedauert man sich selbst! Daher sollte man sich in derartigen Situationen als Begleiterin oder Begleiter die (eigene) Prägung und die eventuelle psychologische Rolle, in der man sich befindet, bewusst machen: Wie sehe ich die Situation und wie geht es mir damit? Welche Erwartungen, Hoffnungen hatte/habe ich? Was ist meine Motivation? Wie gehe ich mit der Situation um und wieso gehe ich eigentlich so und nicht anders damit um? Brauche ich selber möglicherweise therapeutische Hilfe in dieser Situation?

Als helfender Begleiter sollte man auf keinen Fall zu früh intervenieren. Die Trauerphase ist für Menschen in derartigen Situationen wichtig. Die erste Frage für Begleiterinnen und Begleiter lautet daher: Wie kann ich Betroffene auffangen und ihnen vorübergehend Halt geben? Die Antwort lautet: zuhören, zuhören, zuhören, Verständnis zeigen, Verständnis zeigen, Verständnis zeigen! Betroffene Menschen können sich in dieser Phase nicht selbst Mut und Zuversicht zusprechen oder Unterstützung geben. Dies ist zwar noch keine Lösung, aber häufig der erste Schritt.

Wie kann man als Begleiterin oder Begleiter Betroffenen helfen, sich die eigene momentane Verfassung bewusst zu machen und sie zu verändern? Um eine Situation zu verändern, muss sie zunächst angenommen/akzeptiert werden! Kann man mehr und mehr zur „Lebenskünstlerin" oder zum „Lebenskünstler", zu einem freien Geist, wenigstens zum lebensbejahenden, chancensuchenden Menschen werden? Ja, man kann, möglich ist es, jedenfalls teilweise, auch wenn Anlagen und Prägungen schwer bzw. gar nicht verändert werden können. Neue Verhaltensweise können geübt werden.

Elisabeth Kübler-Ross (1926-2004), Psychiaterin, war eine der bekanntesten Sterbeforscherinnen unserer Zeit. Sie befasste sich mit dem Tod und dem Umgang mit Sterbenden, mit Trauer und Trauerarbeit. Den typischen Verlauf der persönlichen Trauer beschrieb sie ziemlich genau, u. a. auch graphisch mit der bekannten und nach ihr selbst benannten Kübler-Ross-Kurve (Abb. 3, Seite 163). Auch im Rahmen des betrieblichen Veränderungsmanagements findet diese Darstellung Anwendung.

Die Veränderung löst zunächst einen Schock aus, sehr verkürzt dargestellt. Die Energie fällt nach der Phase des Nichtwahrhabenwollens, des Widerstandes ab. In dieser Phase haben Menschen zu nichts mehr Lust. Sie müssen durch ein Tal der Tränen, bevor sie wieder Mut fassen und sich langsam in der neuen Welt zu Recht finden. Erst in dieser Phase, nachdem das Tal der Tränen durchschritten ist, ist es ratsam, die Menschen zu weiteren Schritten zu ermuntern. Erst jetzt werden sie im weiteren Zeitverlauf langsam wieder offener für eigene konstruktive Aktivitäten.

Neue Gedanken leiten dann ein neues Leben ein. Die Gedanken drehen sich dann nicht mehr um die Fragen: Was fehlt mir? Was vermisse ich? Was macht mir Angst? Was soll ich jetzt nur machen? Es ist doch alles sinnlos! Sondern man ist zunehmend in der Lage, die Lebenssituation neu zu betrachten! Es tauchen dann Fragen auf wie: Welche Möglichkeiten ergeben sich nunmehr für mich? Welche Chancen habe ich jetzt? Was muss ich jetzt nicht mehr? Was habe ich lange vermisst und kann es jetzt nachholen? Was ist bisher zu kurz gekommen? Welche meiner Potenziale sind bisher ungenutzt geblieben? Welche Menschen oder welche Aufgaben interessieren mich? Wie gestalte ich mein neues Leben, meine neue Freiheit? Worin finde ich einen neuen Sinn in meinem Leben?

Übergänge sind psychologisch immer Chancen, sich seiner selbst im Hier und Jetzt bewusster zu werden und damit psychologisch zu wachsen. Es kann eine Art Reframing im Kopf stattfinden. Die neue Situation wird in einen neuen Rahmen gestellt. Es geht dann nicht mehr um einen Lebenseinbruch, sondern um einen neuen Aufbruch. Neue erhellende Erkenntnisse drängen sich auf. Die neue Situation erfordert ein neues Be-

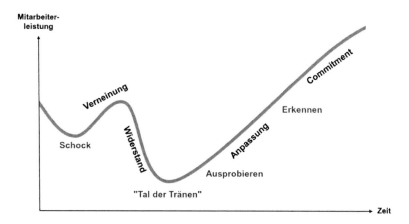

Abb. 3: Typischer emotionaler Verlauf bei gravierenden persönlichen Veränderungen

wusstsein, jetzt beginnt es zu reifen. Man erinnert sich daran, dass man bereits frühere Übergänge und Lebensphasen erfolgreich gemeistert hat und dass immer etwas Neues, sehr Positives entstanden ist. Der Herder Verlag hat 2017 das Thema „Lebensübergänge" in seiner Reihe „einfach leben", Hrsg. Dr. Rudolf Walter, sehr umfassend aufbereitet (29).

Ggf. wird einem auch klar, dass man die Situation besser hätte vorbereiten können. Und es kann einem klar werden, dass genau das nachholbar ist. Nach dem Motto: „Wenn mir z. B. vor 12 oder 6 Monaten, in den letzten Wochen meiner Berufstätigkeit schon klar gewesen wäre, was da auf mich zukommt, was hätte ich dann anders gemacht? Welche Weichen hätte ich anders gestellt? Wie hätte ich mich mental darauf vorbereitet?"

Hier und heute hindert mich i. d. R. nichts, die Dinge nachzuholen, die ich als Vorbereitung auf die neue Lebensphase unterlassen habe. In jedem Fall geht es darum, seine neuen, momentanen, eventuell auch schon seit Längerem vernachlässigten Herzensangelegenheiten zu ergründen.

Vermutlich drängt sich auch Ihnen, liebe Leserin, lieber Leser bereits der Gedanke auf, auch wenn Sie bisher über keine eigenen Meditationserfahrungen verfügen, dass regelmäßiges Meditieren, in sich gehen zur inneren Ruhe, zur inneren Sammlung führt und dadurch Ängste abgebaut und neue Antworten aus der Tiefe des Seins auftauchen werden. Der neue innere Halt wächst! Eventuell haben Sie sogar das Interesse gefunden, sich z. B. in Ihrer Kirchengemeinde nach regelmäßigen Meditationsgruppen in Ihrer Nähe zu erkundigen und sich diesen Gruppen anzuschließen. In Gruppen zu meditieren fällt vielen Menschen leichter, als es alleine daheim zu praktizieren. Und in Gesprächen mit anderen Menschen in ähnlichen Situationen fällt es vielleicht auch leichter, die eigenen Herzensangelegenheiten und damit einen neuen Lebenssinn zu finden. Auch unter www.kontemplation-in-aktion.de sind Gruppen über ganz Deutschland und Österreich zusammengefasst, denen man sich gut anschließen kann. Möglicherweise spüren Sie selbst die Energie und können den Impuls zur Gründung einer Meditationsgruppe geben.

„Das Wissen um eine Lebensaufgabe hat einen eminent psychotherapeutischen und psychohygienischen Wert. Wer um einen Sinn seines Lebens weiß, dem verhilft dieses Bewusstsein mehr als alles andere dazu, äußere Schwierigkeiten und innere Beschwerden zu überwinden!" So Viktor Emil Frankl (1905-1997, österreichischer Neurologe und Psychiater, Begründer der Logotherapie und Existenzanalyse („Dritte Wiener Schule der Psychotherapie")) in einem seiner bekanntesten Werke „Trotzdem Ja zum Leben sagen – Ein Psychologe erlebt das Konzentrationslager" (30) 1946. In diesem Buch schildert Frankl seine Erlebnisse und Erfahrungen im Konzentrationslager Auschwitz während des Zweiten Weltkriegs.

Das trotzdem Ja zum Leben Sagen geht auch aus folgenden bekannten Versen/Worten kraftvoll hervor:

> Wie jede Blüte welkt und jede Jugend dem Alter weicht,
> blüht jede Lebensstufe, blüht jede Weisheit auch
> und jede Tugend zu ihrer Zeit und darf nicht ewig dauern.
> Es muss das Herz bei jedem Lebensrufe bereit zum Abschied sein und Neubeginne.
>
> – Hermann Hesse –

Ich lebe mein Leben in wachsenden Ringen, die sich über die Dinge ziehn.
Ich werde den letzten vielleicht nicht vollbringen, aber versuchen will ich ihn.

– Rainer-Maria Rilke –

> Älterwerden ist wie auf einen Berg steigen.
> Je höher man kommt, desto mehr Kräfte sind verbraucht,
> aber umso weiter sieht man.
>
> – Ingmar Bergmann –

Die regelmäßige Meditation und die Erfahrungen der Transzendenz führen mehr und mehr dazu, trotzdem Ja zum Leben zu sagen. Die Kräfte aus der Stille bewirken einen anderen Blick auf das Leben und führen zum inneren Frieden und zu einem erfüllten Dasein. Und das bedeutet auch, man kann mit der Weisheit des Alters aus Elefanten Mücken machen!

> Mit der Weisheit des Alters kann man aus Elefanten Mücken machen.
>
> – Autor/in unbekannt –

Dem Leben eine neue Richtung geben

Immer wieder fragen sich Menschen – übrigens nicht nur anlässlich ihres bevorstehenden Renten- oder Pensionsbeginns – häufig bereits zwischen dem 45. und 55. Lebensjahr: „War es das jetzt? Ist das alles, was ich im Leben wollte? Geht es jetzt nur noch darum, das restliche Leben nach dem bisherigen Muster zu Ende zu führen und das Erreichte zu verwalten? Hatte ich mir das so vorgestellt? Kommt jetzt nichts Neues mehr?" Auch diese Fragen deuten an, dass ein Lebensübergang anstehen könnte. Manchmal kommen Fragen dieser Art wie aus heiterem Himmel, der Ruhestand ist noch lange nicht in Sicht. Bisweilen drängen sie sich auch auf, wenn die Kinder flügge werden oder gar das Elternhaus verlassen und endgültig einen großen Schritt in die Selbstständigkeit gehen, wenn man als Eltern nicht mehr so gefragt ist und einen neuen Lebensinhalt braucht. Die bisherigen Lebensinhalte haben die Erwartungen an ein glückliches Leben vielfach nicht ausreichend erfüllt. Haus und Garten sind bestellt, auf der Karriereleiter sind vielfach auch einige Sprossen gemeistert, der Freundes- und Bekanntenkreis abgesteckt – und dennoch bleibt die erwünschte große Erfüllung aus, Routine droht. Was soll jetzt noch kommen, was ist noch zu erwarten? Was könnte einen neuen Sinn ins Leben bringen?

> Die wichtigsten Fragen beantwortet man letztlich immer
> mit seinem ganzen Leben.
>
> – Sandor Marai –

Sind weitere berufliche Erfolge, ehrenamtliche Tätigkeiten – so sehr sie auch gebraucht werden – und Reisen – so vielversprechend sie auch sind – die einzigen Möglichkeiten? Werden sie die ersehnte Erfüllung bringen und zu einem gelingenden Leben beitragen? Werden sie allein in unserer Seele die innere Ruhe und Gelassenheit bewirken, die sie braucht, um zu sich zu finden und von äußeren Dingen unabhängiger zu werden? Fragen dieser Art kann nur jede und jeder für sich selbst beantworten. Renovierungsarbeiten und Umgestaltungen von Haus und Garten sind bald abgeschlossen und haben ebenfalls ihren Zauber verloren. Wie soll es weitergehen?

> Der Reisende in das Außen hängt von den äußeren Dingen ab,
> der Reisende ins Innere findet alles,
> was er sucht, in sich selbst.
> Dies ist die höchste Form des Reisens;
> armselig aber sind jene,
> die von den äußeren Dingen abhängen.
>
> – Laotse –

Erfüllung, innere Ruhe, innere Ausgeglichenheit und Unabhängigkeit, ein angst- und sorgenfreies Dasein ohne die immer wieder auftretende Befürchtung, etwas verpassen zu können, oder den permanenten Antreiber zu spüren, nichts verpassen zu dürfen, Muße statt Langeweile, ein achtsamer Umgang mit der Zeit ohne das ständige Bedürfnis zu haben, Zeit vertreiben zu müssen, nicht von einer Reise zur nächsten zu leben und die Zeit dazwischen fast zwanghaft nur zur Planung der nächsten Aktivität zu nutzen – wie soll das möglich sein?

Achten Sie doch einmal auf Ihr Selbstwertgefühl. Was passiert mit ihnen, wenn über Tage niemand anruft, eine Email oder sonstige Botschaft schickt, wenn Sie nichts vor, keine Termine haben, wenn nichts Besonderes anliegt, wenn Sie keine Post erhalten? Wie fühlen Sie sich dann? Viele Menschen möchten dieses unangenehme Gefühl der Verlassenheit am liebsten schnell wieder beenden und zu den Zerstreuungen und z. T. völlig unwichtigen Beschäftigungen zurückkehren. Das Gefühl, wichtig zu sein, dazuzugehören, jemand zu sein, entsteht offensichtlich nur mit entsprechenden Aktivitäten und Nachweisen im Terminkalender. Und genau da unterliegen wir einer Täuschung und falschen Konditionierung. Alles, was wir wirklich brauchen, finden wir durch die regelmäßige Meditation in uns selbst. Ich wundere mich häufig über Menschen, die in Gesprächen mit Freundinnen bzw. Freunden und Bekannten nach interessanten Reisen oder Tagesaktivitäten sehr schnell wieder davon erzählen, was sie demnächst wieder an Highlights vorhaben.

Die Zeit dazwischen scheint uninteressant zu sein und muss nur schnell überbrückt werden. Das Leben hier und jetzt im sogenannten Alltag scheint das Gespräch nicht wert zu sein. Ständig müssen Menschen etwas vorhaben, sich auf etwas Besonderes freuen, keine/keiner soll den Eindruck bekommen, man hätte Langeweile, man könne mit sich nichts anfangen. Muße scheint nicht nur nicht gesellschaftsfähig zu sein, Muße ist offensichtlich vielen Menschen völlig unbekannt. Den Tag zu genießen, im Hier und Jetzt zu leben, ein Leben aus dem wahren Selbst zu führen, mit sich im Reinen zu sein, wie soll das interessant, erstrebenswert und überhaupt möglich sein – kann es so etwas geben?

> Sorge nicht, wohin dich der einzelne Schritt führt:
> Nur wer weit blickt, findet sich zurecht.
>
> – Dag Hammarskjöld –

Die Antwort für ein erfülltes Leben liegt nicht allein im weltlichen Dasein. Die ausschließlich weltliche, menschliche Lebensführung hat immer das „Ich will" im Mittelpunkt. Das „Haben wollen", das „Erleben wollen", das „Machen wollen", das „Ausprobieren wollen", das „etwas Unternehmen wollen" wird niemals ein Ende haben – bzw. erst zur Ruhe kommen, wenn Krankheiten wie Herzinfarkt, Schlaganfall oder Krebsleiden ein Weitermachen verhindern und man frustriert feststellt: „Das ist es nicht!" Immer mehr Menschen interessieren sich daher für ein geistliches, für ein spirituelles Leben. Dag Hammarskjöld formulierte es so: „Nur wer weit blickt, findet sich im Leben zurecht."

Woher aber soll der Weitblick kommen? Wer ständig im Hamsterrad läuft, hat keinen Weitblick. Wer sich immer nur im tiefen Tal wähnt, dabei nur auf den nächsten Schritt achtet und auf den Boden schaut, hat keinen

Überblick. Weite braucht inneren Abstand, braucht innere Höhe, inneren Aufstieg. Weite braucht die innere Vogelperspektive.

> Wer durch sein Selbst das Ich bezwang,
> dem wird das Gottselbst Helfer, Freund;
> doch wo das Ich regiert, dort schweigt
> das Selbst, der innere Helfer, still.
>
> – Bhagavad Gita, 6. Gesang, Vers 6 –

Ein solcher Weitblick bedeutet nun aber keinesfalls, ein geistliches Leben als Nonne oder Mönch im Kloster führen zu müssen. Weitblick wächst bereits zunehmend, wenn wir unser übliches Leben dadurch „bereichern", dass wir täglich für 2 x 20 Minuten bereit sind, auszusteigen aus der Tretmühle und durch innere Sammlung und Meditation zu uns selbst kommen und innere Ruhe und höhere Bewusstheit über unsere Lebensführung erlangen. Es ist nicht erforderlich, sein Leben von heute auf morgen radikal umzustellen. Wir können zunächst alles so belassen, wie es ist und unser Leben wie gewohnt weiterführen. Durch die regelmäßige Meditation erlangen wir zunehmend Klarheit über das, was wir tun und über das, was für uns zukünftig unwesentlich oder wesentlich ist. Irgendwann werden wir Fragen wie: „Was mache ich da eigentlich täglich und warum? Was lasse ich mit mir machen? Wovon bin ich eigentlich abhängig und will ich das noch? Was passiert da um mich herum? In welcher Tretmühle stecke ich? Lohnt sich dieses Leben überhaupt?" nicht mehr ignorieren können und ganz sicher neue Perspektiven suchen.

> Ein spirituelles Leben entfernt uns nicht vom Leben,
> sondern führt uns tiefer in das Leben hinein.
>
> – Henri Nouwen –

Und Henri Nouwen schreibt dazu in „Leben hier und jetzt" (27), Seite 224: „Deshalb müssen wir wissen, dass unser emotionales Leben und unser geistliches Leben nicht dasselbe sind. Unser geistliches Leben ist das Leben des Geistes Gottes, des heiligen Geistes in uns." Durch die regelmäßige meditative Verbindung mit dem heiligen Geist in uns wird unser Leben gewissermaßen schleichend eine neue Richtung erhalten und eine tiefere Erfüllung erfahren – und … es wird niemals langweilig werden.

Reisen, Sport treiben, ehrenamtliche Tätigkeiten, Feste feiern, Theater- und Konzertbesuche und alle andere Dinge, die uns lieb geworden sind, werden bleiben, aber ein neues geistliches Fundament erhalten. Die Abhängigkeit von unseren äußeren Aktivitäten als Highlights nimmt ab, die Highlights werden vielleicht zu unseren Sahnehäubchen und wir können diese und den „Kuchen" darunter noch mehr genießen. Ohne dieses geistliche Fundament verspüren viele Menschen nach ihren Highlights, die mit einer besonderen Vorfreude verbunden waren, geradezu einen Energieabfall in sich, wenn diese vorbei sind. Im günstigen Fall hat man noch ein paar Tage gut von erlebten Events, kann ein wenig davon zehren, insbesondere wenn man anderen viel davon erzählen kann, erlebt man das Schöne noch einmal nach. Dann aber kommt die bekannte Leere, die Unzufriedenheit und etwas Neues muss her. Der Mensch möchte sich möglichst immer auf etwas freuen – Vorfreude ist die beste Freude für viele Menschen. Dabei steckt die Freude ständig in uns, sie muss nur entdeckt und auch im Alltag zugelassen werden.

> Das einzige, was du in deinem Leben wirklich verpassen kannst,
> bist du selbst, ist dein wahres Selbst.
>
> – Manfred Bacher –

Es ist zusätzlich ratsam, übrigens nicht nur in dieser Phase der anstehenden Neuorientierung, sich ausgiebig mit geistlicher Literatur zu beschäftigen. Einige Beispiele ergeben sich aus dem Literaturverzeichnis dieser Arbeit. Im Internet und im Fachhandel sind darüber hinaus viele Anregungen zu finden. Vieles, was während der Meditation an Erfahrungen, Gedanken und Gefühlen durchlebt wird, ist weit weniger personengebunden, als man gemeinhin meint. Wer wahrnimmt, dass er nicht allein mit bestimmten Verarbeitungserfahrungen, vorübergehenden Verunsicherungen etc. zu tun hat, fühlt sich sicherer auf seinem Weg. Gute geistliche Literatur ist eine wesentliche Stütze und wichtige Orientierungshilfe auf der Suche nach dem Wunderbaren. Letztlich, so Marcel Proust (1871-1922), französischer Schriftsteller und Sozialkritiker, Hauptwerk ist der siebenbändige Roman „Auf der Suche nach der verlorenen Zeit", lesen wir doch immer nur in uns selbst.

> Alle Bücher dieser Welt bringen dir kein Glück,
> doch sie weisen dich geheim
> in dich selbst zurück.
>
> – Hermann Hesse –

In gleicher Weise empfiehlt es sich, Gleichgesinnte in seinem näheren Umfeld zu suchen, um die Meditationserfahrungen in der Gruppe zu vertiefen und den direkten Austausch über bohrende Fragen mit „Weggefährtinnen und Weggefährten" zu nutzen. Auf die Internetseite www.Kontemplation-in-aktion.de habe ich bereits hingewiesen. Weitere Hinweise zum Herzens- bzw. Jesusgebet sowie zum Ruhegebet erhalten Sie, liebe Leserin, lieber Leser ebenfalls unter diesen Stichwörtern im Internet sowie in vielen Fällen auch über die örtlichen Kirchenbüros beider Konfessionen.

Ein Leben mit einem geistlichen Fundament gibt dauerhaften Halt und dauerhafte Geborgenheit. Die Erfahrung der Transzendenz stellt alle anderen Erfahrungen in den Schatten und wird zu einem unbefristeten und unbegrenzten inneren Fallschirm. Oberflächliche, irdische Erfahrungen unseres Alltagslebens stellen wahrlich nicht die letzten Erfahrungsebenen dar – sie sind als vorübergehend Halt gebende Ersatzfallschirme bestenfalls die unteren Stufen auf dem Weg zur göttlichen Dimension des Seins.

> Meere der Liebe schlummern in uns.
> Wenn sie durch die Meditation erweckt werden, beginnen sie zu wirken.
>
> – Kirpal Singh –

Den inneren Frieden finden

Solange du nicht Frieden machst mit der Person, die du bist,
wirst du niemals zufrieden sein mit dem, was du hast.

– Doris Mortman –

Max Weber (1864-1920) beschrieb das irdische Leben als eine Art Gefängnisdasein (siehe Gotthard Fuchs „Vom Göttlichen berührt – Mystik des Alltags" (31)): „Wir lebten ‚im stählernen Gehäuse der Immanenz'. Alles sei transzendenzlos verschlossen. Wir existierten ameisenhaft in einem Käfig – wuselig zwischen Wissen und Verwerten, zwischen Produzieren und Konsumieren, aber letztlich doch aussichtslos … !" In diesem Satz kommt die gesamte Hilflosigkeit zum Ausdruck. Wo ist der Weg zum inneren Frieden?

Die Schwestern des franziskanischen Gästeklosters, Haus Damiano, in Kiel, in dem meine Frau und ich regelmäßig gemeinsam mit anderen Teilnehmerinnen und Teilnehmern meditieren und die meine Arbeit sehr positiv begleiten, beschreiben den Weg in aller Kürze wie folgt: Regelmäßige Meditation mit dem Herzens- oder Jesusgebet heißt: Innehalten, zu sich kommen, Heilung zulassen, Akzeptanz finden mit dem eigenen Gewordensein, innere Versöhnung, inneren Frieden finden! Nichts Menschliches darf dabei übersprungen werden. Meditation ist eine Tröpfchentherapie – der Weg in die innere Freiheit.

Nimm dich selber wahr und wo du dich findest,
da lass dich; das ist das Allerbeste.

– Meister Eckhart –

Auf dem Weg nach innen darf nichts Menschliches übersprungen werden

Auf dem Weg nach innen darf nichts Menschliches übersprungen werden, schon gar nicht die unterschiedlichen Gefühlslagen. Unterschiedliche Gefühlslagen und Stimmungen sind etwas völlig Normales, Alltägliches. Unbeschwertheit und Beschwertheit mit den verschiedenen Abstufungen lösen sich in unserem Inneren ab. Mal sehen wir durch die eine Brille und alles erscheint grau in grau, und dann sehen wir plötzlich wieder durch eine andere Brille und die Welt erscheint uns himmelblau. Wer an diesem Phasenwechsel und insbesondere in grauen, traurigen oder ängstlichen Phasen am Menschlichen leidet, ist deswegen nicht krank. Innere Stimmungen sind Gefühlslagen und wechseln wie Mondphasen, Wetterlagen oder Gezeiten. Nichts ist so instabil wie Gefühlslagen. Pater Prof. Dr. Dr. Michael Platting drückt es in einem Vortrag zum Thema „Gemeinschaft und Individualität im Neuen Testament und bei Franz und Klara von Assisi" am 20.01.2018 in Kiel wie folgt aus: „Man kann Gott nicht finden, wenn man an sich vorbei lebt. Selbsterkenntnis ist die Voraussetzung, um letztlich auch Gott in seinem Herzen zu finden." Und weiter: „Die Antwort auf Gottes Ruf ist der bewusste Beginn eines persönlichen Umwandlungs- und Entwicklungsprozesses."

> Das sicherste Unterpfand unserer Menschlichkeit
> bleibt unser Mut zur Unvollkommenheit.
>
> – Manes Sperber –

Diese Gefühlslagen werden durch spezielle, sehr individuelle Auslöser hervorgerufen und aktivieren in unserem Inneren unverarbeitete, verdrängte Ereignisse, die uns im Alltag nicht mehr bewusst sind. In den meisten Fällen handelt es sich um belastende Erinnerungen aus der Vergangenheit, die wir nicht so ohne Weiteres loslassen können, weil wir diese Erinnerungen z. B. als Niederlagen, Verletzungen oder Erniedrigungen erlebt haben, die immer noch unverarbeitet an uns nagen.

Ein wesentliches Problem besteht wohl häufig darin, dass wir uns über die wirklichen Zusammenhänge nicht im Klaren sind. Auslöser und deren Wirkung auf die unverarbeiteten Dinge in der Tiefe unseres Inneren, machen wir irrtümlicherweise zum Hauptproblem. So machen wir fälschlicher Weise den Auslösern Vorwürfe, obwohl sie uns in Wirklichkeit helfen, innere Wunden nicht weiter zu übersehen und zu ignorieren. Plötzlich sind so die z. T. sehr unangenehmen, längst vergessenen Erinnerungen wieder präsent und weil wir nicht aufpassen und uns die Zusammenhänge nicht bewusst sind, geben wir dem Menschen, der Situation oder einer Gegebenheit, der bzw. die den Auslöser meistens doch völlig unbewusst oder unschuldig betätigte, die Verantwortung für unsere negative Stimmung. Es ist völlig sinnlos, sich über innere Vorgänge mit jemandem auseinanderzusetzten, die oder der diese Dinge „zufällig" losgetreten hat. Wer sich über die oder den Auslöser beschwert, schafft sich neben dem durch sie oder ihn ausgelösten Problem ein weiteres und läuft damit am eigentlichen Kern vorbei. Wir könnten dem Auslöser gewissermaßen auch „dankbar" dafür sein, da uns nunmehr wieder etwas bewusst geworden ist, was bisher verborgen in unserem Inneren schlummerte. Nunmehr können wir es von allen Seiten neu betrachten und endgültig loslassen. Loslassen heißt im Wesentlichen: Die Dinge niederlegen können, ohne sie als Niederlage betrachten zu müssen. Und das geht nur, wenn man sie einmal mit Abstand und in Ruhe von allen Seiten vollständig und neu betrachtet. Wir stehen uns gewissermaßen mit den unverarbeiteten Dingen in uns solange selber im Weg, bis wir sie losgelassen haben.

> Nur der findet Frieden, der nirgendwo anders sucht
> als bei sich selbst.
>
> – Israel ben Elieser –

Vermeintliche Niederlagen und Misserfolge hinterlassen solange sie nicht aufgearbeitet und losgelassen werden Spuren in unserer Selbsteinschätzung. Mathias Fischedick schreibt dazu bereits im Klappentext zu seinem Buch „Wer es leicht nimmt, hat es leichter – Wie wir endlich aufhören, uns selbst im Weg zu stehen" (32): „Jeder kennt die Gedanken, die uns im Alltag blockieren: Das schaffe ich nicht. Ich kann ja eh nichts ändern. Die anderen sind schuld. Ein solches Jammern ist zwar manchmal naheliegend, hält uns aber leider davon ab, unsere Potenziale zu nutzen und unsere Pläne in die Tat umzusetzen. Doch das muss nicht sein: Tief im Inneren verfügen wir alle über die nötigen Fähigkeiten und Ressourcen, um unsere Wünsche Realität werden zu lassen."

Einer Legende nach erzählten bereits die indigenen Völker Nordamerikas mit folgender bekannten Geschichte ihren Kindern von dem inneren Kampf in jedem Menschen, der hier zu Lande häufig auch als Kampf zwischen Engelchen und Teufelchen bezeichnet wird (Verfasser/in unbekannt). Eine Geschichte, die man nicht häufig genug hören kann.

Ein alter Indianer erzählt seinem Enkel folgende Metapher: „Im Leben eines jeden Menschen gibt es zwei innere Wölfe, die ständig miteinander ringen und kämpfen. Einer davon ist der Wolf der Dunkelheit, des Neides, der Verzweiflung, der Angst, der Feindschaft, des Hasses, des beherrschen und unterdrücken Wollens und des Misstrauens. Der andere ist der Wolf des Lichtes, der Liebe, der Güte, des Verständnisses, der Fürsorge, des Wohlwollens, der Lust und der Lebensfreude". Der Enkel schaut nachdenklich in die lodernden Flammen des wärmenden Feuers. Nach einer langen Weile fragt er seinen Großvater: „Und welcher der beiden wird gewinnen?" Der alte Indianer antwortet nach kurzer Überlegung: „Der, den du immer wieder fütterst!"

Wir können nur bearbeiten, was uns bewusst ist

„Was uns bewusst wird, können wir bearbeiten, was uns nicht bewusst ist, könnte eine tickende Zeitbombe sein", mahnte auch Carl-Friedrich von Weizäcker. Mit der regelmäßigen Meditation werden wir uns nicht nur unserer inneren unerschöpflichen Kraftquelle bewusst, sondern auch unserer inneren Baustellen, die darauf warten, durch die Kraftquelle bearbeitet und geheilt zu werden. Erinnerungen an vermeintliche frühere Niederlagen oder Erniedrigungen werden dann zu Erfahrungen, zu wirklichen Lerngeschenken, die uns helfen, die unerschöpflichen Kräfte in uns freizusetzen. Sportlerinnen und Sportler z. B. wissen um die Bedeutung ihrer Niederlagen und ziehen ihre konstruktiven Schlüsse daraus.

Theodor Fontane sagte dazu: Überlass es der Zeit!

> Erscheint dir etwas unerhört,
> bist du tiefsten Herzens empört,
> bäume nicht auf, versuch's nicht mit Streit,

> berühr es nicht, überlass es der Zeit.
> Am ersten Tag wirst du feige dich schelten,
> am zweiten Tag lässt du dein Schweigen schon gelten,
> am dritten Tag hast du's überwunden,
> alles ist wichtig nur auf Stunden,
> Ärger ist Zehrer und Lebensvergifter –
> Zeit ist Balsam und Friedensstifter.
>
> – Theodor Fontane –

Leider ist es nicht immer so einfach möglich, wie Theodor Fontane es ausdrückt. Bisweilen sitzen unverarbeitete Erinnerungen aus der Vergangenheit deutlich tiefer in unserem Unterbewussten fest. Spätestens wenn sie sich immer wieder scheinbar unaufgefordert melden, sind sie sehr mächtig und können die Gegenwart gewaltig belasten, auch wenn sie schon lange zurückliegen. Traurige, unglückliche, undefinierbare Gefühle und Fragen wie: „Was ist nur mit mir los?", „Was hab' ich nur?", „Was geht in mir vor?", „Warum fühle ich mich so schlecht?", „Warum, warum, warum …?" verhindern das bewusste Leben im Hier und Jetzt. Unverarbeitete Gefühle, große Ängste, nagende Schuldgefühle, bittere Enttäuschungen, eventuell sogar Traumatisierungen lassen uns dann nicht los und trüben die Wahrnehmung. Zeit ist Balsam und Friedensstifter, wenn wir die Zeit klug nutzen.

Gleiches gilt aber auch für vergangene Erfolgserlebnisse und besondere Glücksmomente. Auch sie können das Eintauchen ins Hier und Jetzt erschweren, wenn sie nicht als vorübergehende Situationen gewürdigt und losgelassen werden. Jeder Tag hält neue Herausforderungen bereit, die gemeistert werden wollen. Wer in der Vergangenheit verweilt oder bereits gedanklich in der Zukunft lebt, egal ob positiv oder belastend, ist im Hier und Jetzt nur mit halber Kraft präsent.

> Ich genieße alles dankbar, was von außen kommt,
> aber ich hänge an nichts.
>
> – Wilhelm von Humboldt –

Es ist so ähnlich wie mit unseren Smartphones. Auch im Smartphone sind zu viele offene Anwendungen eine Belastung für den Akkumulator (Akku). Prüfen Sie doch mal Ihr Smartphone. Sie müssten dafür ins Internet gehen und dann in der Fußzeile das Symbol mit den zwei hintereinanderliegenden, teilweise überlappenden Quadraten (ganz rechts) berühren. Sofort sehen Sie, wie viele Anwendungen derzeit geöffnet sind. Sie können alle getrost schließen und damit den Akku entlasten. Nichts geht verloren, alles kann bei Bedarf wieder geöffnet werden. Als ich diesen Schritt zum ersten Mal durchführte, waren dutzende Anwendungen in meinem Smartphone offen. Nunmehr wiederhole ich diesen Schritt wöchentlich.

Genauso ist es mit offenen Anwendungen in unserem Kopf oder Gefühlsspeicher. Aber wie schließt man offene Anwendungen im Inneren? Sie ahnen es, wer in der regelmäßigen Meditation das Loslassen lernt, befreit sich Schritt für Schritt von offenen, unverarbeiteten Erinnerungen in seinem Inneren und schließt Anwendungen aus seiner Vergangenheit mit zunehmendem innerem Frieden.

Wenn der innere Gefühlsspeicher voll ist mit belastenden Gefühlen, fällt es naturgemäß auch schwer, die Zukunft entspannt auf sich zukommen zu lassen. Die vielen Dinge, die dann in nächster Zeit anstehen und die erledigt werden müssen, werden als zusätzliche Belastungen empfunden und lösen weitere Ängste, zusätzliche Gefühle von Überforderung und Stress aus. Auch hier sind die vielen alten offenen Anwendungen im Kopf das Problem. Sie belasten unseren Akku und binden unsere Energien, die wir im Hier und Jetzt benötigen. Es hört sich so einfach an und muss dennoch von so manchem erst gelernt werden: „Mache eins nach dem anderen, Schritt für Schritt, konzentriere dich auf das, was du im Moment bewältigst und denke nicht an die nächsten und übernächsten Herausforderungen." Auch Sportlerinnen und Sportler müssen im Kopf frei sein und sollten weder bereits an das demnächst kommende Spiel denken noch sonst wie belastet sein, dann nämlich verlieren sie mit hoher Wahrscheinlichkeit das jetzige Match. Von Spiel zu Spiel denken, sagen die Trainerinnen und Trainer immer wieder.

Wohin mit den unangenehmen Gedanken und Gefühlen?

Unabhängig von den inneren Altlasten ist es von großer Bedeutung, mit den gegenwärtigen Widrigkeiten des Lebens konstruktiv umgehen zu können. „So vieles kann im Leben frustrierend sein. Da ist es besonders wichtig, richtig mit enttäuschenden und ärgerlichen Situationen umzugehen – oder sie erst gar nicht entstehen zu lassen", heißt es in einem Beitrag von Thomas Corrinth im DAK Magazin „praxis + recht" (33) für Unternehmen und Selbstständige in der Ausgabe 1/2018.

„Wieso musste gerade mir das jetzt passieren?" „Warum ich?" Die Fragen sind sicher auch nicht uninteressant, müssen aber nicht sofort gestellt werden und schon gar nicht voller Selbstmitleid. Doch wie können wir mit belastenden, leidvollen Gedanken heilsam umgehen? Wohin mit den unangenehmen Gedanken und Gefühlen? Wir haben oftmals nicht gelernt, mit den Schattenseiten unseres Lebens angemessen umzugehen. Das führt zu weiterer Erschöpfung und Überforderung sowie zusätzlich zu den schon vorhandenen belastenden Empfindungen, zu einem generellen Gefühl der Orientierungs- und Sinnlosigkeit. Der Weg in den Teufelskreis ist damit beschritten. Was wir brauchen ist eine gute Fähigkeit, die Dinge so zu nehmen, wie sie kommen oder wie sie sind und nicht gleich an ihnen zu verzweifeln. Der angesprochene Beitrag in „praxis + recht" zum Thema „Umgang mit Frustration" wartet daher auch gleich mit 8 Tipps auf, wie der konstruktive Umgang gelingen kann. Sie lauten:

1. *Sich an die eigene Nase fassen: Überprüfen Sie Ihre Grundeinstellungen, eventuell sind Sie zu streng mit sich und anderen. Tun Sie etwas für Ihre Frustrationstoleranz.*
2. *Reflektieren anstatt explodieren: Sammeln Sie sich, nehmen Sie Abstand, fragen Sie sich: Worum geht es eigentlich? Der Fachbegriff lautet: reflektierte Aggressionsbewältigung.*
3. *Bewegung tut gut.*
4. *Maßvoll konsumieren.*
5. *Weniger ist oft mehr: Frustration entsteht auch, wenn man sich zu viel zumutet oder schlecht nein sagen kann. Überprüfen Sie Ihr eigenes Verhalten.*
6. *Sich resistent schlafen: Schlafmenge und Schlafqualität haben einen enormen Einfluss auf unser Frustempfinden*
7. *Beziehungen pflegen.*
8. *Weiter so: Bleiben Sie am Ball und wer an sich arbeitet, sollte sich belohnen, auch bei dem vorgestellten Frust-Management. Arbeiten Sie mit Protokollen oder einem Tagebuch.*

Sicher sind das alles sehr gute Tipps, insbesondere die Hinweise: 1. sich an die eigene Nase fassen, 2. reflektieren statt explodieren, 5. sich weniger selber vornehmen, 6. sich resistent schlafen und 8. weiter so, am Ball bleiben – eines aber fehlt ganz sicher! Die eigene immer wieder zur Frustration führende frühkindliche Prägung, von der in diesem Buch schon so häufig die Rede war, kann durch derartige äußere Maßnahmen bestenfalls vorübergehend gemildert keineswegs aber endgültig so verändert werden, dass die persönlichen Stressoren nicht mehr ihr Unwesen treiben und in uns wirken. Was bei diesen Tipps fehlt, ist die Erkundungsarbeit im eigenen Inneren, in der eigenen Tiefe – die regelmäßige Meditation!

> Nicht weinen, nicht zürnen,
> sondern begreifen.
>
> – Baruch de Spinoza –

Durch die regelmäßige Meditation und die Erfahrung der Transzendenz lernen wir, neu zu begreifen. U. a. dadurch stärken wir die eigene Resilienz, die psychische Widerstandsfähigkeit und Frustrationstoleranz. Resilienz beschreibt die Fähigkeit, Probleme, Rückschläge, Widerstände, Konflikte etc. mit eigenen Ressourcen konstruktiv zu verarbeiten und zu bewältigen und zu lösen und nicht gleich als große Katastrophe oder Weltuntergang zu qualifizieren. Resilienz ist damit quasi unser mentales Immunsystem. Mit einem gesunden mentalen Immunsystem können wir die kleinen oder großen Rückschläge, Pannen, Fehlversuche, Unfreundlichkeiten und Frechheiten oder gar Respektlosigkeiten konstruktiv einordnen und uns selbst wieder aufbauen, uns Mut machen bzw. sogar verhindern, dass uns etwas empört, stresst und bis zur Mut- und Hilflosigkeit runterzieht. Besonders Fragen wie: „Wer weiß, wofür es gut ist?" oder „Wofür das wohl gut ist?" zeigen auf, dass jemand konstruktiv mit vermeintlich negativen Erfahrungen umgehen will und kann, auch wenn ihr oder ihm die Zusammenhänge im Detail überhaupt noch nicht klar sind. So gesehen macht Denken glücklich, wie Prof. Katharina Ceming und Christa Spannbauer in ihrem Buch „Denken macht glücklich – Wie gutes Leben gelingt" (34) schreiben.

> Für die Entwicklung eines Menschen sind die bitteren Stunden unerlässlich.
>
> – Konrad Adenauer –

Marianne Katterfeldt beschreibt in ihrem beachtenswerten Werk „Die Urschönheit des Menschen – der siebenstufige Weg" (35) die Bedeutung der inneren Sammlung und Meditation nach Emanuel Swedenborg, dem schwedischen Naturforscher und Seher (1688-1772) wie folgt (Seite 323 ff.): „Unabdingbar gehört aber zu der menschlichen Mitwirkung an der geistlichen Wiedergeburt auch die Bereitschaft, sich immer wieder von einem Verstricktsein in das äußere Leben zurückzuziehen, d. h. sich dem Inwendigen und der Stille zuzuwenden. In der heutigen Zeit, in welcher Eile, Lärm, und Veräußerlichung der Seelenkräfte einer zentrifugalen Bewegung aussetzen, ist es besonders wichtig, Wege zu finden, die zur inneren Sammlung und Stille führen."

Und Henri Nouwen, „Leben hier und jetzt" (27), beschreibt es folgendermaßen (Seite 224 f.): „(Anmerkung des Verfassers: Spätestens,) Wenn wir merken, dass unsere Gefühlslage umschlägt, müssen wir unseren Geist mit dem Geist Gottes verbinden und uns daran erinnern, dass das, was wir empfinden, nicht der ist, der wir sind. Mit anderen Worten, wir sind weit mehr als unsere Gedanken und Empfindungen. Wir sind nicht dazu verurteilt, hilflose Opfer unserer Gedanken und Stimmungen zu sein. Wenn es auch sehr schwer ist, unsere Gedanken und Stimmungen unter Kontrolle zu halten, können wir sie dennoch durch ein bewusstes spirituelles Leben allmählich zügeln und regulieren und uns davor schützen, aus Stimmungen heraus zu handeln."

Die regelmäßige Meditation, so unwahrscheinlich es auch klingen mag, verbessert die Qualität unseres (Da-)Seins und damit auch die unserer Gedanken und Gefühle. Sie ist der Gegensatz zur Zerstreuung und führt uns in unsere Mitte. Siehe hierzu den Abschnitt „Kräfte aus der Stille", Seite 49. Je mehr wir innerlich lernen loszulassen, desto mehr verringern sich die alten Sorgen sowie die sogenannten Scheinängste[1] – Siehe dazu: Manfred

---

[1] Die sogenannten Scheinängste sind Ängste vor nicht wesentlichen Ereignissen und Situationen, die aber wie echte, wirklich berechtigte Ängste erlebt werden. Diese Scheinängste werden von inneren Antreibern ausgelöst, z. B. die ständige Angst, zu spät zu kommen, auch dann, wenn es um nicht wirklich wichtige Termine geht (z. B. bei gemeinsamen Frühstücksrunden mit Kolleginnen und Kollegen oder Kaffeerunden in der Großfamilie) oder auch die ständige Angst, nicht perfekt genug zu sein, auch wenn die Perfektion im Einzelfall nicht von Bedeutung ist (z. B. der Pflegestand im eigenen Vorgarten oder die Perfektion der Kaffeetafel bei privaten Gästen). Die psychischen

Bacher: „Die Dimensionen des Seins entdecken" (3), Seite 49. und desto mehr durchschauen wir die Denk- und Gefühlsfallen, die wir uns im Laufe der Zeit unbewusst angewöhnt haben und die meistens unbemerkt mehr und mehr zu einem inneren Gefängnis geworden sind.

Wer sich selbst durchschaut, fällt weniger auf sich herein. Positive, konstruktive, aufbauende Gedanken können ungehindert aus der Tiefe unseres Seins aufsteigen. Es ist quasi wie in einem See, bei dem man klar auf den Grund sehen kann, wenn der aufgewühlte Boden sich wieder gesetzt hat. Bei keinem Schritt wird man durch spitze Steine oder andere Gegenstände gefährdet. Mit zunehmender innerer Reinigung können auch wir bis auf unseren inneren Grund sehen und so Dinge bereits frühzeitig erkennen, die ansonsten im Unbewussten verborgen sind und das Leben insgesamt so schwer erscheinen lassen. Ein neues Leben beginnt.

Sogyal Rinpoche, Autor von „Das Tibetische Buch vom Leben und vom Sterben" (36) drückt es wie folgt aus (Seite 109 ff.): „Ich habe gesagt, dass Meditation der Weg zur Erleuchtung ist und die größte Aufgabe unseres Lebens. Und wann immer ich über Meditation spreche, betone ich die Notwendigkeit, sie mit entschiedener Disziplin und eingerichteter Hingabe zu praktizieren; gleichzeitig spreche ich stets davon, wie wichtig es ist, sie so inspiriert und kreativ wie nur irgend möglich zu üben. (...) Wir sind voll genialer Ideen und Erfindungsgeist, wenn es darum geht, in der Welt des ehrgeizigen Wettkampfes und der Neurosen zu leben. Die gleiche Fülle an Inspiration sollten wir der Suche nach unserem inneren Frieden widmen". Und später: „Niemand kann ohne die Erfahrung der essenziellen Grundlage des Seins angstfrei leben!"

Unsicherheiten und Ängste nehmen durch die regelmäßige Meditation zunehmend ab, der innere Frieden und das Vertrauen in unser wahres

---

und physischen Auswirkungen der Scheinängste und die von berechtigten Ängsten sind völlig identisch – es gibt keinen Unterschied, die Stressempfindungen werden gleichermaßen erlebt, wie z. B. bei der Angst, einen schweren Unfall trotz einer Notbremsung nicht mehr verhindern zu können oder auch im Einzelfall die berechtigte Angst, in einem langen Stau stehend, einen wichtigen Termin – Trauung der eigenen Tochter – zu verpassen und deren Auswirkungen auch genauso sind. Scheinängste hinterlassen anders als berechtigte Ängste ständige Gefühle, z. B. zu spät zu kommen, nicht perfekt genug zu sein, sich nicht genug angestrengt zu haben, schwach zu erscheinen, ungefällig zu sein oder auch etwas verpassen zu können!"

Selbst (siehe hierzu: Richard Rohr, (11) „Das wahre Selbst") werden gefestigt. Wir sind nicht nur mehr und mehr in der Lage, die Dinge so zu nehmen, wie sie kommen, sondern können unsere nächsten Schritte intuitiv klar so gehen, wie sie für uns aber auch ganzheitlich positiv und förderlich sind. Und das ist das Befreiende: Die kreativen, die göttlichen, die schöpferischen Kräfte in uns kommen frei zur Wirkung. So unwahrscheinlich es auch klingen mag, sie haben das Potenzial dafür, dass wir die richtigen Dinge zukünftig zunehmend so angehen, dass die Umsetzung gelingt und das alles so kommt, wie wir es uns und allen anderen wünschen.

Sogyal Rinpoche (36) dazu, Seite 111: „So werden Sie langsam zum Meister Ihrer eigenen Glückseligkeit, zum Alchemisten Ihrer eigenen Freude. Sie haben alle Mittel und Rezepturen stets zur Hand, durch die Sie jeden Ihrer Atemzüge und jede Bewegung mit Heiterkeit, Licht und Inspiration zu tränken vermögen."

Auch Peter Zimmerling, Prof. für praktische Theologie an der theologischen Fakultät der Universität Leipzig, schreibt in „Evangelische Mystik" (37), Seite 13: „Bei der Mystik geht es um die erfahrungsbezogene Seite der Theologie, um die cognitio die experimentalis, um das erfahrene Wahrnehmen Gottes". Und auf Seite 17: „Im Zentrum der mystischen Erfahrung bzw. des mystischen Bewusstseins steht die Unio mystica, die Vereinigung mit Gott. Dieses Ziel kann mit unterschiedlichen Begriffen bezeichnet werden: etwa als Schau des göttlichen Lichts, als Vergöttlichung, als bildlose Freiheit." Und schließlich auf Seite 44: „Um die Notwendigkeit der Übung zu verdeutlichen, verwendet der Autor (Anmerkung des Verfassers: gemeint ist Johannes Tauler) den Vergleich mit dem Weg, auf dem eine menschliche Fertigkeit erworben wird. Auf dem Weg zu Gott geht es darum, sich ganz und gar auf das Eine, was nottut, zu konzentrieren: Das ist Gott selbst; er allein ist wichtig."

Niemand muss sich von seinen negativen oder destruktiven Gedanken auf Dauer beherrschen lassen, resignieren und den dunklen Wolf in sich füttern (siehe Seite 174). Eventuell haben Sie, liebe Leserin, lieber Leser, auch schon einmal irgendwelchen Rahmenbedingungen die Schuld an Ihren Gefühlen und Ihrer Lebenssituation gegeben oder kennen Menschen, die das tun. Eventuell haben Sie auch schon einmal gedacht: „Wenn sich meine Rahmenbedingungen nicht ändern, kann ich nichts machen!" Lesen Sie dazu die folgende Geschichte (Verfasser/in unbekannt).

Ein Mann saß in seiner Gefängniszelle. Er war verurteilt zu einer lebenslänglichen Freiheitsstrafe mit anschließender Sicherheitsverwahrung. Auf die Frage eines Journalisten, der sich für seine Geschichte interessierte und ihn interviewte: „Woran lag es, dass Ihr Leben so verlaufen ist, wie es verlaufen ist?", antwortete der Strafgefangene: „Naja mein Vater und meine Mutter waren beide Alkoholiker. Mein Vater hat meinen Bruder und mich ständig verprügelt, wir haben in einer Art Ghetto gewohnt und hatten nie Geld. Da musste ich doch zwangsläufig zum Verbrecher werden!" „Sie haben einen Bruder?", fragte der Journalist nach.

Und richtig, es stellte sich heraus, dass der Verurteilte einen Zwillingsbruder hatte, beide sich aber vor langer Zeit aus den Augen verloren hatten. Der Journalist machte sich auf, um den Zwillingsbruder zu finden. Beim Treffen stellte der Journalist fest, dass dieser ein erfolgreicher Rechtsanwalt geworden war. Er stellte dieselbe Frage: „Woran lag es, dass Ihr Leben so verlaufen ist, wie es verlaufen ist?" Der Zwillingsbruder antwortete: „Naja mein Vater und meine Mutter waren beide Alkoholiker. Mein Vater hat uns ständig verprügelt, wir haben in einer Art Ghetto gewohnt und hatten nie Geld. Da musste und wollte ich irgendwie rauskommen!"

Was meinen Sie unterscheidet die Zwillinge? Sie sind mit der Situation, die sie vorfanden, sehr unterschiedlich umgegangen. Der eine konnte durch seine Scheuklappen keine andere Möglichkeit sehen, als selbst zum Verbrecher zu werden. Der andere hat die Welt voller Möglichkeiten gesehen und entsprechend seiner Potenziale ein anderes Leben gesucht und gefunden. Die Zwillinge haben offensichtlich verschiedene innere Wölfe gefüttert.

Fazit: Es gibt zwar Dinge, die man nicht verändern kann – aber es gibt dennoch keinen Zwang zur Resignation! Dazu noch einmal V. E. Frankl:

> Menschliches Verhalten wird nicht von Bedingungen diktiert,
> die der Mensch antrifft,
> sondern von Entscheidungen, die er selbst trifft.
>
> – Viktor Emil Frankl –

Das Leben und die Welt endgültig mit anderen Augen betrachten

Eventuell fragen Sie sich: „Wie soll das gehen, das Leben und die Welt mit anderen Augen sehen? Wie kann ich z. B. angesichts der gravierenden Missstände in der kleinen und in der großen Welt gelassen bleiben? Das ist unmöglich, da muss man doch leiden, ärgerlich sein und verzweifeln!" Nein, muss man nicht! Man kann zu anderen Erkenntnissen kommen. Vielleicht gehören aber auch Sie zu den Menschen, die z. B. nach Schicksalsschlägen, einschneidenden Erfahrungen oder erlebten Sinnkrisen nunmehr sagen: „Ich habe keine Lust mehr und sehe auch keinen Sinn mehr darin, mich über die großen Missstände in der Welt und über die kleinen Frechheiten in meinem Umfeld aufzuregen. Ich sehe die Welt heute mit anderen Augen. Ich ziehe mich nicht mehr selbst runter!"

> Die Gelassenheit ist eine anmutige Form
> des Selbstbewusstseins.
> – Marie von Ebner-Eschenbach –

Und genau das, was Schicksalsschläge, erlebte Sinnkrisen und einschneidende Erfahrungen in Menschen auslösen können, ist auch durch die nachhaltige, regelmäßige Meditation, transzendente Erfahrungen und neue Gedanken möglich, ohne dass es zu den gravierenden Einschnitten kommen muss. Lernen durch mehr Gelassenheit und Achtsamkeit, durch die innere Erfahrung von Geborgenheit und Liebe, durch neue Einsichten, durch rechtzeitiges Bewusstmachen und kluge Voraussicht ist möglich ohne den ansonsten vielfach vorher auftretenden bekannten Leidensdruck. Gelassenheit braucht gute Nerven, starkes Selbstbewusstsein und die innere Gewissheit, dass wir immer getragen werden, wenn wir uns tragen lassen (wollen).

> Ansprüche machen das Leben schwer.
> Das glückliche Leben beginnt, wenn man sie aufgibt.
> – Nicolas Chamfort –

Wie immer, kommt es auf unseren Blick, auf unsere Sichtweise an. Es gibt Menschen, die die Welt ausgesprochen negativ betrachten und es gibt solche, die einen übertriebenen positiven, fast blauäugigen Eindruck schildern. Zur Wahrheit gehört: Die Welt ist beides – und das auch noch gleichzeitig.

Das jeweilige Bild von der Welt, das sich uns bietet, hängt von unserem Fokus ab. Mit einem gelasseneren, ausgewogeneren Blick nehmen wir sowohl die wahrlich gravierenden Missstände der Welt wahr als auch das Gute und Schöne sowie die vielen neuen positiven Entwicklungen. Was die innere Verzweiflung verhindert, ist das mehr und mehr erkennbare neue Bewusstsein in der Welt? Die Entwicklung ist nicht zu übersehen. Die Schöpfung ist im Werden! Was heißt das eigentlich?

Jeder einzelne Mensch – wir alle – sind so (weit), wie wir sind. Die Welt ist so weit, wie sie ist. Es steht zu vermuten, dass die Menschen bei ihrer Geburt das Licht der Welt immer noch sehr unvollkommen erblicken, weiter im Werden sind und somit die Aufgabe haben und immer schon hatten, sich und dadurch auch die Welt im Laufe der für uns unvorstellbaren Zeitspannen zu vervollkommnen. In den verschiedenen Kontinenten und Ländern dieser Welt stehen quasi unterschiedliche Lebenskonzepte, Wirtschaftssysteme und Religionen im Grunde vor derselben Herausforderung. Alle Ansätze haben dabei ähnliche Zielsetzungen und große Probleme: z. B. die Religionen mit den radikalen Fundamentalisten, die versuchen, ihre Sichtweisen mit brutaler Gewalt durchzusetzen, die Nationen und Gesellschaften mit Politikern, die bereit sind, für die Ausweitung und Erhaltung ihrer Macht, Kriege zu führen und den Wirtschaftsradikalen, die auf eine einseitige materielle, gewinnorientierte, gewinnmaximierende Ausrichtung setzen und sich von der Realwirtschaft mehr und mehr abkoppeln sowie mit den Vertreterinnen und Vertretern rechts- und linksradikaler Ansichten, die ebenfalls bereit sind, rücksichtslos brutale Gewalt einzusetzen. Diese Auseinandersetzungen können nur mit höheren Einsichten und neuem Bewusstsein ein Ende finden. Der Entwicklungsprozess des Menschen scheint bei weitem noch nicht abgeschlossen zu sein.

Für die Vervollkommnung geben uns die großen Geister und Erleuchteten nahezu aller Religionen, die im Grunde alle eines erfahren haben – die Wirklichkeit der Transzendenz oder die transzendente Wirklichkeit, seit Jahrhunderten die entscheidende Orientierung. Wir alle brauchen offensichtlich unsere Zeit, um uns weiter zu entwickeln und klüger und bewusster zu werden!

Die Menschheit, die gemessen an der Lebensdauer der Erde, noch gar nicht so lange existiert, steht vermutlich noch ganz am Anfang und steckt möglicherweise immer noch in den Kinderschuhen. Sie hat sich weiter zu entwickeln und muss weiter lernen, tut dies aber vielfach nur, wenn der Leidensdruck groß genug ist. Einzelne sind offensichtlich inzwischen „erwachsener" und reifer geworden, gehen bereits auf die höhere Lebensschule und haben damit ein etwas höheres Bewusstsein erlangt, z. T. sogar Erleuchtung erfahren andere sind noch in der „Krippe" oder in der „Kita". Das würde bedeuten, dass das Leben in Bewusstsein strukturiert ist. Und es würde bedeuten, dass sich die Menschen mit ihren gegenseitigen hohen Erwartungen immer schon völlig überforderten.

Möglicherweise denken Sie aber auch generell, die Menschen müssten doch schon viel weiter sein und dürften nicht mehr so viele „Fehler" machen und ärgern sich, weil immer noch nicht alles zufriedenstellend verläuft. Vieles Schreckliche dürfte einfach nicht mehr passieren. Vermutlich gehen Sie mit dieser Haltung aber von einer Wirklichkeit aus, die nicht real ist. Überprüfen Sie ihre Annahmen. Es mag auf den ersten Blick frustrierend sein, aber es befreit: Das Idealbild der Welt ist (noch) nicht das reale Abbild der Welt – sondern eher ein Wunschbild. Wir können niemanden ändern außer uns selbst! Frechheiten, Leid, Ungerechtigkeiten, Verbrechen, Korruption, Kriege, Ausbeutung, Menschenverachtung u. u. u. gehören noch zu dieser Welt und können nicht durch unseren Ärger oder unsere Verzweiflung abgeschafft werden. Die Welt ist im Werden. Wir können den Prozess zu einer besseren Welt nicht durch Strenge und Strafen beschleunigen. Wir müssen im Gegenteil aufpassen, dass wir durch unsere Verzweiflung und unsere Strenge nicht neues Unrecht schaffen. Grundsätzlich gilt: Jede und jeder ist für sich selbst verantwortlich und kann auf seiner Ebene Vorbild für andere Menschen sein.

> Was soll ich viel lieben, was soll ich viel hassen?
> Man lebt nur vom Lebenlassen.
>
> – Johann Wolfgang von Goethe –

Das bedeutet aber nicht, dass wir die Augen verschließen sollten. Im Gegenteil, Missstände können, wenn überhaupt, nur durch unsere geläuterte innere Haltung und unser bescheidenes aktives, möglichst vorbildliches Handeln gemildert werden. Abgesehen davon, dass wir vielmals mit unserem Kenntnisstand und unserem Bewusstsein gar nicht beurteilen können, was im Einzelfall gerecht oder ungerecht, richtig oder falsch, angemessen oder unangemessen ist, und wir uns auch nicht erlauben sollten, eine solche Bewertung vorzunehmen. Diese Aussage gilt ausdrücklich nicht für die vielen Verbrechen gegen die Menschlichkeit sowohl in der Vergangenheit als auch in der Gegenwart überall in der Welt.

Mit der durch die regelmäßige Meditation einhergehenden Innenschau wächst eine innere Haltung, die eher durch Verständnis, Wohlwollen, Güte, Toleranz, Respekt, Achtsamkeit und Liebe gestützt und getragen wird und deren edelste Frucht die Barmherzigkeit ist. Diese Haltung gilt sowohl sich selbst gegenüber als auch gegenüber unseren Mitmenschen und unserer gesamten Umwelt bzw. der gesamten Schöpfung. Wir alle sind in der Lebensschule und brauchen Toleranz und Respekt auch für unsere unterschiedlichen Lernfelder. Was wir selbst benötigen, können und müssen wir auf unserem Lern- und Lebensweg auch anderen zugestehen! Das so sinnlose Aufregen über eigene vermeintliche Fehler und vermeintliche Fehler anderer wird abnehmen. Stattdessen werden wir mehr und mehr mit engagierter Gelassenheit dort Handeln, wo wir handeln können und positive Zeichen setzen.

Wer unter euch ohne Sünde ist, der werfe den ersten Stein auf sie.

– Johannes 8,7 –

Mit der regelmäßigen Meditation wird ein innerer Entwicklungsprozess ausgelöst, der zu neuem inneren Licht und neuen inneren Höhen führt, so dass neue Sichtweisen möglich sind.

Würde man dieses neue innere Licht und diese neuen inneren Höhen mit Erfahrungen aus der Außenwelt vergleichen, ist es in etwa so, als würde man bisher mit seinem Alltagsbewusstsein im schlimmsten Fall in einer kleinen, dunklen Kellerwohnung leben, die man bisher noch nie verlassen hat. In dem Fall kennt man nur sehr wenig Tageslicht, das bestenfalls durch Kasematten und kleine Fenster einfällt. Nunmehr, nach Beginn des Entwicklungsprozesses, begibt man sich zunächst langsam auf der Nordseite des Hauses ins Erdgeschoss mit vollem Tageslicht und ist, gelinde gesagt, erstaunt über die neue Helligkeit. Das Erstaunen nimmt weiter zu, sobald man die Westseite des Hauses und dann die Südseite mit vollem Sonnenlicht erblickt – man wird sprachlos. Langsam wagt man sich in die erste, in die zweite Etage, in immer höhere Etagen und erhält einen immer weiteren Ausblick in die Welt – man ist überwältigt. Und schließlich entdeckt man die Dachterrasse mit einem fantastischen Rundblick und einem neuen Himmel, auf der zu guter Letzt auch noch eine Art Himmelsleiter existiert zu weiteren Aussichtsplattformen in größeren Höhen – genial, Dankbarkeit und Demut überkommen einen.

Von dieser Ebene aus sehen wir nicht nur die dunklen Ecken, Missstände und Ungerechtigkeiten dieser Welt, die aus der Kellerwohnung zu erkennen waren, sondern wir sehen die gesamte Schöpfung mit allen wunderbaren Elementen. Wir sehen z. B. ein aufkeimendes Bewusstsein für eine zunehmende Nachhaltigkeit im Umgang mit den Ressourcen dieser Welt, eine wachsende Verantwortung für den gesamten Globus, wir sehen wachsendes Verständnis unter den Menschen, zunehmende Hilfsbereitschaft, ehrliches Bemühen um verbindliches Verhalten, mehr und mehr Mitgefühl, Anteilnahme und Wärme, Großzügigkeit, Wohlwollen, Liebe und Barmherzigkeit und wir sehen ... eine Welt voller Möglichkeiten. Und noch nie gab es so viele Institutionen und Organisationen, die sich weltweit für die Umsetzung der Menschenrechte, die Beseitigung der Armut, für den Umwelt- und Gesundheitsschutz, für natürliche Lebensmittel, mehr Tierschutz, nachhaltige Landwirtschaft, sauberes Trinkwasser, Abrüstung, für die Bekämpfung von Korruption, für fairen Handel und Entwicklungshilfe etc. eingesetzt haben.

Der gravierendste „Fehler", den man im Rahmen eines inneren Entwicklungs- und Lernprozesses begehen kann, besteht darin, auf der jeweils höheren Ebene bzw. Etage stehen zu bleiben, weil man die neue Perspektive bereits für das Nonplusultra hält, was für ein fataler Irrtum. Der Lebens- und Lernweg führt immer weiter in höhere Etagen. Ich bin sicher, in Zukunft werden mehr und mehr Menschen ihre derzeitige Wohnung, auf welcher Ebene sie sich auch immer befindet, verlassen, um sich in neue Höhen und Perspektiven zu begeben.

Falls Sie liebe Leserin, lieber Leser, diese Beschreibung für anmaßend und provozierend halten, verstehe ich das natürlich. Es handelt sich um eine Metapher, um die Entwicklung von dunklen zu hellen Tagen in unserem Inneren zu verdeutlichen. Mit der regelmäßigen Meditation verändert sich der (innere) Blick auf die Welt. Nachsicht, Gelassenheit, Dankbarkeit, Achtsamkeit, Toleranz, Respekt, Helligkeit, Licht und Demut wachsen.

Um an dieser Stelle Missverständnissen vorzubeugen: Gelassenheit, Nachsicht, Toleranz etc. sind nicht die adäquaten Reaktionen auf Gesetzesverstöße aller Art, schon gar nicht auf die gravierenden Verbrechen gegen die Menschlichkeit, die müssen konsequent verfolgt und entsprechend geahndet werden. Die Menschen, die Völker, die Gesellschaften müssen so gut es geht geschützt werden. Dafür haben wir den Rechtsstaat und internationale Gerichte. Ich spreche von den vielen, vielen Dingen, die außerhalb der Verbrechen und Rechtsverstöße allzu oft viel zu streng bewertet werden. Wer an sich selber arbeitet und mit sich im Lot ist und auch trotz seiner Schwächen einigermaßen nachsichtig mit sich umgeht, weiß, dass alles nicht so einfach ist. Wir alle mussten schon die Suppe auslöffeln, die wir uns eingebrockt hatten, und das wird sich auch in Zukunft nicht vermeiden lassen, mögen wir auch noch so umsichtig sein. Und dennoch: Im Grunde hoffen wir alle auf Verständnis, Güte und Milde und gehen allzu oft leichtfertig davon aus, dass wir schon richtig handeln. Und wenn es denn sein muss, so hoffen wir, wird uns doch sicher eher eine milde „Bestrafung" treffen, da wir doch im Prinzip im Vergleich zu anderen eigentlich ganz gute Menschen sind. Vermutlich sind wir Weltmeister darin, uns etwas vorzumachen. Aber: Wer sehnte sich nicht danach, geliebt zu werden?

Es ist so schwer, die Volksweisheiten und die Gebote, die wir bei anderen schnell bei der Hand haben, auf sich selbst anzuwenden, würden wir es doch können, wir könnten uns selbst besser schützen und andere auch. Volksweisheiten sagen alles aus:

Hochmut kommt vor dem Fall! Wer anderen eine Grube gräbt, … ! Der Lauscher an der Wand, … ! Wie du säest, … ! Wer Wind säet, wird Sturm ernten! Wie man in den Wald hineinruft, … ! Geben ist seliger denn Nehmen! Wer mit einem Finger auf andere zeigt, weist mit den anderen auf sich! Was dir bei anderen vor allen Dingen auffällt, sind deine eigenen Fehler! Selbsterkenntnis ist der erste Schritt zur Besserung! In der Ruhe liegt die Kraft! Wer große Probleme mit anderen hat, hat in erster Linie große Probleme mit sich! Du sollst nicht falsch Zeugnis reden … ! Du sollst nicht töten! U. v. m.

Die fehlende Liebe ist (noch) der Engpass der Welt. So beschreibt es auch das Hohelied der Liebe aus dem 13. Kapitel des 1. Korintherbriefs. Das Hohelied der Liebe ist eine Hymne an die Liebe.

„Die Liebe ist langmütig, die Liebe ist gütig. Sie eifert sich nicht, sie prahlt nicht, sie bläht sich nicht auf. Sie handelt nicht ungehörig, sucht nicht ihren Vorteil, lässt sich nicht zum Zorn reizen, trägt das Böse nicht nach. Sie freut sich nicht über das Unrecht, sondern freut sich an der Wahrheit. Sie erträgt alles, glaubt alles, hofft alles, hält allem stand. Die Liebe hört niemals auf."

> Bedingungslose Liebe ist eine unserer tiefsten Sehnsüchte,
> nicht nur bei Kindern, sondern bei allen Menschen.
>
> – Erich Fromm –

Bernardin Schellenberger erläutert in „Der Christ von Morgen – ein Mystiker? Grundformen mystischer Existenz" (39), (Hrsg. Wolfgang Böhme und Josef Sudbrack) u. a. die Liebesmystik Bernhards von Clairvaux. Er zitiert Bernhard u. a. auf Seite 49 wie folgt: „Die Liebe hat an sich selbst genug. Wo die Liebe einzieht, zieht sie alle anderen Empfindungen an sich und nimmt sie gefangen. Deshalb liebt die Seele, die liebt, und sie kann nichts anderes: als lieben" (Cant. 83,3). Und auf Seite 50: „O Kraft der Liebe! Ist nicht der Höchste von allen einer von uns geworden? Wer hat das bewirkt? Die Liebe."

Offensichtlich wachsen mit zunehmendem Bewusstsein Nachsicht, Wohlwollen, Güte, Mitgefühl etc. in dieser Welt. Letztlich wächst so die Liebe in dieser Welt. Große, weise Geister aller Religionen, Heilige gaben und geben uns die entscheidende Orientierung.

Peter Dinzelbacher beschreibt Bernhard von Clairvaux in „Bernhard von Clairvaux, Leben und Werk des berühmten Zisterziensers" (40), wie dieser seinen Brüdern die Stufen der Liebe unterteilt (Seite 188): „Vier Stufen der Liebe gibt es: Auf der ersten liebt der Mensch sich selbst um seinetwillen, der natürliche (und deshalb nicht ganz verwerfliche) Egoismus, gebremst nur vom Gebot der Nächstenliebe. Die zweite Stufe hat erreicht, wer Gott um seinetwillen liebt (nicht um Gottes willen), da ihm dieser in der Not hilft. Diese schöne Erfahrung führt dazu, Gott auch ohne Bedrängnis zu lieben – die dritte Stufe. Doch: ‚Selig, wer bis zur vierten Stufe der Liebe gelangen darf, auf der der Mensch auch sich selber nur mehr um Gottes willen liebt'. Das heißt, sich nicht um seiner selbst willen zu lieben, sondern nur deshalb, weil Gott uns wollte. Diese Liebe entspricht der Unio mystica."

Im Bogen dieser vier Stufen sind wir alle mit mehr oder weniger Leidensdruck auf dem Weg. Auf die persönliche Gotteserfahrung, die vierte Stufe (Unio mystica) können wir uns mit dem inneren Gebet bereit, empfänglich machen, so wie es Mirjam von Abellin in ihrem Morgengebet tat. Mirjam von Abellin (1846-1878), gebürtig als Mirjam Baouardy, Ordensname Maria a Iesu Crucifixo (Maria von Jesus, dem Gekreuzigten) war eine palästinensische Unbeschuhte Karmelitin und Mystikerin. Sie wird in der römisch-katholischen Kirche als Heilige verehrt.

> Herr Jesus Christus, im Schweigen dieses anbrechenden Morgens komme ich zu dir und bitte dich
> mit Demut und Vertrauen um deinen Frieden, deine Weisheit, deine Kraft.
> Gib, dass ich heute die Welt betrachte mit Augen, die voller Liebe sind. (...)
> Lass mich meinen Nächsten als den Menschen empfangen, den du durch mich lieben willst.
> Schenke mir die Bereitschaft, (...) alles Gute, dass du in ihn hineingelegt hast, zu entfalten.
> Meine Worte sollen Sanftmut ausstrahlen und mein ganzes Verhalten soll Frieden stiften.
> Nur jene Gedanken, die Segen verbreiten, sollen in meinem Geiste haften bleiben.
> Bekleide mich mit dem Glanz deiner Güte und deiner Schönheit,
> damit ich dich im Verlaufe dieses Tages offenbare.
>
> – Mirjam von Abellin –

In der Konsequenz bedeutet das letztlich: Wir alle, die wir in dieser Welt leben, werden nicht verhindern können, dass wir auf diesem Weg Fehler machen und auch schwerwiegende. Es geht nicht anders. Solange wir über kein vollständiges Bewusstsein verfügen und nicht endgültig erleuchtet sind, werden wir aus begangenen Fehlern lernen müssen und dürfen, da können wir sicher sein. Spätestens der Leidensdruck wird uns helfen. Und wir können ebenso sicher sein, dies gilt für alle Menschen. Durch die begangenen Fehler und die eingeschlagenen Sackgassen werden wir letztlich den richtigen, erlösenden Weg finden. Auch wenn es noch Jahrhunderte oder Jahrtausende dauert, wir haben unseren Beitrag zu leisten und können nur auf Liebe hoffen und sie selbst lernen. Die Welt ist seit dem Beginn der Zeit auf diesem Weg!

> Was wir brauchen, um frei zu sein, ist die Liebe,
> die die Kraft hat, die Last der Welt
> freudig zu tragen.
>
> – Rabindranath Tagore –

Und wenn wir schon auf unserem Lebens- und Lernweg um so etwas wie Fehler nicht herumkommen und die Verantwortung dafür übernehmen müssen, dann beinhaltet das auch, dass jede und jeder seinen eigenen Weg selber finden und ausprobieren muss, um selbst zu Erkenntnissen und Einsichten zu kommen. Wer macht schon gern Fehler aufgrund von Empfehlungen und Ratschlägen anderer? Ratschläge sind schließlich auch Schläge. Mit einer solchen Haltung können wir leichter loslassen und andere Menschen mehr und mehr ihre Wege selbst finden und gehen und sie dabei ihre eigenen Fehler machen lassen. So wie wir auch wollen, dass man uns lässt. Vielleicht erinnern Sie sich noch daran, wie Sie sich als junger Mensch ganz zu Recht gewehrt haben, wenn ihre Eltern Sie nicht loslassen konnten und Sie dadurch behindert waren, ihre eigenen Erfahrungen zu machen. Zugegeben, bei den eigenen Kindern fällt das Loslassen naturgemäß am schwersten. Wiederholen wir diesen Fehler nicht bei unseren Kindern und auch nicht bei anderen Menschen.

> Wer die Lebenslaufbahn seiner Kinder zu verpfuschen gedenkt,
> räume ihnen alle Hindernisse weg.
>
> – Emil Oesch –

Eine dermaßen geläuterte innere Haltung ist mehr und mehr durch Ausgeglichenheit, Mitgefühl und innere Ruhe gekennzeichnet. Weder Neid, noch Missgunst haben dort Platz. Mit einer dermaßen geläuterten Haltung fühlen wir uns nicht mehr für die Fehler anderer verantwortlich, haben Abstand, lassen uns weniger provozieren, herausfordern, empfinden keinen inneren Drang mehr, jemanden angreifen oder verteidigen zu müssen und sind weniger empört über das vermeintlich falsche Verhalten anderer. Wärme, Anteilnahme, die Fähigkeit, verzeihen zu können und Nachsicht zeichnen uns stattdessen aus. Leben und leben lassen! Die meisten Menschen geben sich große Mühe und tun das, was sie können und was in ihrer Kraft steht. Insgesamt werden wir vorsichtiger mit negativen Bewertungen und Unterstellungen wie z. B. Vorsatz und Absicht.

Sackgassen und Umwege und die daraus resultierenden Lerngeschenke gehören für uns alle zum Weg und zur Zielsuche. Wir irren alle durch das Lebenslabyrinth in der Hoffnung auf Glückseligkeit. Mit dieser inneren Grundhaltung werden wir auch die Entscheidungen und Wege anderer Menschen – im Rahmen des geltenden Rechts selbstverständlich – zulassen und somit jede und jeden seinen Weg gehen lassen können.

> Groll macht einen Menschen kleiner.
> Versöhnlichkeit dagegen zwingt ihn,
> über sich selbst hinauszuwachsen.
> – Chérie Carter-Scott –

Walter Gunz und Sandra Maxeiner schreiben in ihrem Buch „Das Geschenk" (41) über die Liebe: „Leider geraten in unserer Zeit der technischen Innovationen die essenziellen Werte dieses Lebens – wie Liebe, Glaube, Hoffnung – immer mehr in den Hintergrund. Und das, obwohl wir uns doch tief in unserem Herzen so sehr danach sehnen." Die Autoren nehmen uns Leser und Leserinnen mit auf eine kleine Reise zurück zu dem, was wirklich zählt.

Ich wünsche Ihnen, liebe Leserin, lieber Leser nicht nur kleine gute Reisen zwischendurch. Möge Ihr ganzes Leben eine (mystische) Reise sein zu dem, was wirklich zählt.

> Des Lebens Ruf an uns wird niemals enden...
> Wohlan denn, Herz, nimm' Abschied und gesunde.
> – Hermann Hesse –

Liebe ist die Ursubstanz der Materie.
Sie ist ein Seinszustand, ein Gefühl oder Gefühlsbündel,
ein Entwicklungs- und Bewusstseinszustand.

– Walter Gunz, Sandra Maxeiner –

Anhang

Literaturverzeichnis

1. Sedlmeier, Peter; Die Kraft der Meditation – Was die Wissenschaft darüber weiß, Reinbek 2016
2. Volf, Miroslav; Zusammen wachsen – Globalisierung braucht Religion, München 2017
3. Bacher, Manfred; Die Dimensionen des Seins entdecken, Münster 2015
4. Dürr, Hans-Peter (Hrsg.); Physik und Transzendenz, Ibbenbüren 2012
5. Dyckhoff, Peter; Wie hat Jesus gebetet? Illertissen, 2017
6. Kruse, Timm; Meditiere ich noch oder schwebe ich schon? Hamburg 2016
7. Rohr, Richard; Wer loslässt, wird gehalten, München 2001
8. Precht, Richard David; Wer bin ich – und wenn ja, wie viele? München 2007
9. Galbraith, John Kenneth; Gesellschaft im Überfluss, New York 1998
10. Fuchs, Gotthard; Der Weg zur Heilung geht in unserer Zeit nur über das Handeln; Rundbrief 3/2017, Gesellschaft der Freunde christlicher Mystik e. V.
11. Rohr, Richard; Das wahre Selbst, Freiburg 2013
12. Painadath, Sebastian; Erkenne deine göttliche Natur, Münsterschwarzach 2016
13. de Chardin, Pierre Teilhard; Der Mensch im Kosmos, München 1959
14. Kuster, Niklaus; Franz von Assisi, Freiheit und Geschwisterlichkeit, Würzburg 2015
15. Kreidler-Kos, Martina (Hrsg.); Röttger, Ancilla (Hrsg.); Gewagtes Leben, 800 Jahre Klara von Assisi und ihre Schwestern, Freiburg 2011

16. Kreidler-Kos, Martina; Lebensmutig – Klara von Assisi und ihre Gefährtinnen, Würzburg 2015
17. Dyckhoff, Peter; Geheimnis des Ruhegebets, Freiburg 2016
18. Dyckhoff, Peter; Das geistliche ABC nach Franziskus von Osuna, Freiburg 2018
19. Bader, Wolfgang (Hrsg.); Laudato si, o mi Signore, 100 Worte, Franz von Assisi, München 2016
20. Seethaler, Karin; Zum Einklang finden mit sich und den anderen, Würzburg 2017
21. Seethaler, Karin; Die Kraft der Kontemplation, in der Stille Heilung finden, Würzburg 2013
22. Gilbert, Cathrin; Wie wir wieder lernen können, Entscheidungen zu treffen, im Zeitmagazin Nr. 44, Oktober 2017
23. Rautenberg, Werner; Rogoll, Rüdiger; Werde, der du werden kannst, Freiburg 2014
24. Dyckhoff, Peter; Das Ruhegebet im Alltag, Freiburg 2005
25. Nouwen, Henri J. M.; Was mir am Herzen liegt, Freiburg 1995
26. Hüther, Gerald; Raus aus der Demenzfalle, München 2017
27. Nouwen, Henri L. M.; Leben hier und jetzt, Freiburg 2012
28. Lorenz, Erika (Hrsg.), Ich bin ein Weib und obendrein kein gutes – Theresa von Avila, Freiburg 2012
29. Walter, Rudolf (Hrsg.); Lebensübergänge in „einfach leben", Freiburg 2017
30. Frankl, Viktor, Emil; Trotzdem Ja zum Leben sagen, München 2005
31. Fuchs, Gotthard; Vom Göttlichen berührt – Mystik des Alltags, Freiburg 2017
32. Fischedick, Mathias; Wer es leicht nimmt, hat es leichter, München 2014
33. Corrinth, Thomas; Schluss mit Frust, in DAK Gesundheit, praxis + recht Ausgabe 1/2018
34. Ceming, Katharina; Spannbauer, Christa; Denken macht glücklich – Wie gutes Leben gelingt, München 2016
35. Katterfeldt, Marianne; Die Urschönheit des Menschen – der siebenstufige Weg, Aachen 2015

36. Rinpoche, Sogyal; Das Tibetische Buch vom Leben und vom Sterben, München 2013
37. Zimmerling, Peter; Evangelische Mystik, Göttingen 2015
38. Marco A. Sorace; Peter Zimmerling; Wo du Dich findest, da lass dich, Nordhausen 2017
39. Böhme, Wolfgang; Sudbrack, Josef (Hrsg.); Der Christ von Morgen – ein Mystiker, Grundformen mystischer Existenz, Würzburg 1989
40. Dinzelbacher, Peter; Bernhard von Clairvaux – Leben und Werk des berühmten Zisterziensers, Darmstadt 2012
41. Gunz, Walter; Maxeiner, Sandra; Das Geschenk, Zollikon 2018
42. Rötting, Martin; Interreligiöse Spiritualität, Verantwortungsvoller Umgang der Religionen, Sankt Ottilien 2008
43. Kiechle, Stefan; Warum leiden? Würzburg 2011
44. Wapnick, Kenneth; Einführung in ein Kurs in Wundern, Gutach i. Br. 2008
45. Vogelsang, Fritz (Hrsg.); Theresa von Avila – Die innere Burg, Zürich 1979
46. Delgado, Mario; Das zarte Pfeifen des Hirten, Innsbruck 2017
47. Riehle, Wolfgang; Die Wolke des Nichtwissens, Das Buch von der mystischen Kontemplation, Freiburg 2011
48. Popkes, Enno Edzard; Erfahrungen göttlicher Liebe: Band 1: Nahtoderfahrungen als Zugänge zum Platonismus und zum frühen Christentum, Göttingen 2018
49. Rosling, Hans; Factfulness, Wie wir lernen, die Welt so zu sehen, wie sie wirklich ist, Berlin 2018
50. Wulf, Claudia Mariele; Phänomene des Menschseins, Zürich 2017
51. Servan-Schreiber, David; Die neue Medizin der Emotionen, München 2006
52. Dubiski, Katja; Seelsorge und Kognitive Verhaltenstherapie, Leipzig 2017

Weiterführende Literatur zum Herzens-/Jesusgebet und zum Ruhegebet

1. Jalics, Franz; Kontemplative Exerzitien – Eine Einführung in die kontemplative Lebensgestaltung und in das Gebet Jesu, Würzburg, 2001
2. Maschwitz, Rüdiger; Das Herzensgebet, ein Meditationsweg, München 2005
3. Jungclaussen, Emmanuel (Hrsg.); Anleitung zur Anrufung des Namen Jesu von einem Mönch der Ostkirche, Regensburg 2014
4. Bobert, Sabine; Mystik und Coaching, Kiel 2011
5. Bobert, Sabine; In sich selbst ruhen und Gottes Gegenwart im Alltag spüren, Stuttgart 2013
6. Bobert, Sabine; Mystik und Coaching, www.youtube.com
7. Dyckhoff, Peter; Bete ruhig, München 2005
8. Dyckhoff, Peter; Einübung in das Ruhegebet, Band I + II, München 2006

Verzeichnis der Verse, Aphorismen und geflügelten Worte

Gott allein genügt – Geduld erreicht alles. *(Theresa von Avila)*

Du hast in dir den Himmel und die Erde. *(Hildegard von Bingen)*

Jeder Moment, in dem du glücklich bist, ist ein Geschenk an den Rest der Welt. *(Gottfried Wilhelm Leibnitz)*

Es gibt Gedanken, derer man Herr werden muss, sonst wird man ihr Sklave. *(Peter Sirius)*

Amen, amen, ich sage euch, wer an mich glaubt, wird die Werke, die ich vollbringe, auch vollbringen, und er wird noch größere vollbringen. *(Johannesevangelium, Vers 14,12)*

Also lasst Euer Licht leuchten vor den Leuten, dass sie eure guten Werke sehen und euren Vater im Himmel preisen. *(Matthaeus 5, Vers. 16)*

Wenn wir alles täten, wozu wir imstande sind, würden wir uns wahrlich in Erstaunen versetzen. *(Thomas Alva Edison)*

Das Gegenteil von Glaube ist nicht Zweifel, sondern Gewissheit. *(Anne Lamott)*

Der Mensch wird des Weges geführt, den er wählt. *(aus dem Talmud)*

Habe Vertrauen ins Leben und es trägt dich lichtwärts. *(Seneca)*

Wisst ihr nicht, dass ihr Gottes Tempel seid und der Geist Gottes in euch wohnt? *(1. Korintherbrief 3,16)*

Es ist besser, nur ein Wort oder wenige Worte mit dem Herzen zu beten, als Tausende mit der Zunge. *(1. Korintherbrief 14,19)*

Ihr haltet Becher und Schüsseln außen sauber, innen aber sind sie voll von dem, was ihr in eurer Maßlosigkeit zusammengeraubt habt. Mach den Becher zuerst innen sauber, dann ist er auch außen rein. *(Matthaeus 23,25–26)*

Wenn auch unser äußerer Mensch aufgerieben wird, der innere wird Tag für Tag erneuert. *(2. Korintherbrief 4,16)*

Das Reich Gottes ist in euch. *(Lukas 17,21)*

Wenn uns der Herr den rechten Weg in die Innerlichkeit zeigt und ein schweres Geschick von uns abwendet, dann jubeln und freuen wir uns über alle Maßen. *(Psalm 53,7b)*

Lass dich nicht vom Bösen besiegen, sondern besiege das Böse durch das Gute. *(Römerbrief 12, 14.17.19.21)*

Nichts ist schwer, bist du nur leicht. *(Richard Dehmel)*

Manchmal zeigt uns erst ein richtiger Sturm, wie viele Sorgen wir an Windböen verschwendet haben. *(Autor/in unbekannt)*

Schwermut kommt nicht auf Wolke sieben. *(Manfred Bacher)*

Zuversicht lässt Flügel wachsen. *(Else Pannek)*

Wer sich nach Licht sehnt, ist nicht lichtlos, denn die Sehnsucht ist schon Licht. *(Bettina von Arnim)*

Der Himmel ist weder ein Ort noch ein Zustand. Er ist ein Bewusstsein vollkommenen Einsseins und die Erkenntnis, dass es sonst nichts gibt, nichts außerhalb dieses Einsseins und nichts anderes darin. *(aus Einführung in ein Kurs in Wundern)*

Natürlich wissen wir, dass für uns die Wirklichkeit von der Struktur unseres Bewusstseins abhängt. *(Werner Heisenberg)*

Die Firmen begnügen sich nicht damit, Produktionsstätten zu sein, sondern stellen sich als Kirche von morgen dar, die Werte vorschreiben. Die Geschäftswelt ist unser moderner Klerus. *(Pascal Bruckner)*

Die Welt hat genug für jedermanns Bedürfnisse, aber nicht für jedermanns Gier. *(Mahatma Gandhi)*

Vierte Welt, dritte Welt, erste Welt – sie alle existieren mit verschiedenen Armutszeugnissen. *(Manfred Fischer)*

Du magst das Irren schelten, wie du willst, so ist's doch oft der einzige Weg zur Wahrheit. *(Heinrich von Kleist)*

Das Zuviel macht unzufriedener als das Zuwenig. *(Elfriede Hablé)*

Wer den hervorbrechenden Zorn (und das völlig überzogene Habenwollen) wie ein Gespann in vollem Lauf zurückhält, den nennen Weise einen Wagenlenker, nicht den, der die Zügel schleifen lässt. *(Satadana altindische Weisheit)*

Es macht weitaus mehr Spaß, Menschen zu verstehen, als zu richten. *(Stefan Zweig)*

Schöner als der wertvollste Besitz ist die Erwartung des Glücks. *(Emanuel Geibel)*

Woran die meisten kranken, ist der Alltag der Gedanken. *(Autor/in unbekannt)*

Den größten Fehler, den man im Leben machen kann, ist immer Angst zu haben, einen Fehler zu machen. *(Dietrich Bonhoeffer)*

Das Innehalten ist die Voraussetzung für jeden menschlichen Fortschritt. *(Anthony de Mello)*

Niemand kann ohne Selbsterkenntnis selig werden. *(Bernhard von Clairvaux)*

Die meisten Menschen überschätzen, was sie in einem Jahr erreichen können, und unterschätzen, was in zehn Jahren möglich ist. *(Phil Knight)*

Aber das Tor, das zum Leben führt, ist eng, und der Weg dahin ist schmal, und nur wenige finden ihn. *(Matthaeus 7, 14)*

Wenn das innere Gebet zur Tat wird, dann wirst du mehr und mehr aus deinem wahren Selbst handeln und so mehr und mehr mit dir selbst und deiner Umwelt in Frieden leben. *(Manfred Bacher)*

Alles ist schwer, bevor es leicht ist. *(Thomas Fuller)*

Soll Gott sprechen, so musst du schweigen; du sollst dieses tiefe Schweigen oft und oft in dir haben und es in dir zu einer Gewohnheit werden lassen. *(Johannes Tauler)*

O Herr, mache mich zum Werkzeug deines Friedens, dass ich Liebe übe, wo man hasst, dass ich verzeihe, wo man mich beleidigt, dass ich verbinde, wo Streit ist, dass ich Hoffnung wecke, wo Verzweiflung quält, dass ich Licht anzünde, wo die Finsternis regiert, dass ich Freude bringe, wo der Kummer wohnt. Auch Herr, lass mich trachten, nicht dass ich getröstet werde, sondern dass ich verstehe, nicht dass ich geliebt werde, sondern dass ich liebe. Wer sich selbst vergisst, der findet, wer vergibt, dem wird verziehen, und wer stirbt, der erwacht zum Ewigen Leben. *(Franz von Assisi)*

Ein Bruder, der predigt, soll zuerst in stillem Gebet schöpfen, was er später in heiliger Rede aus sich herausströmen lässt. Er soll zuerst innerlich ergriffen sein, sonst werden nur kalte Worte aus ihm herauskommen. *(Franz von Assisi)*

In dir selbst ist eine Ruhe und ein Heiligtum, in welches du dich jederzeit zurückziehen kannst und ganz du selbst sein kannst. *(Hermann Hesse)*

Nicht das Viele erfüllt, sondern das Wesentliche. *(Bert Hellinger)*

Zudem erzeugt das Bemühen, nichts denken zu wollen, sehr leicht ein Übermaß an Gedanken! *(Theresa von Avila)*

Was wir innerlich erreichen, wird auch die äußere Wirklichkeit verändern. *(Plutarch)*

Wie du über dich selbst denkst, ist viel wichtiger als wie die anderen über dich denken. *(Seneca)*

Innerhalb der Grenzen der Gemeinschaft gilt es, den Freiraum zur persönlichen Entfaltung zu schaffen. *(Josef Kirschner)*

Es kann die Ehre dieser Welt dir keine Ehre geben. Was dich in Wahrheit hebt und hält, muss in dir selber leben. *(Theodor Fontane)*

Geh' deinem Gott entgegen bis zu dir selbst. *(Bernhard von Clairvaux)*

Du musst dich selbst verwirklichen, sonst bist du nicht „wirklich" da. Lass ihn, der alles wirkt in allem, einwirken in dein Leben, damit du dich nicht selbst „verwirkst". *(Elmar Gruber)*

Wenn du in die Stille gehst, wirst du das finden, was du eigentlich schon immer suchst: dich selbst. *(Ruth Timm)*

Die Freude steckt nicht in den Dingen, sondern im Innersten unserer Seele. *(Therese von Lisieux)*

Es gibt auf der Welt einen einzigen Weg, welchen niemand gehen kann außer dir: Wohin er führt, frag nicht. GEH ihn! *(Friedrich Wilhelm Nietzsche)*

Menschliches Verhalten wird nicht von Bedingungen diktiert, die der Mensch antrifft, sondern von Entscheidungen, die er selbst trifft. *(Viktor Emil Frankl)*

Wer das Ziel kennt, kann entscheiden, wer entscheidet, findet Ruhe, wer Ruhe findet, ist sicher, wer sicher ist, kann überlegen, wer überlegt, kann verbessern. *(Konfuzius)*

Bei jeder Entscheidung gewinnt man etwas und gibt etwas auf. *(Gerda Tackmann)*

Die bequemsten Lösungen sind selten die besten. *(Indira Gandhi)*

Sobald wir ernsthaft fragen, sind wir der Lösung schon selbst auf der Spur. *(Wolfgang Letz)*

Menschliche Reife ist, das Richtige zu tun, selbst wenn es die Eltern empfohlen haben. *(Paul Watzlawick)*

Die Qualität der Fragen, die wir uns stellen, bestimmt die Qualität unseres Lebens. *(Anthony Robbins)*

Grübelst du noch – oder entscheidest du schon? *(Autor/in unbekannt)*

Sapere aude – Habe Mut, dich deines Verstandes zu bedienen. *(Emanuel Kant)*

Erwachsen ist jemand, der nicht mehr auf sich selbst hereinfällt. *(Heimito von Doderer)*

Du bist nie zu alt, um erwachsen zu werden. *(Shirley Conran)*

Der intuitive Geist ist ein heiliges Geschenk, der rationale Geist ist ein treuer Diener. Wir haben eine Welt geschaffen, die den Diener ehrt und das Geschenk vergessen hat. *(Albert Einstein)*

Kreativität auf Knopfdruck erzeugt Kopfdruck. *(Sabrina Masek)*

Wagen Sie mehr spirituelle Innerlichkeit für vernünftige Lebensentscheidungen. *(Pater Johannes Naton)*

Kommt die Kreativität aus dem Herzen, gelingt fast alles. Kommt sie aus dem Kopf, fast nichts! *(Marc Chagall)*

Die Stille ist göttlich – in ihr hat alles seinen Ursprung. *(Eileen Caddy)*

Freude fällt uns nicht in den Schoß. Wir müssen Freude wählen, jeden Tag aufs Neue wählen. *(Henri Nouwen)*

Die Qualität des Tages zu beeinflussen ist die höchste Kunst. *(Henry David Thoreau)*

Kannst du dein Schicksal nicht ändern, dann ändere deine Haltung. *(Amy Tan)*

Viele Menschen wissen, dass sie unglücklich sind. Aber mehr wissen nicht, dass sie glücklich sein könnten. *(Albert Schweitzer)*

Der Mensch braucht lange, bis er einsieht, was ihn zerstört. Und er braucht noch länger, bis er etwas dagegen tut. *(Ernst R. Hauschka)*

Niemand füllt eines anderen Leben. *(Thomas Lehr)*

Warmherzige Hingebung erwirbt Freunde, maßvolle Haltung bewahrt sie. *(Berthold Auerbach)*

Suche nicht in der Ferne, was du seit ewiger Zeit in Deinem Herzen trägst. Ersehne dein Glück nicht aus der Meinung anderer, sondern achte auf deine innere Balance. Bewahre dir die Vision Deines Herzens und erlaube dir, sie zu leben. Höre auf den Engel, der in deinem Innersten wohnt und den göttlichen Samen in dir bewacht, liebevoll und aufmerksam. Denke immer daran, dass du es bist, und nur du, der dein Leben zu verantworten hat. Und wisse, dass jede Entscheidung, mag sie auch noch so klein sein, Bewegung auslöst. So wie der kleine Stein, den du ins Wasser wirfst, weite Kreise zieht. *(Helga Franziska Noack)*

Wer mit mir reden will, der darf nicht bloß seine eigene Meinung hören wollen. *(Wilhelm Raabe)*

Der Gedanke ist alles, der Gedanke ist der Anfang von allem. Und Gedanken lassen sich lenken. Daher ist das Wichtigste: Die Arbeit an den Gedanken. *(Leo Tolstoi)*

Unsere blinden Flecken sind das Fenster zum Verborgenen in uns. *(Autor/in unbekannt)*

Nur der Mensch, der wahrhaft mit sich selbst umgeht, vermag es auch gegen andere zu sein. *(Karl Christian Ernst von Bentzel-Sternau)*

Nur wer innerlich klar ist, kann nach außen überzeugen. *(Sabine Fasse)*

Das meiste, was uns fehlt, finden wir in uns selbst. *(Norbert Stoffel)*

Eine halbe Stunde Meditation ist absolut notwendig – außer wenn man sehr beschäftigt ist. Dann braucht man eine ganze Stunde. *(Franz von Sales)*

Man sollte die Wahrheit dem anderen wie einen Mantel hinhalten, dass er hineinschlüpfen kann – nicht wie ein nasses Tuch um den Kopf schlagen. *(Max Frisch)*

Wahrheit ohne Mitgefühl kann Liebe zerstören. *(Haim Ginott)*

Jeder Leser ist, wenn er liest, ein Leser nur seiner selbst. *(Marcel Proust)*

Wenn zwei sich streiten, sollte der Dritte gehen. *(Anke Maggauer-Kirsche)*

Nichts zeigt die Größe eines Menschen so sehr, wie sein Verhalten zu den Sünden anderer. *(Aurelius Augustinus)*

Wir scheitern nicht an den Unzulänglichkeiten des anderen, sondern an unseren eigenen. *(Walter Gunz)*

Wenn Gegensätze eine Verbindung finden, entsteht eine besondere Einheit. *(Karin Janke)*

Die Welt ist nicht größer als das Fenster, das du ihr öffnest. *(Weisheit aus Deutschland)*

Und plötzlich weißt du: Es ist Zeit, etwas Neues zu beginnen und dem Zauber des Anfangs zu vertrauen. *(Meister Eckhart)*

Nicht so sehr auf die Übergänge kommt es an, sondern auf die Menschen und deren Fähigkeiten mit Übergängen umzugehen. *(ars Vivendi)*

Nichts ist so beständig wie der Wandel. *(Heraklit von Ephesus)*

Auf der Welt gibt es nichts, was sich nicht verändert, nichts bleibt (ewig) so wie es (einst) war. *(Dschuang Dsi)*

Genau in dem Moment, als die Raupe dachte, die Welt geht unter, wurde sie zum Schmetterling. *(Peter Benary)*

Die Schlange, welche sich nicht häuten kann, geht zugrunde. Ebenso die Geister, welche man verhindert, ihre Meinungen zu wechseln; sie hören auf, Geist zu sein. *(Friedrich Wilhelm Nietzsche)*

Das Leben ist voller Risiken, Übergänge sind Stationen vor dem freien Fall. *(Autor/in unbekannt)*

Schlangen, die sich zu häufig häuten, sterben ebenfalls. *(Autor/in unbekannt)*

Die ganze Menschheit teilt sich in drei Klassen: Menschen, die unbeweglich sind, die beweglich sind, und die sich bewegen. *(Sprichwort aus Arabien)*

Wer mit seiner Arbeit verheiratet ist, geht im Alter nicht nur in Rente, sondern verliert gleichzeitig noch seinen langjährigen Liebespartner. *(Autor/in unbekannt)*

Wie jede Blüte welkt und jede Jugend dem Alter weicht, blüht jede Lebensstufe, blüht jede Weisheit auch und jede Tugend zu ihrer Zeit und darf nicht ewig dauern. Es muss das Herz bei jedem Lebensrufe bereit zum Abschied sein und Neubeginne. *(Hermann Hesse)*

Ich lebe mein Leben in wachsenden Ringen, die sich über die Dinge ziehn. Ich werde den letzten vielleicht nicht vollbringen, aber versuchen will ich ihn. *(Rainer-Maria Rilke)*

Älterwerden ist wie auf einen Berg steigen. Je höher man kommt, desto mehr Kräfte sind verbraucht, aber umso weiter sieht man. *(Ingmar Bergmann)*

Sorge nicht, wohin dich der einzelne Schritt führt: Nur wer weit blickt, findet sich zurecht. *(Dag Hammarskjöld)*

Mit der Weisheit des Alters kann man aus Elefanten Mücken machen. *(Autor/in unbekannt)*

Die wichtigsten Fragen beantwortet man letztlich immer mit seinem ganzen Leben. *(Sandor Marai)*

Der Reisende in das Außen hängt von den äußeren Dingen ab, der Reisende ins Innere findet alles, was er sucht, in sich selbst. Dies ist die höchste Form des Reisens; armselig aber sind jene, die von den äußeren Dingen abhängen. *(Laotse)*

Wer durch sein Selbst das Ich bezwang, dem wird das Gottselbst Helfer, Freund; doch wo das Ich regiert, dort schweigt das Selbst, der innere Helfer, still. *(Bhagavad Gita, 6. Gesang, Vers 6)*

Ein spirituelles Leben entfernt uns nicht vom Leben, sondern führt uns tiefer in das Leben hinein. *(Henri Nouwen)*

Das einzige, was du in deinem Leben wirklich verpassen kannst, bist du selber, ist dein wahres Selbst. *(Manfred Bacher)*

Alle Bücher dieser Welt bringen dir kein Glück, doch sie weisen dich geheim in dich selbst zurück. *(Hermann Hesse)*

Meere der Liebe schlummern in uns. Wenn sie durch die Meditation erweckt werden, beginnen sie zu wirken. *(Kirpal Singh)*

Solange du nicht Frieden machst mit der Person, die du bist, wirst du niemals zufrieden sein mit dem, was du hast. *(Doris Mortman)*

Nimm dich selber wahr und wo du dich findest, da lass dich; das ist das Allerbeste. *(Meister Eckhart)*

Das sicherste Unterpfand unserer Menschlichkeit bleibt unser Mut zur Unvollkommenheit. *(Manes Sperber)*

Nur der findet Frieden, der nirgendwo anders sucht als bei sich selbst. *(Israel ben Elieser)*

Erscheint dir etwas unerhört, bist du tiefsten Herzens empört, Bäume nicht auf, versuch's nicht mit Streit, berühr es nicht, überlass es der Zeit. Am ersten Tag wirst du feige dich schelten, am zweiten Tag lässt du dein Schweigen schon gelten, am dritten Tag hast du's überwunden, alles ist wichtig nur auf Stunden, Ärger ist Zehrer und Lebensvergifter – Zeit ist Balsam und Friedensstifter. *(Theodor Fontane)*

Ich genieße alles dankbar, was von außen kommt, aber ich hänge an nichts. *(Wilhelm von Humboldt)*

Nicht weinen, nicht zürnen, sondern begreifen. *(Baruch de Spinoza)*

Für die Entwicklung eines Menschen sind die bitteren Stunden unerlässlich. *(Konrad Adenauer)*

Die Gelassenheit ist eine anmutige Form des Selbstbewusstseins. *(Marie von Ebner-Eschenbach)*

Ansprüche machen das Leben schwer. Das glückliche Leben beginnt, wenn man sie aufgibt. *(Nicolas Chamfort)*

Was soll ich viel lieben, was soll ich viel hassen? Man lebt nur vom Lebenlassen. *(Johann Wolfgang von Goethe)*

Bedingungslose Liebe ist eine unserer tiefsten Sehnsüchte, nicht nur bei Kindern, sondern bei allen Menschen. *(Erich Fromm)*

Wer unter euch ohne Sünde ist, der werfe den ersten Stein auf sie. *(Johannes 8,7)*

Herr Jesus Christus, im Schweigen dieses anbrechenden Morgens komme ich zu dir und bitte dich mit Demut und Vertrauen um deinen Frieden, deine Weisheit, deine Kraft. Gib, dass ich heute die Welt betrachte mit Augen, die voller Liebe sind. (…) Lass mich meinen Nächsten als den Menschen empfangen, den du durch mich lieben willst. Schenke mir die Bereitschaft, (…) alles Gute, dass du in ihn hineingelegt hast, zu entfalten. Meine Worte sollen Sanftmut ausstrahlen und mein ganzes Verhalten soll Frieden stiften. Nur jene Gedanken, die Segen verbreiten, sollen in meinem Geiste haften bleiben.
Bekleide mich mit dem Glanz deiner Güte und deiner Schönheit, damit ich dich im Verlaufe dieses Tages offenbare. *(Mirjam von Abellin)*

Was wir brauchen, um frei zu sein, ist die Liebe, die die Kraft hat, die Last der Welt freudig zu tragen. *(Rabindranath Tagore)*

Wer die Lebenslaufbahn seiner Kinder zu verpfuschen gedenkt, räume ihnen alle Hindernisse weg. *(Emil Oesch)*

Groll macht einen Menschen kleiner. Versöhnlichkeit dagegen zwingt ihn, über sich selbst hinauszuwachsen. *(Cherie Carter-Scott)*

… Des Lebens Ruf an uns wird niemals enden… Wohlan denn, Herz, nimm' Abschied und gesunde. *(Hermann Hesse)*

Liebe ist die Ursubstanz der Materie. Sie ist ein Seinszustand, ein Gefühl oder Gefühlsbündel, ein Entwicklungs- und Bewusstseinszustand. *(Walter Gunz, Sandra Maxei)*

Hintergründe in aller Kürze

Innere Gebetsformen im Christentum: Herzens- oder Jesusgebet und Ruhegebet – Pilgerwege nach innen[1]

Das Herzens- oder Jesusgebet sowie das Ruhegebet sind innere, stille Gebete ausschließlich auf der gedanklichen Ebene. Sie gehen zurück auf die Gebetspraktiken der frühen Einsiedler, der alten Wüstenmütter und Wüstenväter, insbesondere auf Johannes Cassian (etwa 360–435 n. Chr.). Sie werden auch als hesychastische Gebete bezeichnet und wurden ab dem 12. Jahrhundert ebenfalls auf dem Berg Athos praktiziert. Üblicherweise werden sie 2 x täglich – morgens und abends – etwa 20 Minuten lang sitzend ausgeübt. Teresa von Ávila sagte über das innere Beten: „Inneres Beten ist Verweilen bei einem Freund, mit dem wir oft allein zusammenkommen, einfach um bei ihm zu sein, weil wir sicher wissen, dass er uns liebt." (Vida 8,5)

Im Mittelpunkt dieser Gebete steht ein persönliches Gebetswort, welches sich die Betenden während eines Einführungskurses aus den überlieferten Gebetsworten selber wählen können. Sehr geläufig sind Erbarmungsbitten, wie „Herr Jesus Christus, erbarme dich meiner". Das einmal gewählte Gebetswort sollte nicht mehr geändert werden.

Während des 20 minütigen Gebetes wird das Gebetswort gedanklich ständig im Stillen wiederholt, bis andere Gedanken sich dazwischen drängen. Sobald einem das bewusst wird, kehrt man ruhig und möglichst sanft gedanklich zu seinem Gebetswort zurück. Die Folge ist, dass mit einiger

---

[1] Eher von theoretischer Bedeutung (quasi als Expertenstreit) erscheint mir dabei die Frage, ob die Betenden/Meditierenden durch die Meditation nach dem Ruhegebet (siehe Literaturverzeichnis: Dr. Peter Dyckhoff, u. a. „Geheimnis des Ruhegebets") dadurch feinere Bewusstseinsschichten erfahren, dass Sie versuchen, das Gebetswort auf immer feineren Ebenen wahrzunehmen und schließlich vollkommen leer werden und dadurch direkt die göttliche Nähe wahrnehmen oder ob sie, wie beim Herzensgebet, im Rhythmus der Atmung, durch Kontemplation die Gnade Gottes erleben dürfen. In der Summe entsteht bei mir bisweilen eher der Eindruck, Abgrenzung der beiden Gebetsformen ist manchen Experten oder Expertinnen wichtiger als Zusammenarbeit. Persönlich nutze ich – abhängig von meiner jeweiligen Verfassung – sowohl die Herangehensweise nach dem Ruhegebet als auch die nach dem Herzensgebet. Insbesondere wenn ich direkt aus der Alltagsaktivität ohne vorherige Ruhephase in die Meditation gehe, empfinde ich die Kopplung des Gebetswortes an die Atmung, wie beim Herzensgebet üblich, hilfreich.

Übung der stetige Gedankenwirbel im Kopf verlangsamt wird und der Betende dadurch nicht mehr so sehr seinen Gedanken und Gefühlen ausgeliefert ist.

Die segensreichen Wirkungen des Herzensgebetes sind in zweifacher Hinsicht bemerkenswert. Einerseits wird auf körperlicher Ebene eine ruhigere Atmung verbunden mit spürbarer Entspannung und innerer Ruhe beschrieben, was sich u. a. mehr und mehr positiv auf die Konzentrationsfähigkeit, die Stressbewältigung, die wachsende innere Balance und Achtsamkeit und damit auf das gesamte Verhalten im Alltag auswirkt. Es wird u. a. ausgewogener, gelassener, überlegter und authentischer. Auf der transzendenten Ebene wirkt mit zunehmender innerer Reinigung die Tiefe dieses kontemplativen Gebetes, so dass sich das Leben bei regelmäßiger Anwendung mehr und mehr im Einklang mit der transzendenten Ordnung befindet. Es geht darum, das Wirken Gottes in sich und seinem Leben wahrzunehmen. Näheres zu Kursen und Gebetsgruppen finden Sie auch auf www.kontemplation-in-aktion.de.

Zu weiteren Informationen auch über meine 35-jährigen persönlichen Erfahrungen zum Herzensgebet und anderen inneren Gebetsformen siehe: Manfred Bacher „Die Dimensionen des Seins entdecken", Münster 2015.

Innere Gebetsformen im Buddhismus und Hinduismus

Im Buddhismus und Hinduismus haben innere Gebete eine größere Bedeutung als im Christentum. Viele Christinnen und Christen sind, so wie ich vor 35 Jahren, zunächst über fernöstliche Meditationsformen zur christlichen Meditation gekommen. Das hier geläufige Gebetswort (Mantra) ist eine heilige Silbe, ein Wortklang z. B. aus dem Sanskrit, die/der eine spirituelle Kraft in sich trägt und ihre Wirkung ebenfalls durch ständige Wiederholung entfaltet. Das Mantra wird dem Lernenden durch seinen Lehrer (Guru) persönlich übergeben und sollte von ihm als sein persönlicher spiritueller Schatz geheim gehalten werden.

Etwas anders erfolgt die Meditation im Zen-Buddhismus. Hier führt der Weg nach innen in die Stille ebenfalls sitzend, aber ausschließlich über die Konzentration auf die Atmung ggf. ergänzt durch ein zählen von eins bis fünf, jeweils 1 (einatmen – ausatmen), 2 (einatmen – ausatmen) u.s. w.

bis 5. Danach beginnt man wieder von vorn mit 1. Auch hierbei lernen die Meditierenden aufkommende Gedanken loszulassen.

Diese Gebete entsprechen absolut den christlichen inneren Gebeten und sind in unserer Kultur mittlerweile sogar bekannter als diese (siehe „neue Kirchenzeitung" Erzbistum Hamburg, Ausgabe Nr. 9 vom 28.02.2016).

Martin Rötting, Sekretär des „European Network of Buddhist Christian Studies", Mitbegründer des Institutes OCCURSO für interreligiöse und interkulturelle Begegnung schreibt in seinem Buch „Interreligiöse Spiritualität, Verantwortungsvoller Umgang der Religionen" (42) auf Seite 73: „Aber es ist auch wahr, dass ich ohne den tiefen Dialog mit der Zen-Tradition nie in der Weise zum Herzensgebet gefunden hätte wie mit ihm. Ich habe viel vom Zen für meine Spiritualität des Herzensgebets gelernt." Es ist keine Frage, natürlich kann man auch als Christ Zen üben, so wird beispielsweise einmal im Monat im Benediktiner Kloster in Nütschau, Travenbrück (Schleswig-Holstein), von einem der dort lebenden Brüder die Meditation nach Zen angeboten.

In Europa ist beispielsweise auch bereits seit den 60er Jahren des vorherigen Jahrhunderts die transzendentale Meditation (TM) nach Maharishi Mahesh Yogi bekannt, die ich 1982 erlernte und der ich viel zu verdanken habe. Ohne die TM wäre ich vermutlich nicht mit der Intensität den christlichen inneren Gebetsformen, insbesondere dem Herzensgebet und dem Ruhegebet begegnet.

Manfred Bacher
Die Dimensionen des Seins entdecken
Persönlichkeitsentwicklung, irdische Selbstentfaltung, neue Bewusstheit ... Geleitworte: Hartmut Rosenau und Andreas Müller (Universität Kiel)
Manfred Bacher schildert in diesem Buch kompetent und anschaulich, wie er vor über 30 Jahren zur täglichen Meditation fand und welche Bedeutung sie für ihn gewonnen hat. Ausgehend von einer Kurzbeschreibung der ‚Meditationstechnik', seinen z. T. sehr persönlichen Meditationserfahrungen und deren Einbindung in psychologische, philosophische und spirituelle Zusammenhänge schlägt er den Bogen zu relevanten gesellschaftlichen Fragestellungen unserer Zeit sowie zur christlichen Mystik. Er führt aus, wie Meditation, innere Sammlung, inneres Gebet Lösungsansätze zu weiteren persönlichen, spirituellen und sogar gesellschaftlichen Entwicklungen wie in allen Zeiten auch und gerade in unserer Zeit beinhalten können.
Bd. 4, 2015, 336 S., 39,90 €, br., ISBN 3-944804-03-3

LIT Verlag Berlin – Münster – Wien – Zürich – London
Auslieferung Deutschland / Österreich / Schweiz: siehe Impressumsseite

Philosophische Orientierungen

Claudia Mariéle Wulf
Phänomene des Menschseins
Zwischen Möglichkeit, Machbarkeit und Mut
Die Möglichkeiten des Lebens auszuschöpfen, verlangt Mut: den Mut, die Gabe des eigenen Daseins anzunehmen, in Humor und Dankbarkeit die richtige Distanz zu sich zu finden, Alltag und Glück, Trauer und Trost zu durchleben, sich weise in die Schöpfung einzuordnen und jenseits der Machbarkeit, die Technik und Wissenschaft suggerieren, an die höheren Möglichkeiten des Menschseins zu glauben, die die Hoffnung nähren, dass es „gut ausgehen wird mit dem Menschen" (Josef Pieper). Das Buch lädt auf eine hoffnungsvolle Reise durchs Menschsein ein.
Bd. 6, 2017, 264 S., 29,90 €, br., ISBN 978-3-643-80246-0

Andreas Heuer
Moralisch denken
Einführende Gedanken zur philosophischen Ethik
Moralisch denken geht zurück auf Seminare der Geschichtsdidaktik an der Universität Kassel. Im Zentrum der Abhandlung steht die Frage, warum und wie wir moralisch denken. Ausgangspunkt sind die Voreinstellungen, die unser moralisches Denken immer schon bedingen, bevor wir philosophisch darüber nachdenken. Es erfolgt eine Einbettung in die Entstehungsgeschichte der Menschheit, die *moralisches Denken* hervorgebracht hat. Anschließend werden wichtige Strömungen der europäischen Moralphilosophie dargestellt. Abschließend wird in einer ersten Annäherung skizziert, was eine kosmopolitische Moral sein könnte.
Bd. 5, 2015, 152 S., 29,90 €, br., ISBN 978-3-643-12868-3

Heinz Robert Schlette
Existenz im Zwielicht
Notierungen in philosophischer Absicht (1965 – 1999)
Beobachtungen, Impressionen, Reflexionen im Untergrund und Hintergrund des Philosophierens werden in diesen Notierungen aus den Jahren 1965 – 1999 festgehalten. Sie vermitteln einen Einblick in die Schwierigkeiten des Nachdenkens und des angemessenen Schreibens. Vieles wird erwähnt – Begegnungen, Reisen, Ereignisse – und bestätigt die existentielle Ungewissheit. „Die Ambivalenz, das Zwielicht, das clair-obscur ist die Fundamentalkondition unserer Existenz, nicht die Eindeutigkeit, das Entweder-Oder."
Bd. 4, 2014, 296 S., 39,90 €, br., ISBN 978-3-643-12672-6

Wiebrecht Ries
Schule des Verdachts
Zur Grundlegung der Moderne bei Nietzsche – Freud – Kafka
Die *Schule des Verdachts* geht zurück auf eine im Sommer-Semester 2013 gehaltene Vorlesung an der Leibniz Universität Hannover. Sie stellt die Hauptwerke von Friedrich Nietzsche, Sigmund Freud und Franz Kafka vor und unterbreitet Vorschläge zu ihrer Interpretation. Die dichte Verbindung von ausgewählten Textpassagen, die sie kommentiert, mit Zeugnissen aus der alten und der modernen Literatur und der Kunst ergibt eine Konstellation, aus der ersichtlich wird, auf welche spezifische Weise Nietzsche, Freud und Kafka auf unser Selbst- und Weltverständnis Einfluss genommen haben.
Bd. 3, 2014, 224 S., 29,90 €, br., ISBN 978-3-643-12614-6

Maximilian Gloor
Einladung in die Metaphysik und den Existentialismus mit deren Bezügen zur Theologie und zur Lebensgestaltung
Eine Einführung
Bd. 2, 2012, 440 S., 29,90 €, br., ISBN 978-3-643-11903-2

Albrecht Kiel
Das Menschenbild von Karl Jaspers und C. G. Jung – in neuer Vermittlung
Eine differenzierte Anthropologie der leibseelischen Potentiale
Bd. 1, 2012, 264 S., 29,90 €, br., ISBN 978-3-643-11814-1

LIT Verlag Berlin – Münster – Wien – Zürich – London
Auslieferung Deutschland / Österreich / Schweiz: siehe Impressumsseite

Philosophische Plädoyers

Ludwig Coenen
Der Mensch – ein *animal rationabile*?
Eine neue Spurensuche zur Chronologie der anthropologischen Thesen (1759 – 1803) von Immanuel Kant
Kant gründet seine Anthropologie auf die biologischen Lehren zunächst von Boerhaave, Haller und Linne; später folgt er dem Göttinger Blumenbach. Er begreift den Menschen als ein Tier, das für ein Leben in zivilisierter Gesellschaft bestimmt ist. Mit seinen Ideen von der Leibhaftigkeit menschlicher Personen ist Kant heutigen Vorstellungen näher, als mancher ahnt.
Bd. 21, 2015, 120 S., 29,90 €, br., ISBN 978-3-643-12899-7

Hans-Peter Müller
Über den Primat des Geistes
Eine kritische Zwischenbilanz über die Herkunft des menschlichen Geistes
Entgegen einer weitverbreiteten Ansicht, insbesondere unter Naturwissenschaftlern, lässt sich der menschliche Geist nicht aus Materiellem ableiten. Beide sind unüberbrückbare Gegensätze. So ist der Geist kein Konstrukt des Gehirns, wie manche Hirnforscher meinen. Noch hilft hier ein Panpsychismus weiter. Auch die Theorien der Evolution, sei es in Form eines „Werdens aus sich selbst" oder als Folge einer allmählichen Entwicklung erklären insoweit nichts. Gleiches gilt bei der Annahme eines Selbstorganisationsprozesses. Ebenso wenig vermag die Figur des Zufalls in ihren verschiedenartigsten Ausformungen einschließlich des Neo-Darwinismus eine widerspruchsfreie Begründung zu liefern.
Bd. 20, 2013, 176 S., 29,90 €, br., ISBN 978-3-643-12372-5

Enrique Dussel
20 Thesen zu Politik
Mit einem Geleitwort herausgegeben von Ulrich Duchrow
Bd. 19, 2013, 192 S., 19,90 €, br., ISBN 978-3-643-12253-7

Franco H. O. Rest
Gottes Plan mit den Menschen
Historischer Roman zum Leipziger Religionsgespräch (1913) zwischen Franz Rosenzweig und Eugen Rosenstock
Bd. 18, 2013, 208 S., 24,90 €, br., ISBN 978-3-643-12204-9

Gunter Berauer
Vom Irrtum des Determinismus
Gereimtes und Ungereimtes aus unserem wissenschaftlichen Weltbild
Bd. 17, 2012, 192 S., 19,90 €, br., ISBN 978-3-643-11893-6

Karl H. Menke
Identität in kontingenter Welt II
Die Ungleichartigkeit von Licht und Materie
Bd. 16, 2011, 200 S., 24,90 €, br., ISBN 978-3-643-10970-5

Karl H. Menke
Identität in kontingenter Welt I
Natur und Geist, Wahrnehmung und Erkenntnis
Bd. 15, 2011, 280 S., 29,90 €, br., ISBN 978-3-643-10969-9

Rudolf Lüthe
Skepsis, Melancholie, Ironie
Facetten einer philosophischen Orientierung in der postmodernen Kultur
Bd. 14, 2013, 136 S., 19,90 €, br., ISBN 978-3-643-10529-5

LIT Verlag Berlin – Münster – Wien – Zürich – London
Auslieferung Deutschland / Österreich / Schweiz: siehe Impressumsseite